佛畏系統

洞察事物背後的規則，
在不確定時代做出對的選擇

萬維鋼——著

目次 CONTENTS

第二章 學習和研究系統

第三章　日常做事系統

第四章　情感人生系統

第五章 社會是個大系統

第六章 邏輯講硬道理

第七章 數學給你最佳解

前言

掌控全局靠系統

絕大多數人在事情的沉浮中反應過度，偶爾有人敢問一問事情的原理，只有極少數人能夠統籌一些事情，取得對生活的掌控。**想要不被事情安排，就得主動安排事情**。爲此，你必須從一事一議的被動應對模式中跳出來，你必須以俯視的姿態，系統性地考慮一系列事情，你需要**「系統思維」**。

這本書的目的，是提供一些日常事務的「高觀點」，以此啓發你建立工作、學習、做事、情感等各方面的系統，幫助你提升處理日常事務的決策力。我們可能會用到一點數學和邏輯知識，不過別擔心，我們用到的知識都很簡單。但是，我們的確要求嚴格冷靜地思考。能思考，你就已經超越大多數人；會嚴格冷靜地思考，你就超越了大多數讀書人。

有的人讀了二十多年書，還整天號稱「做學問」，卻不會嚴格冷靜地思考。這些人讀書只讀了個價值觀審美，遇到事情只會感嘆，對命運除了恐慌就是抱怨，動不動就說什麼「啊，懂再多道理，依然過不好這一生」。我們鑽研學問，可不能只學會多愁善感。你要是真有學問，就不至於陷入恐慌和抱怨。

什麼叫有學問？有學問的基本表現是有辦法、有底氣、有掌控感。爲此你必須穿透世界的表象，看到背後的數學和邏輯本質。你會意識到，這個世界是非常、非常講理的。跟世界打交道的最基本方法，是掌握「因果關係」。爲什麼小張學歷那麼高，收入卻不高？因爲他的專業不是現今市場稀缺的。爲什麼小王脾氣那麼壞？因爲他小時候的家庭環境有問題。爲什麼小李不喜歡彈鋼琴，鋼琴卻還是彈得那麼好？因爲他經過了一萬個小時的刻意練習。

理解事物背後的因果，人就不至於對什麼都感到迷茫，人會對未來有打算，對事情有備案。我遵守交通規則，並不是因爲我害怕違規罰款，而是因爲我知道，遵守規則對包括我在內的所有人的安全都有好處。

理解了因果關係，我們眞正應該在意的，不是出了事以後的結果，而是引發那件事的原因。正所謂「菩薩畏因，凡夫畏果」。君子應該見微知著，履霜而知堅冰至。我們會成爲小心謹愼的人，重視事物發展的苗頭。

古代智者的教訓差不多就這個程度。但是對現代人來說，這些遠遠不夠。

因果故事是簡單的，眞實世界是複雜的。首先，工作或生活中，事情發展的結果往往是由多個原因導致。公司一個大型專案失敗了，到底是因爲市場不行、產品不行、執行的人不行，還是最初的決策就不行？也許都有問題。

再者，因果關係往往有長長的鏈條，你說不清哪個原因是「最初的」，哪個是「根本性的」。最後一塊骨牌倒下了，你說這是因爲之前哪一塊骨牌倒下而產生的結果呢？是每一塊。你單獨指責誰都不公平，是整個局面就不對。

更何況，眞實世界還充滿不確定性。老王不抽菸、不喝酒，天天運動，控制飲食，結果不到五十歲就得癌症去世了。老孫想吃就吃、想喝就喝，什麼都不忌諱，八十多歲了身體還是那麼好。你說這是爲什麼呢？沒有科學家能徹底解釋清楚。事實是，人做得再好，也不能完全避免壞事發生，很多事情純粹是運氣。

所以，因果知識並不能眞正讓我們掌控局面。其實因果關係並不是科學概念，只不過是我們思考問題的一種方便法門而已。有的哲學家認爲，世界上根本就沒有絕對的因果關係，一切都只不過是統計規律。世間萬物構成了一張互相關聯、隨機波動的網絡，人根本不可能看清周邊關係的全貌。

不過，你無須看清。誰也不可能百分之百掌控命運，但是我們至少可以在一定程度上主導生活。爲此，你需要全局性的眼光，需要完備性的思考。

你需要「系統」。

什麼是系統呢？

我最愛講的一個故事是這樣的：從前有個足球運動員叫小明。小明從小就被發現有足球天賦，課外參加了專業訓練。中學的時候，小明到一家職業足球俱樂部的青年隊試訓，被教練一眼相中。教練勸小明離開學校，成為全職運動員。小明的父母猶豫不決，認為球員的成才率太低，也許考大學才是更穩妥的選擇。

教練說：「以我多年的經驗判斷，小明擁有極罕見的天賦，是我見過的最好的球員。我敢保證，只要好好跟著我練，將來肯定能進國家隊！」

小明和父母最終被說服了。小明勤學苦練，很快成為主力球員，十七歲入選國家青年隊。人人都說小明是潛力新星，小明又更加努力。

然而，就在十八歲那年，小明在比賽中受重傷，職業生涯結束。

小明的父母找到教練，說：「你不是說孩子肯定能進國家隊嗎？現在連球都不能踢了。耽誤了好幾年課業，大學也沒法考，你說我們該怎麼辦？」

小明覺得天都塌了。那你說教練，他失去了最好的球員，是不是也覺得天塌了呢？

這是一個悲傷的故事，但是教練的天可沒塌。是，小明有進國家隊的潛力；是，小明是他最好的球員；但是，他有不止一個「最好的球員」。他當初的意思是，如果能順利成長，小明將會成為國家隊級別的球星——但是他知道，多數年輕球員不會那麼順利地成長。

足球是有風險的運動，但足球俱樂部可以控管風險。比如，一個足球俱樂部有五名潛力球星，他們不需要都成才，只要有一個成了巨星，俱樂部所有的投資也許就都回來了。

這就是系統。教練和俱樂部當然關心球員，但相對於某一個球員的成敗得失，他們更關心的是自己這個培養球星的「系統」行不行。只要系統行，就能確保一定的成才率，就能長期穩定地取勝。

小明受傷可能有各種原因，也許是那天場地不好，也許是自己不注意，也許是訓練不得法，也許是對手不守規矩……教練和俱樂部會關心具體是哪個原因，但他們更關心的是球員受傷的一般機率有多大，怎麼做才能系統性地降低受傷機率。

如果你有個系統，其中的一件事就只不過是一個個例、一個數字而已。

系統是一個整體、一個組織、一個框架。系統思維是完備性的思維——各種情況我都考慮到了，我允許事情在一定範圍內變化，你怎麼變都脫離不了我這個框架，所以我有掌控感。

創業者必須全力以赴做好他這一家公司，投資人卻有一個包括多家潛力公司的投資系統。賭徒的情緒隨著每一局的輸贏大起大落，而賭場根本不在乎單局的輸贏，它只要把輸贏的機率控制好，就能穩賺。

如果你有系統，個例的成敗並不重要。你要擔心的不是這一件事行不行，而是你的系統行不行。

凡夫畏果，菩薩畏因，佛畏系統。

你不一定非得當足球教練或開賭場才能有系統，其實小明也可以有系統。

如果小明有系統思維，他最應該關心的不是一場比賽、更不是一次拚搶的結果，而是自己的職業生涯。他會主動學習避免受傷的技術動作，他會合理安排每場比賽的付出，他會從整個人生的高度規畫成長路線，他不會完全放棄其他學習，他不會把全部的希望押在足球這一個項目上。

系統思維不僅僅是考慮機率，也不僅僅應用於組織和個人。只要是面對一系列相似的問題，都可以用建立系統的方式解決。系統思維的確需要用到數學和邏輯，因爲你必須做一些規畫和設計。

對生活中的每一類問題，你都可以建立一個應對系統。本書討論了五大類系統，包括「職業和發展系統」「學習和研究系統」「日常做事系統」「情感人生系統」，以及「社會」這個大系統。你會看到生意是怎麼做的，職業如何選擇，學者爲什麼可以掌握一個領域，怎樣面對生活中的繁瑣小事，理想婚姻是什麼樣貌，一些社會問題該怎麼解決等等。

系統化可不是機械化，數學和邏輯不是僵硬的東西。你可以直接從書中獲得可操作的建議，更可以抓住精髓，對系統思維運用之妙，存乎一心。書中專門用一章講邏輯知識，用一章講數學在日常生活中的幾個應用，你會看到系統性地解決問題的更多可能性。

本書文章精選自我在得到APP開設的「精英日課」專欄。寫這個專欄是極具挑戰的工作，我爲此建立了一個寫作系統。這個系統得到了主編筱穎、轉述師懷沙和得到的同事們，以及每一季超過十萬讀者的支持、幫助和指導，在此向他們致謝。

我們對「精英日課」的要求是，關鍵立場必須代表當前科學理解。這意味著本書所有的大結論，背後都有堅實的、最新的研究結果支持。即便如此，這裡的論斷和方法也不可能都是絕對正確的，也許過幾年，新的研究出來，我們會有不一樣的看法——但是我敢說，此時此刻，這些是你所能找到的最佳答案。

我沒有參與書中的任何研究，我只是從別的書籍、報導和學術論文中發現了那些研究，轉告給你，有時候縱容自己借題發揮。書中的智慧和方法歸功於最先提出它們的學者，錯誤則屬於我。

寫這本書，是將知識揀拔於我的系統；讀這本書，則是讓思想進入你的系統。如果你能從書中獲得些許啓發，優化自己的系統，乃至於有一番大作爲，那將是我莫大的榮幸。

第一章

職業和發展系統

他的目光總是盯著整個莊園，而不是莊園的某一部門。在莊園裡，主要的東西不是存在於土壤和空氣中的氮和氧，不是特別的糞肥和犁，而是使氮、氧、糞肥和犁發生作用的主要手段，也就是農業勞動者。 ——列夫．托爾斯泰

祝君四種好運

人人都希望有好運氣，但是你知道嗎？好運有四種，你真正想要的，並不是最尋常的那一種。

這是神經科學家詹姆士·奧斯汀提出的關於運氣的分類法[1]。他說的本來是做科學研究的運氣，但我看完全適用於從吃喝玩樂到功名利祿一切領域。這個理論算是把「個人的好運氣」這個事兒琢磨明白了。

一個人的命運啊，當然要靠自我奮鬥，但是也要考慮到歷史行程。很多人一輩子辛苦追逐，什麼驚喜都沒遇到，有些人莫名其妙就升官發財。運氣這東西，你不服不行。然而，求人不如求己，有的運氣是自己可以爭取的。理解這四種運氣，你會對命運有更深的認識。

第一種好運可以叫**「盲目的隨機性」**。四個人打牌，爲什麼你手裡的牌最好？那麼多人買彩券，爲什麼老王中了大獎？這就是純隨機性。命運之神並不知道、也不在乎你們是誰，隨便一扔，誰接到就是誰的。

尋常人們追求好運，比如在微博轉發錦鯉、到廟宇拜拜祈福，求的就是這種隨機性，但是這個作用很有限。比如說打牌，抓牌之前，對著手吹口氣，如果真有效的話，我估計最多能把你抓到好牌的機率提高五％——不能再多了，否則那麼好使的話，就人人都用了。同樣道理，搶到頭香的祝福，最多能把你中彩券大獎的機率擴大十倍，可是基礎機率實在太低，擴大十倍也還是很低。

第一種好運的特點在於它完全不可控，你只能等著。可是真正的好東西怎麼能這麼被動地等著接收呢？你得做點什麼才行。

第二種好運是**「跑出來的機會」**。你要是從來都不逛賣場，當然就碰不上那波特價。你要是平時很少能見到異性，當然就很難跟人自由戀愛。你要是沒有出現在風口現場，當然就只能看著別的豬在那兒飛。

世人只知道盼望從天而降的第一種好運，殊不知這種自己跑出來的第二種好運才是最常用、最有用的。爲什麼那些最厲害的科學家、發明家和藝術家有那麼多好想法？那是因爲，他們有很多想法。他們嘗試過很多很多，你看到的只不過是其中最好的那些。這就如同如果一個人去過很多地方，他自然會去過好地方。那些好東西是他們「跑」出來的。

心理學家迪恩·西蒙頓專門研究各種創造性人物，他找到的統一結論是，這些人其實都是用數量確保品質[2]。一個人所能找到有影響力的、成功的創意數量，和他想到的創意總數成正比。據估算，貝多芬有七百二十二部音樂作品，巴赫有超過一千部，愛迪生有一千零九十三項發明專利，畢卡索創作過約一千八百幅油畫、一千兩百件雕塑、兩千八百件瓷器、一萬兩千張圖紙，以及數不清的版畫、地毯和掛毯——其中你能記住的、被世人認可的，屈指可數。

你只看到有人親吻了一隻青蛙，那隻青蛙居然變成了王子。你說：啊，她真幸運！殊不知她已經親吻過無數隻青蛙，別的青蛙沒變成王子。

創造的基礎是勤奮。想法行不行，你得做過才知道。你得嘗試過很多很多想法，才能找到一個行的。不過，搞創新並不是純體力勞動，你還需要第三種好運。

第三種好運是「**有準備的頭腦**」。微生物學家路易·巴斯德有句名言：「機遇只青睞有準備的頭腦。」關鍵字是「頭腦」，同一個東西擺在所有人面前，只有有頭腦的人能看出它的價值。

創造是想法的連接，而連接至少要有兩頭：面前有個想法，你自己也要有別的想法，才談得上把它們連接起來。同樣看一場藝術展，外行只看到熱鬧，內行能看到門道，而有準備的頭腦，卻可能獲得創造的靈感。如果頭腦裡沒有相關知識和思維模型，再好的東西擺在面前，你也不知道該看哪裡、該怎麼看，你就不會跟它發生化學反應。

舉個例子，亞歷山大·弗萊明當初是怎麼發現青黴素的呢？弗萊明想觀察葡萄球菌的變異情況，把培養皿在室溫下放了幾天。中間可能有黴菌偶然掉到培養皿裡，他在清洗培養皿的時候，發現有黴菌的那個小區域內葡萄球菌沒有生長，於是判斷黴菌裡有什麼東西可以殺菌。

這聽起來很像是第一種好運，老天垂憐，給弗萊明演示了一遍青黴素的作用，然而，這裡的關鍵其實是第三種好運。在此之前，弗萊明就已經做過類似的實驗。他曾經以爲自己感冒的時候，鼻腔黏液裡有能殺菌的物質，他一直在期待培養皿裡發生那樣的變化。同樣的現象發生在別人面前，只會被當作污染。

第三種好運需要知識，而知識有「複利效應」。就好像攢錢一樣，你的學問、經驗、生意、社交網絡越大，你的敏感度就越高，你就越有可能注意到新的機會。積累到一定程度之後，你就會迎來第四種好運。

第四種好運可以稱爲**「人設的吸引力」**。這可不是朗達·拜恩的《祕密》和張德芬說的什麼「吸引力法則」，這裡面沒有任何超自然現象。它說的是因爲你的特殊人設，自動來找你的好運——而不用你去找。

比如你的專業是考古學，當你還是個小研究生的時候，你整天盼望能趕上一次重大考古現場。可是有大事時，根本用不到你，你連寫博士論文都找不到可靠的素材。但是，如果有一天，你成了比如說西漢考古的權威，這一領域全國就你最懂，那就不是你去找素材，而是素材來找你了。哪裡新發現一處漢代遺址，誰得到幾片竹簡，你想不看都不行，這篇論文你必須寫。

導演奧運開幕式，對張藝謀來說是好運；但張藝謀的存在，也是奧運開幕式的好運。這是非你莫屬的機遇。但是請注意，最有吸引力的人設，不是資格和職位，也不是排名，而是你身上的某種特殊性。

最稀有的好東西，往往要求極其特殊的條件。歷史證明，蘇聯最高領導人布里茲涅夫，要才能沒才能，要思想沒思想，是蘇聯衰落的重要原因，而且他上臺之前沒有任何拿得出手的功績。那你說，蘇聯那麼多人，當初爲什麼非得選他不可呢？因爲他履歷完整啊。布里茲涅夫做過學生、當過工人、有軍隊幹部經歷，二戰時還趕上了一個小戰役（雖然他沒上場打仗），他在蘇聯幾個共和國的不同崗位上當過領導人，而且他形象好，沒做過壞事，沒得罪過人……全蘇聯滿足這些條件的，只有布里茲涅夫。公司選領導人都是看長處，蘇聯選領導人卻是看「沒有短處」——這種水準的履歷完整，不是普通的資歷，這是運氣。

所以人生最好有點特殊經歷，別跟其他人一樣。比其他人做得好還不行，**最有意思的人設，是擁有別人沒有的東西**。

第一種好運是人人都有的，最不可控，用處也最小。

第二種好運是由行動決定的，任何時候都可以爭取，用處也最多。

第三種好運取決於你的知識積累，不能靠臨時突擊得到，比的都是過去的功夫。

第四種好運卻是自我奮鬥和歷史行程共同的產物，你不努力不行，光努力也不行，它取決於使命的召喚。

重大成就往往是四種好運綜合作用的結果，都要有一點隨機性，有一點主動性，有一點客觀性，有一點特殊性。想明白哪些是可以爭取的，哪些是必須等待的，哪些取決於別人，哪些取決於自己，我們也許會多一點對命運的主動權。

祝你自助者強，當仁不讓，獲得四種好運。

祕密專案

你聽過數學家張益唐的故事嗎？他是北大數學系畢業，一九八〇年代到美國留學，跟的導師不是什麼了不起的人物，兩人關係也很一般。張益唐沒能早早取得數學界的承認，找不到研究數學的好職位，只好一直漂泊。有時候經濟狀況緊張，他還會去餐館兼職當會計。

但張益唐一直都在做自己的研究，而且是最高級的數學研究。那不是正式的工作，沒有經費，也沒有報酬。沒有人問他在做什麼，但是他非得做。終於有一天，張益唐完成了破解「孿生質數猜想」的關鍵一步，一鳴驚人。

在如今這個科學研究工作者越來越像工匠的時代，張益唐身上保持了古典學者的氣質，是個傳奇中的孤膽英雄。

多年前的某一天，我聽了張益唐的故事，心有所感，做了一個奇怪的夢。我夢見同事跟我說，每個人都有一個自己的祕密專案，我們白天上班做普通研究，晚上回到家裡做祕密研究。同事描述了他的祕密專案，然後問我：你的祕密專案是什麼？我無法回答，驚醒了。

當時的我正全力以赴——或者說幾乎全力以赴——做物理研究。夢中的我想的是張益唐那樣的祕密專案，那我眞的沒有。但我醒來之後想到，其實我也有一個祕密專案，只是不像張益唐的那麼厲害。我在寫《智識分子》，那是一本跟物理專業研究毫無關係的書。

我想說的是，你也應該有個祕密專案。這種感覺很好。

平時該上班就上班，自己私下幹一件大事。這個專案不是普通的業餘愛好，而是非常嚴肅認眞，每天都取得進展，最終達到很高的水準。

白天的你是一個身分，晚上的你還有另一個身分。沒人眞正了解你，只有你自己知道你在做的是什麼。就好像地下黨員一樣，你說刺激不刺激。

你可能會說，如果眞是好專案，爲什麼非得祕密地做不可呢？全職做不是更好？其實關鍵不是全職還是兼職，關鍵是你做的這個專案，要有一點「疏離感」。也就是說，你不應該跟一大幫人在一起湊熱鬧，應該自己獨立幹，**因爲疏離感能激發創造性**。

科學作家奧加·哈贊在她的《怪人：在局內人的世界裡做一個局外人》[3]書中提到一個有意思的觀察。哈贊從小跟著家人以移民身分在美國生活，難以融入同學的主流文化，被視爲怪人。但是她發現，怪人其實也有優勢。她在書中論述了做怪人的種種好處，我最感興趣的，是怪人的創造性。

哈贊所謂的怪人，就是沒有融入團體的人。用王小波的話說就是「特立獨行」的人。有研究發現，不融入團體，能刺激一個人特立獨行。

約翰霍普金斯大學商學院的莎朗·金有個實驗是這樣的：召集一幫受試者來做「創造性思維」的測試，比如說能不能發現詞語之間的有趣關聯，或者畫一個非常不同於地球人長相的外星人。

實驗中，有的受試者來了就開始答題；有的受試者來了先接收到「你被孤立了」的心理暗示——實驗人員特意告訴後者：我們有個小組，別人都進小組了，但名額有限，所以你不是這個小組的成員，你得自己做。然而事實上，根本就沒有什麼小組。

結果，那些獲得孤立心理暗示的人，發揮了更大的創造性。他們的詞語題分數更高不說，畫外星人更是放飛了自我。其他受試者畫的外星人大多沒有脫離經典的火星人卡通形象，然而「孤立者」卻能大膽想像，他們讓外星人的胳膊、腿都長在身體的同一邊，讓眼睛長在鼻子下面。

孤立，能讓你更大膽地思考。

哈贊引用了一些統計，說明創造力強的人物，常常是有點疏離感的人。比如藝術家和作家，小時候常常都是被視為有點怪、有點特殊的孩子。跟普通建築師相比，最有創造性的建築師常常是小時候頻繁跟著父母搬家的孩子。他們對一個地方還沒熟悉，又搬到了另一個地方，內心永遠都覺得自己是所在街區的外來者。

像這樣的例子我也可以補充幾個。如果你對物理學感興趣，你可能知道，量子力學的祖師爺之一保羅．狄拉克是個不愛熱鬧的人；但你未必知道他為什麼是這樣的——因為狄拉克的童年很不幸福。

狄拉克出生在英國，但他的父母都是瑞士人，是後來才移民去英國的。狄拉克的父親是法語老師，要求孩子們在家裡只能說法語。狄拉克不喜歡這個規定，他認為自己無法用法語表達想說的話，於是乾脆就不說話了。狄拉克就是在這種高壓的家庭中長大，他的哥哥甚至自殺了。哥哥自殺之後，狄拉克看到父母很傷心，才知道父母原來是愛孩子的。

愛因斯坦就更不用說了，不但從小跟社會疏離，而且成為物理學家之後，也跟整個物理學界疏離。楊振寧形容愛因斯坦是個「孤持」的人，並且說這正是他做出偉大發現的一個必要條件。

你體會一下「孤持」這個詞，它跟「孤獨」不一樣。孤獨可能是被動的，我喜歡熱鬧，但是沒人理我，我很孤獨。孤持則有一分主動的意味——孤獨，但是我堅持如此。

為什麼孤持的人創造力特別強呢？哈贊引用一些研究說明，這是因為「外來者」這個心態，能給人帶來不一樣的視角。

比如說，那些在一個國家出生，然後在另一個國家長大的孩子，因為從小接觸兩種不同的文化，創造力更強。你別看他們可能連當地語言都說得結結巴巴，更不知道當地最流行的通俗文化，但是，他們更善於理解複雜問題，更善於處理互相矛盾的資訊，而且更善於應對不確定性。

創造是想法的連接，創造性活動，本質上是一個混圈子的事情。而越遙遠的連接，往往越有意思。

外來者能提供一些來自邊緣的連接。他們可能不太擅長「融入」圈子，但是他們能「擴大」圈子。愛因斯坦出生在德國，他最反感德國式教育。狄拉克連逼他說法語的父親都能對付，長大之後從工程專業轉到理論物理更是不在話下。愛因斯坦的第一份正經工作是在專利局當助理鑑定員，但他私下研究物理學。狄拉克上大學學的是電機工程，但他最愛的科目是數學。

像這樣的人常常能身體在這裡，心思在別處。他們一邊做著這個，一邊想的是那個。所以，疏離的本質不是玩不好大家都在玩的東西，而是自己另有一套東西在玩。

你不能說專利局的工作和工程的學位耽誤了愛因斯坦和狄拉克。事實上他們多次表示，那段一心二用的經歷，對自己做物理研究幫助很大，讓他們獲得了獨特的眼光。也許應該說，專利局工作是愛因斯坦的祕密專案，工程學位是狄拉克的祕密專案。

如果一個人處處跟人湊熱鬧，哪裡熱鬧就去哪裡，有什麼新聞熱點他全知道，有什麼時髦事情他必定跟進，這樣的人日子會過得很有意思，因爲他代表所在圈子的水準，但是他不能給這個圈子貢獻新東西。

如果一個人把所有時間都花在微博上，你不能指望他給微博貢獻什麼新的內容，我們最歡迎的是那些能從微博之外弄來東西的人。同樣道理，「得到」老師的學問不是從「得到」得來的。

所以哪怕你的主業就是你最感興趣的工作，你也應該在主業之外再弄個祕密專案。那個專案至少能讓你吸收圈外的營養。

有時候僅僅做個孤獨者，少跟人交流，也能提高創造力。有一個創新理論叫「基因漂變」，說的就是因爲少交流，沒有互相模仿，多樣性會更高。

這麼說來，張益唐沒當全職數學家反而可能是好事。他不用擔心研究經費，不用跟風發論文，不用找熱門主題湊熱鬧，不用處處模仿別人。他自己單幹，做了別人不敢做的主題，找到了別人想不到的解法。

所以祕密專案的另一個好處是，因爲它是祕密的，你不會跟那個圈子有太過密切的交流，就能保留一些獨創性。

看看朋友圈分享的熱門文章都是什麼樣的，然後你寫個類似的；看看市面上有些什麼產品，然後你弄個一樣的，那沒什麼出息。

祝你找到自己的祕密專案。面對流行笑而不語，私下憋個大招。那也許是能讓你完成致命一擊的武器，也許是你最後的底牌，但更有可能，你一輩子都用不上它。

可是，有這個專案在，你的感覺會很好。你再也不會感到孤獨，創造者的知己一般都不在本地，你是跟遠方的某些事物連接在一起。你比別人多了一重生活，你有一個難以與人言說的祕密。

X因素

可能你現在有個非常嚴肅的創業想法，可能你正在搞一個祕密專案，可能你爲了一個目標已經堅持奮戰了很多年，可能你正在寫一本書，這一節也許能給你一點幫助。不過，我們不是要說該怎麼做，也許是勸退。

比如，你排除萬難，終於推出一款自己的產品，但是市場反應不太好。你的錢已經花得差不多了，時間也不是白給的，那你是否應該改進這個產品，期待再戰呢？

這裡有個判斷方法，這個方法並沒有經過嚴格的科學檢驗，只能說是出自觀察和經驗，但也許對你做判斷有幫助。這是史考特．亞當斯提出的洞見，叫作「X因素」。

亞當斯是呆伯特系列漫畫的作者，同時還是成功的非虛構作品作家。他還寫部落格，喜歡評論政治，搞過很多創業專案。X因素這個概念是亞當斯在他二〇一三年出的書《我可以和貓聊一整天，卻沒法跟人說半句話》[4]中提出來的。這本書相當於亞當斯夾敘夾議的小傳記，分享了他的一些人生經驗。書中讓我印象最深刻的就是「X因素」。

「X因素」其實是英文中的一個常用詞——X factor，泛指某件事情上有你解釋不了的某種因素。但我們這裡要說的是它的一個特別含義：X因素，是能讓人們爲了這個因素而容忍你這款產品所有缺點的因素。

早期手機非常笨重，像磚頭一樣，價格昂貴，沒有任何智慧功能，收訊也不好，充電還有怪異的講究……那你說，爲什麼當時就有人非要買這個手機——稱之爲「大哥大」——不可呢？還要找個助理隨時在一旁幫他拿著。

以前的電腦就不用說了，人們號稱要「辦公無紙化」，其實很長時間內都沒有提高辦公效率。而二〇〇七年發表的第一代iPhone，不光不支持多工工作，甚至連最基本的複製貼上功能都沒有，可是人們省錢借錢也要買電腦、買iPhone。

這些不成熟的、一堆毛病的產品，爲什麼有人買？因爲它們身上都有X因素。

X因素可以是任何東西。那些人買手機就爲了方便打電話嗎？還是因爲大哥大能彰顯身分？買個人電腦是爲了玩遊戲嗎？又或者是家裡終於有了一臺可以任意擺弄的機器？買特斯拉是因爲續航特別長嗎？又或者是表達對科技的支持和對地球環境的責任感？你說不清。但你知道X因素肯定不是品質、完成度、綜合得分之類的東西。

一個產品哪怕有再多缺點，哪怕九八%的人都不喜歡，只要它有X因素，就會有二%的人特別喜歡它，那些人是眞的喜歡。我記得賈伯斯開了第一場 iPhone 發表會之後，產品還沒上市，有人甚至在網路上分享 iPhone 的紙模型列印稿——讓你可以先給自己做個 iPhone 模型，拿著過過癮。

亞當斯的洞見是，因爲好產品有X因素，所以好產品應該是一出來就有人特別喜歡。

亞當斯從一九八八年開始畫呆伯特漫畫，幾乎是一出場就備受歡迎，一年不到，就在多家報紙同時連載。呆伯特漫畫構圖非常粗糙，對話也沒幾句，不喜歡的人可能連挑毛病都不好挑，因爲實在太簡單了——但喜歡的人是眞的喜歡。

好萊塢拍大製作電影的正片之前，會先拍一個試片，邀請一些觀眾和業內人士看看故事是否成立，值不值得投資。亞當斯曾經去看過試片，好萊塢的人告訴他，觀眾的平均反應毫無意義。很多人不喜歡這部片也沒關係，關鍵在於，有沒有一小撮人特別喜歡它。如果有人一看就特別喜歡，而且對它所有不成熟的地方都不在乎，那這個東西就會成功。

這個道理是，那些最終能取得成功的好東西，都是一出來就有人知道它是好東西。如果一·○版無比平庸，二·○版毫無亮點，三·○、四·○版還沒人關注，最後十二·○版突然爆紅，那是不可能的。好東西是一·○版雖然沒賺錢，但是立即就抓住了一小撮特別熱情的粉絲。他們花錢買了，而且問你能不能趕緊出二·○版。這樣的出場，說明你這個東西裡有X因素。

通常的情況是，成功能迭代爲更成功，但失敗無法迭代爲成功。如果你這個東西一拿出來，根本沒人感興趣，那就說明它不具備X因素，你再去完善它，也沒有多大意義，你應該放棄。

X因素和軟體開發常說的「最小可行產品」有點類似，但不完全一樣。做最小可行產品，是爲了驗證有沒有人認爲這個產品值得用，是可行性；X因素則是要驗證有沒有人特別喜歡這個，是「可火性」。

推理小說家紫金陳現在火了，他的三部小說被拍成電視劇——《無證之罪》《隱祕的角落》《沉默的眞相》，評分都極高。然而，有很多網友吐槽紫金陳文筆差，比如他竟然形容一個人的眼淚「如蘭州拉麵般滾了出來」。

所有這些評論中，我覺得和菜頭的一句話說得特別好，他說，的確他也可以對紫金陳的文筆提出很多意見，但是紫金陳的故事好啊[5]！

你不用管他是站著說、躺著說、翻滾著說，姿勢好看與否，只要他讓讀者感知到他要說的核心故事，讀者就跑不了。

紫金陳的X因素，存在於他獨一無二的故事之中。故事不行，你文筆好有什麼意義？

我們研究成功者，得研究他的X因素才行。例如，你一心想學如何發家致富，有一次，李嘉誠請你去他家吃飯，你吃完聊完了，回來最大的感想是「李嘉誠大哥對人眞是周到又細緻啊」，那你什麼也沒學到。

特別是那些看似有很多缺點、卻又特別成功的人，其中必定有很強的X因素。

現在有些所謂的「流量明星」，大家都諷刺他們演技差，可是他們有眾多忠誠的粉絲。你可以說這些粉絲追星很盲目，他們關心的其實不是這些明星，而是自己——也許你那些道理都對，但問題是，這些明星就算有萬般不是，他們到底做對了什麼呢？

這就好比說，現在有很多學者批評中國經濟，說中國經濟有這個問題、那個問題。他們的批評也許都有道理，可是，有這麼多問題在那兒，爲什麼中國經濟的成長速度那麼快呢？你很容易看到中國做錯了什麼，但你眞正應該理解的是，中國做對了什麼。

X因素是能讓你超越平庸的東西。所以這個知識很難用尋常的方法學到。

你讀本書、上個MBA班、看職場攻略、鑽研創業指南，你會學到一大堆像「創業者一定要做好的十件事」之類的知識。這些知識的確有用，但是，把這十件事都做好了，你只能做出一個正規的、標準的、合格的、平庸的、很可能會失敗的案子——因爲別人也能做好這十件事。

寫作需要文筆，公司需要會計，明星需要操控評論，產品需要行銷包裝，這些東西都是標配。標配能把不成熟的東西變成熟，不夠標配的東西會被人挑出很多毛病來，但是標配裡沒有X因素。

那到底如何找到X因素呢？亞當斯有一個建議，他說，你不要光聽消費者怎麼說，你得看他們怎麼做。

呆伯特漫畫是一九八九年出版的，但是直到一九九三年，亞當斯都不知道自己的漫畫到底好在哪兒。不過他知道自己創造了一個好東西，因爲有人把呆伯特剪下來貼在冰箱上、貼在辦公室門上，人們會和朋友分享呆伯特，有人把呆伯特用在自己的部落格文章裡。可是，呆伯特到底好在哪兒呢？

一九九三年，亞當斯決定以後都把自己的電子郵寄地址留在漫畫上。他立即收到了大量讀者來信，很多都是罵他的，但是他發現了自己成功的祕密。

亞當斯本來會讓呆伯特出現在各種場合中，但是他發現，只有當呆伯特在辦公室裡的時候，他收到的回饋是最好的。可能連讀者自己都沒意識到他們最喜歡的是這個，但是數據知道。於是亞當斯決定，讓呆伯特漫畫專門表現辦公室政治。結果從一九九三年開始，呆伯特出圈了，開始進入大眾視野。

X因素的知識就是這麼難得。

最後，作爲科學作家，我想說說寫作。如果你想知道科學作家的X因素在哪兒，請允許我先自吹一把。我不是從小就有個寫作夢想，不停地刻意練習，慢慢地越寫越好，最後成爲作家的——我是從一開始寫，就受到了讀者歡迎。

我以前努力學習，都是作爲物理學家而奮鬥，可不是學寫作。我第一次在網路論壇發表文章，就有幾萬人閱讀，很多人轉載。我覺得很好玩，就時不時寫一點，有時候也跟朋友吹噓，但是我不知道靠寫作能謀生。我本來寫了文章就發到網路上，從來沒主動向媒體投稿，都是媒體主動轉載我的文章，還非要給我稿費不可。

我要說的是，寫作的確是一門手藝，好好練習，的確能讓你越寫越好，但是，你最好先找到X因素再琢磨別的。是什麼，你得自己找，但是我個人的體會，寫作的X因素應該有下面這三個特徵：

第一，要寫的這個主題得讓你激動。你迫切地想把這件事告訴別人。文章提交上去，你會盼望它早點發出來。如果這個主題你只是感興趣，但是沒有激動，那就是你調查研究得還不夠。

第二，X因素一定是你某種自主發揮。把一切都做對，開頭、中間、結尾怎麼寫，遣詞造句技術完美，那些都不重要。你得有某種創造才行。不見得是一種明顯的創造，但必須有點你自己的東西。哪怕你是介紹一篇科學論文，也得有自主發揮。自主發揮是科學作家給自己的福利。

第三，寫作過程應該很順暢，這工作應該有愉悅感。如果像中學生寫應試作文、大學生寫畢業論文那樣搜腸刮肚、絞盡腦汁，再下十倍功夫也沒用。

X因素不是從天上掉下來的，不可能畢卡索小時候第一次塗鴉就是神作。但是，如果你想把一個東西推向市場，你最好確保它有X因素。

一個創造性產品推出，如果市場反應證明它沒有X因素，也許你應該換個專案繼續尋找，而不是在這個專案上堅持到底——對不起，這場你不是主角。

「小」生意人的經驗

說個樸實的話題——小生意。你有沒有注意到，各種講商業的書也好，商學院的案例分析也好，一般說的都是大公司，至少也是中等規模公司的事兒。如果要說到小公司，那也叫「新創公司」，立意高遠，一般都是有個創新，雖然現在還小，但正快速成長中，將來一定能變大、變強。

我們這裡說的小生意，是那種真正的小生意，比如說開個餐館、家具店或水電行之類。這種生意的老闆不叫執行長，員工沒有認股權，公司不怎麼講願景，沒有眞正意義上的創新，也用不上什麼現代化的管理哲學，甚至可能談不上品牌。做小生意的老闆們，通常不會被大眾媒體注意到，但是他們可能恰恰構成了「生意人」的主體。想想中國改革開放初期那些企業家，恐怕都是做小生意起步，而不是一上來就以創業者的身分，拿著號稱要改變世界的計畫書尋求天使投資。

你身邊可能就有做小生意的人，也許是同學或以前的同事。你可能注意到他們都很接地氣，他們對現代商業思維的了解，可能還不如你。有的明明已經賺很多錢了，還是親自在第一線幹一些日常的活兒。

你是不是曾經問過自己：他爲什麼就能賺錢呢？

我們假設，你是一家大公司的高級職員，掌握專業技術，收入是社會中上水準，算是中產階層。你們公司的執行長是個了不起的人物，你覺得跟他相比，自己好像欠缺了一點什麼，所以你更適合做個搞技術的職員。而你的一個小學同學，學歷和技術都不如你，可是現在做小生意做得很成功——當然跟你們公司執行長是不能比，不過收入比你高得多。

那我們要問的是：你這個做小生意的同學，和你們公司執行長之間，有沒有什麼共同點，是你這個職員所沒有的？也許那個共同點就是企業家所必需的東西。也許對眞正的企業家來說，那個東西比什麼現代商業思維、什麼現代企業管理都更加基本——因爲後者都是可以學習的，而「那個東西」似乎跟學歷無關，也許是人的個性決定的。

那到底是什麼東西呢？

有個美國人叫基斯．史密斯，做小生意起家，感覺自己已經很成功了，又有一肚子心得，就寫了本書。書名非常樸實，叫《有錢人在乎的和你不一樣》[6]。

注意，美國人說的「中產階級」其實就是日子過得去的普通人，不像咱們中國人說的那麼高大上。史密斯原本是個上班領薪水的中產階級，最初業餘時間做點小生意，後來開了家具店，慢慢做大。在眾多的百萬富翁之中，史密斯並不起眼。他沒有什麼學術背景，沒有引用商學院教授們的研究結果，也沒有提到最新商業趨勢，說的都是最簡單的話題。但這本書幾乎是一出版就成了暢銷書，後來還被蘭登書屋買下版權。

史密斯提供了一個個人視角的觀察，我先把他說的這十大區別列一下：

一、百萬富翁問給自己賦能的問題，中產階級問讓自己失能的問題。

二、百萬富翁專注於增加淨財富，中產階級專注於提高薪資。

三、百萬富翁有多個收入來源，中產階級只有一、兩個收入來源。

四、百萬富翁認爲自己應該慷慨捐助社會，中產階級認爲自己沒有能力捐助。

五、百萬富翁爲利潤工作，中產階級爲薪資工作。

六、百萬富翁持續學習和成長，中產階級離開學校就不再學習了。
七、百萬富翁在計算之後，敢於冒險，中產階級懼怕風險。
八、百萬富翁擁抱變化，中產階級被變化威脅。
九、百萬富翁談論想法，中產階級談論事情和人。
十、百萬富翁考慮長期，中產階級考慮短期。

我相信這些說法你肯定已經很熟悉了。其實，按學者的標準來說，史密斯的有些說法可能混淆了因果關係——人到底是先有了一定的錢，才能有多個收入來源；還是先有多個收入來源，才能有錢呢？嚴格來說，你得證明才行。

但是，史密斯的直覺仍然很有意義。特別是他本人致富的經歷，很值得你了解。也許史密斯身上有生意人的「那個東西」，也可以稱之為生意人的「X因素」。

史密斯出生在一個下層中產家庭，父親以向修車行販售汽車零件為生，年收入才兩萬多美元。不過，史密斯從小就有生意頭腦，家裡每天給他三美元買午飯，他會用這三美元買一大袋口香糖，總共三十個，然後拿到學校，以一個二十五美分賣給同學——午飯之前就能賣完。他只花一美元買點東西吃，放學帶著六．五美元回家。

中學畢業後，史密斯跟普通人一樣找了一份固定工作，在高爾夫球場打工，薪資是每小時五美元。史密斯暗中有個夢想，是當職業高爾夫球手，可是他的生意頭腦很快就戰勝了他的夢想。高爾夫球挺貴的，但是人們如果把球打飛了，比如進了草地找不著，或者掉到池塘裡，通常就不要了。史密斯把這些球撿回來賣錢，發現比自己的薪資還要高許多。

史密斯決心以做生意爲生。當時正好趕上政府對汽車空調用的氟利昂大幅加稅，導致氟利昂價格猛漲，史密斯的父親就建議他倒賣氟利昂。這個生意特別簡單。史密斯每天去一個地方批發氟利昂，批發價是一桶兩百美元，回來之後，就能以一桶兩百五十美元的零售價賣給個人。

我覺得這個生意可能對史密斯的世界觀產生了影響，因爲他注意到有個顧客，每週都從他這裡買十桶氟利昂，居然不知道可以自己去批發！這個世界對有生意頭腦的人好像十分友好。

但是這個好生意也讓史密斯犯了兩個錯誤：第一個錯誤是，他每週賺夠五百美元就不幹了，剩下的時間用來「享受人生」；第二個錯誤是，他以爲這個生意可以一直做下去。

沒過多久，氟利昂的生意就做不下去了。史密斯學到的教訓是，有賺錢機會的時候應該抓緊啊。

不過緊接著，史密斯發現從拍賣會上，可以以極低的價格買到很不錯的舊家具，然後轉手賣到舊貨市場就能賺到錢。這個生意做得也挺好，他後來乾脆自己開家具店，專門賣舊家具。這時候，他的年收入從兩萬美元漲到了五萬美元，而且他結婚了。

有一天，史密斯在街上偶然看到一家地點更好的家具店要轉讓，進去一問，租金不高，於是他決定把店搬到這裡。史密斯跟這家店原來的主人聊天，得知對方主要是賣新床，生意比自己賣舊家具更賺錢，於是史密斯改賣新床。他的年收入達到了七萬美元。

在一次進貨時，他認識一個專門賣沙發床的人，發現那個人的生意比自己的好很多。於是史密斯夫婦又把生意定位在專營市場，只賣沙發床。他的年收入就此達到十萬美元。當然中間有各種波折，後來他又做了房地產之類的生意，總之，最後終於成爲百萬富翁。

史密斯說，如果他一直在高爾夫球場工作，薪資大概會從當年的每小時五美元，漲到十二美元。

史密斯的致富史，在中國，特別是現在，肯定是不容易複製的。美國願意做那些看起來很短期、很不靠譜的小生意的人不多，才給了史密斯機會。但是我總結其中三個規律，也許對所有做小生意的人都適用：

第一，你總是在非常偶然的情況下發現生意機會。史密斯沒搞什麼正規的市場調查，他只不過喜歡觀察、喜歡問，機會就這樣問出來了。

第二，這些機會常常稍縱即逝。等到市場形勢改變，或者別人也發現這種機會，你再想做就沒有了。

第三，成功者總是果斷行動。

我認爲第三條是關鍵：**要做一個市場中的玩家，你看到機會，得敢出手才行。**

想想，有多少人是按照這三個規律做事的。一般人都是按照固定流程做事，該怎麼做就怎麼做，自己不動腦筋想。也許這就是生意人的「X因素」。

上至大公司執行長，下至小生意人，沒有一天到晚盯著自己公司內部的，都是整天在外面跑，尋找下一個機會。這就是爲什麼這些人愛談論想法，他們願意花很多錢去得到關鍵資訊。

可是，如果你不出手去試，你無法知道那是不是眞正的機會。

像我的毛病是，我總覺得市場是均衡的。如果你跟我說現在有個倒賣氟利昂的機會，我肯定說那別人爲什麼不自己去批發，還等著我們做。我總是假設能做的事都已經有人做了。但也許那樣的生意機會一直都在，只不過別人就算證明它成立，一般也不會說出來，說出來就不靈了——當然「說出來就不靈了」這句話也是我這個均衡主義者認爲的。事實上，賣沙發床那個生意機會說出來了，還是繼續靈。

你只能自己去試才知道。

但是你可千萬別只聽史密斯的，你也應該聽聽我的意見。圖1-1是美國公司的存活率曲線[7]。

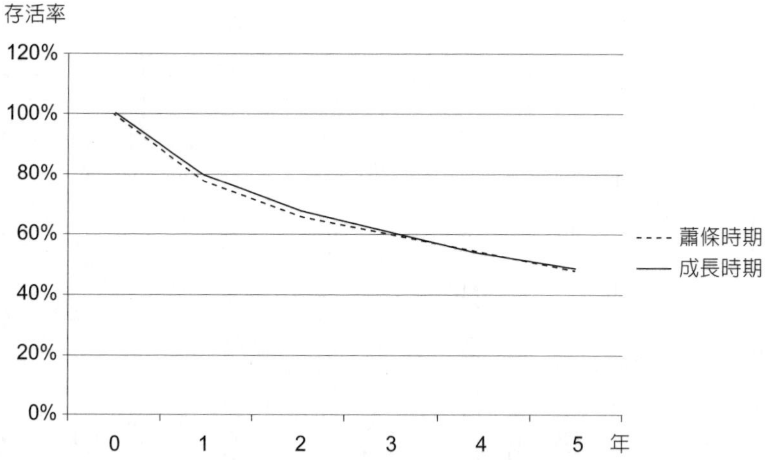

圖 1-1 美國公司的存活率曲線

橫軸是年數，縱軸是每一年還剩下多少比例存活。虛線代表經濟蕭條時期成立的公司，實線代表經濟成長時期成立的公司。

我們看到，不管這家公司成立時的經濟形勢如何，存活機率幾乎是一樣的。二〇％的公司會在第一年倒閉，能堅持兩年的只有六〇％多，而到第五年，只剩下約四八％的公司還在。

開公司是容易的，堅持五年是困難的，做大、做強更困難。所以史密斯的故事可能是倖存者偏差，也許有很多生意人的做事風格跟他一樣，但是沒他那麼好的運氣。做生意是有風險的，做生意並不一定是正確的事情。

可是史密斯自有他的道理：如果不做，那你永遠都不會是生意人。

晉升、失控和「扮演法」

有一部網路小說，「愛潛水的烏賊」寫的《詭祕之主》，我非常喜歡。不過，這一節不是要向你推薦小說，而是想跟你分享一點讀小說引發的思考。

讀網路小說的一個樂趣是，主人公會不停地「升級」。修仙也好，領兵也好，升官也好，開公司當工業霸主也好，都好像是打遊戲一樣，一開始主人公很弱小，不斷地成長，戰勝一個又一個對手，慢慢變得強大起來，同時探索一個越來越廣闊的世界。當然，你可以說這純粹是宅男在滿足自己的幻想，眞實世界裡哪有這樣的好事——那麼我要說的就是，你讀的那些勵志雞湯其實也是幻想。在眞實世界裡，不是你一門心思好好努力就能升上去的。

不是說眞實世界有多麼黑暗，我們眼中的世界是一個充滿矛盾的地方，你總是要做一些不得已的取捨，沒有什麼一定正確的方向。你眼中不成功的人，也許人家選擇了別的價值；你眼中成功的人，你不知道他爲此付出了什麼代價。

《詭祕之主》這部小說的創新之處在於，愛潛水的烏賊設計了一套非常不同於傳統的晉升系統。在我看來，這套系統更接近眞實世界，可以說是一則寓言。

我認爲，中國網路作家已經找到了讓小說好看的祕密，這是現代中國人爲世界做出的一個重大貢獻。《詭祕之主》這部小說，可以說代表了現代作家和現代讀者共同的認知升級。你要說藝術性，那是見仁見智的事；但你要從資訊角度，說小說的世界觀之宏大、人物和道具之豐富、劇情之複雜，《詭祕之主》比幾十年前金庸寫的那些小說至少高出兩檔，比現代西方的《哈利波特》《冰與火之歌》也高出了一檔。

這是一部作家必須借助電腦管理資訊，讀者必須借助百科檔案標記知識點，才能寫好和讀好的小說。

《詭祕之主》在起點中文網的排名一直居高不下，它的英文版也吸引了很多海外讀者，有人正呼籲 Netflix 把它拍成電視劇。

咱們單說它的晉升設定。

《詭祕之主》描寫一個蒸汽龐克背景下的魔法世界，其中大多數人都不會魔法，只有占人口比例極小的「非凡者」才能學習魔法。要成爲非凡者，你必須服用某種「魔藥」，然後每一次晉升也都需要魔藥。

晉升的途徑有二十二條，是來自上古的神的設定。你必須選擇其中一條途徑，從最低的九級序列往上升，最高是零級。比如主人公克萊恩·莫雷蒂的途徑是「愚者」，他成爲非凡者的第一個序列就是序列九——「占卜家」。

對應到眞實世界，你可以把途徑想像成職業，官員、商人、演員、學者等；而序列則是各個行業中個人的升遷路線圖，官員的序列就是科長、處長……

每個非凡者的奮鬥目標，都是拿到自己所在途徑中的下一個序列的魔藥，讓自己晉升，獲得更高級的魔法和更厲害的身體素質，在職務上也能跟著升級。但這裡面有個關鍵的問題。

做非凡者是有危險的，你隨時都可能會「失控」。魔藥其實是一把雙刃劍，它帶給你非凡能力的同時，也可能讓你受傷害。如果控制不了體內的魔藥，你會發狂、變形，成爲怪物。別的非凡者爲了維護公共秩序，就必須把你殺死。

大多數下層非凡者就這麼戰戰兢兢生活著，一方面想升級，一方面擔心自己失控。他們總結了一些防止失控的心法，比如調整自己的內心，但是具體怎麼調整，誰也說不好。

主人公克萊恩在機緣巧合之下，發現了能快速晉升和防止失控的祕密，叫作「扮演法」。

一般的非凡者都以爲序列名稱代表的是「能力」，比如，你服用魔藥，成了占卜家，那就意味著你會占卜術，可以算一算房間裡有沒有危險，失蹤的人現在在哪裡之類的事情。你可以用這個能力，也可以不用。

扮演法則是說，序列名稱不僅僅是能力，還代表了「工作」。你想快速從占卜家這一關升級，就應該扮演占卜家。你應該像眞的占卜家一樣，比如說擺個攤，經常爲人提供占卜服務才行。

然後序列八是「小丑」，那麼就去做小丑該做的事情。扮演不是表演，不是給觀眾看，而是按照這個序列的設定做事。

藉由扮演法，你可以快速消化掉魔藥，你將徹底掌握這個序列的魔藥，爲晉升做好準備。

克萊恩從多個來源得知，扮演法有三個注意事項：

第一，扮演哪種職業，就遵守哪種人的相應行爲規則——但規則不是固定的，每個人可以根據自己的經驗調整。換句話說，就是你得演得像。

第二，你只是在扮演！不要混淆扮演的角色和自我的存在。

第三，克萊恩所在教會的高層特別叮囑他：「晉升是爲了更好地爲女神效勞，更好地守護善良的信眾。記住這一點，就能抵抗失控的誘惑——記住，是誘惑。」

這跟現實社會中的職務晉升簡直太像了。

大多數人沒什麼晉升的機會，能力不大、權力不大，所以危險也不大。人們以爲晉升代表的是能力和權力，殊不知，晉升更代表責任，也代表危險。

決定你晉升速度的，是你扮演得像不像。你要當官，就得有官員的樣子，永遠都穩穩當當，給人感覺胸有成竹，不輕易表態，不暴露自己的弱點，關鍵時刻有所擔當，時刻盯住高層的動向。你有權力，還得經常用才行。你施展了權力，像個官員，就容易升上去。

但是，伴隨權力的是失控的危險，你可能會貪污腐敗，可能會站錯隊伍。企業家的業務越做越大是好事，但他面臨的風險因素也會越來越多。

眞正的危險來自誘惑——尤其是獲得更大力量的誘惑。很多官員犯罪，就是因爲太想晉升了。

怎麼避免這種危險呢？答案是牢記自己「只是在扮演」！

你的社會角色只是你的一部分，你還有作爲自己的那一部分。不對角色太過投入，你就不會被角色所吞噬。我在「精英日課」專欄講過二戰時期兩個德軍將領的故事，一個把戰爭當體育賽事打，一個把戰爭當作人生唯一的事業——結果是前者打得又好，又不受傷害。

有一種情懷叫「有限」。你得有點玩家的作風。

以運動員的心態升級，這大概就是扮演法的精髓。

可是，既然扮演法這麼好，爲什麼大多數非凡者不知道這個方法呢？

克萊恩所在的「黑夜女神教會」，一直都將扮演法保密。你要是自己領悟出來了，那我們歡迎，但是你不能把它透露給別人。這是爲什麼呢？

有些讀者猜測，這是因爲教會要限制高層非凡者的人數。小說中有個設定叫「非凡特性守恆定律」，意思是非凡者也好，非凡物品也好，都必須使用一定的非凡特性才行。而同一個途徑之中的非凡特性總量是不變的，這就意味著，高層非凡者就只能有那麼多。

我看這個設定也符合現實社會。現實社會有位置稀缺的問題，國家再發展，高層的位置也只有那麼多。技術再進步，國民注意力總時間也只有那麼多，所以明星、明星產品和明星公司的高層也只有那麼多。不管你是官員，還是相聲演員，頂層的位置都是極其稀有的。

說白了，有時候你必須等前面的人退下來，你才有機會上去。小說裡的設定是，高級非凡者要晉升，有時候得吃掉別的高級非凡者屍體中的殘留物。

但是，位置稀缺並不能解釋爲什麼教會要將扮演法保密。要解決位置稀缺，可以限制魔藥的發放啊，何必讓人冒失控的危險呢？

眞正的答案是，**「你只能是你自己」**。

這是小說進行到第五部第二十八章，一個叫赫溫·蘭比斯的人物說的。在序列六之前，最好不要使用扮演法加速魔藥消化，因爲那樣會影響非凡者自我意識的養成——「這會讓成員變得不像自己，有的甚至會被魔藥殘留的影響同化」。

克萊恩成爲「無面人」之後，也多次有人對他提出忠告：「你能假扮成任何人，但你只能是你自己。」

這個設定也很符合現實社會。這是一個只有當你身處高位，才能體會的忠告。

我們設想一下，如果每個基層官員都會扮演法，那是什麼情形。

你的官僚系統會得到一大群高效率的、標準化的、做事絕不犯錯的、機器人式的官員。他們像運動員一樣科學訓練，所以能用最快的速度到達高位。然而，這是你需要的人嗎？做這樣的人有意思嗎？

我們在眞實社會裡摸爬滾打，會磨練出各種獨特的脾氣和作風。有時候你明知道怎麼做對，但就是不想那麼做，因爲你覺得那就不是你了。

從扮演法角度來說，這樣的人是幼稚的，可是從系統的演化角度來說，我們需要能給高層帶來個性，讓系統往新的方向發展的人。演化的特點是，一個特性剛形成的時候，你不知道它好不好，也許在這個環境裡不好，可是保留下來了，然後換個環境，它就是最有意思的特性。

系統需要你保留個性，你也需要有自己的個性。做機器人沒意思，就算升上去了，又如何呢？如果每一件事都是「對」的，而不是「你」的，這樣的生活有什麼意思呢？這樣的人到了高層仍然會失控——因爲做機器人時間長了，他終究會受不了。就好像某些中年人，年輕的時候兢兢業業，不敢越雷池一步，現在一揮灑個性，反而成了最拙劣的姿勢。

小說就只是小說，把小說當眞是不對的。但是，小說家有時能做到社會學家做不到的事。扮演法眞的適合眞實世界嗎？你很難做科學實驗研究，那麼，借助小說探討，也是一種趣味。我們不妨藉著這個設定，把人分等級：

最普通的人對工作沒什麼計較，談不上心法，所以也沒有晉升的意圖。

初級非凡者的問題在於演技不行，出戲太多，一看就不像，所以晉升很慢。

中級非凡者很入戲，但是危險在於入戲太深，有時候會爲了晉升不擇手段，不知道怎麼控制自己去打一場有限的比賽。

高級非凡者的弱點則是沒有個人意識，這一路走來，什麼都做對了，可是也累了。他們可能執掌一方大權，但註定不會在歷史上留下名字。因爲他們根本不知道什麼才是眞正的自己，稍微一放鬆，還是會面臨失控的風險。

幻想小說總能給人一點精神激勵。那知道了這些，你還想當非凡者嗎？

取得權力的四個手段

網上流傳一句話——人的一切痛苦，本質上都是對自己無能的憤怒。我覺得說得不是很準確。我認爲，那些痛苦不是對自己無能的憤怒，而是對自己無權的憤怒。

有能力不一定能改變世界，但是有權力可以——至少可以改變你權力範圍之內的世界。可惜能力不一定能幫你取得權力，當然憤怒就更不能了。權力大概是這世界上最稀缺的東西，因爲它只有那麼多。爭奪權力永遠都是零和賽局，即使社會再進步，也不可能每個人都能管上五十個人。

所以，取得權力是不容易的。事實上，有職位也不等於有權力。可能你是公司執行長的小舅子，還是清華大學畢業，於是被任命爲這個團隊的主管。你擁有完全的程序正義，但別人就是不聽你指揮，給你來個陽奉陰違，你也沒辦法。

那怎樣才能獲得權力呢？這是中國人最喜歡研究的課題。古往今來，有無數講權謀的書，還有更多的人是從歷史典故，甚至是從小說裡琢磨權謀。這些學習方法效率太低，而且也不科學。

事實上，權力也可以用科學方法研究，而且科學家一直都在研究。看小說不如看歷史，看歷史不如看科學論文。綜合當前科學理解，想取得權力，總共有四個手段。

這四個手段不是四條獨立路徑，你最好能綜合使用。

第一個手段是「強勢支配行爲」。對他人擺出高壓的姿態，直接恐嚇、打擊或壓迫，逼著別人聽你的。這是動物界取得權力最古老、也最直接有效的手段，說白了就是「誰拳頭硬聽誰的」。有些人文明過度，忘記了這一點，他們一定會在權力鬥爭中吃大虧。

第二個手段是「政治行爲」。權力範疇中所謂的「政治」，就是分清楚誰是你的朋友、誰是你的敵人，就是跟誰結盟，就是拉攏誰和打擊誰。如果權力是上面給的，那你對下面的人再好也沒用，你得跟上面搞好關係。爲了順暢地行使權力，你還得管理好下面幾個關鍵人物。誰對你這個位置有最大的影響力，你最好就跟誰結爲盟友。

第三個手段是「公益行爲」。慷慨大方的人總是更容易取得權力。想獲得別人的擁護，最起碼別人有困難時你給點幫助，別人有問題時你幫忙解決一下。像古代的趙匡胤、小說裡的宋江、近代的杜月笙，這些人格局大小不同，但共同的特點是仗義疏財，喜歡爲朋友花錢。

第四個手段是「能力行爲」，也可以叫「聲望行爲」。能力的確有利於取得權力，但是請注意，必須是能給你這個團隊帶來好處的能力才行。

比如你是一家公司的超級業務，你有卓越的業績，能帶來最大的訂單，那些訂單不僅僅對你個人有好處，也爲公司做出了貢獻，那你當然就有權力。反過來說，如果你是科學家，自己發表很多論文，拿很多經費，但是從來不帶領團隊，你的成績只屬於你自己，那你就不配有權力。所以光有能力是不行的，這個能力得形成爲大家帶來貢獻的聲望才行。

這四個手段之中，能力行爲是個硬指標。你有能力就是有能力，沒能力就是沒能力，一時半會兒改變不了。政治行爲跟機遇，特別是跟人際關係很有關係，受客觀因素影響很大。別人是「二代」，你羨慕也沒用。你眞正主觀上可以改變的是強勢支配行爲和公益行爲這兩項。

這兩項怎麼做？你要是願意爲了權力而改變，明天就可以改變。但是怎麼改變呢？打壓別人是不是應該不擇手段呢？做好人是不是要做僞君子呢？

我說的這些可不是單純的思辨，現在我們有實證研究。

加州大學柏克萊分校幾個研究者二〇二〇年九月在《美國國家科學院院刊》上發表了一篇重量級論文[8]，說明什麼性格的人更容易取得權力。

傳統上，這類研究都是用一些統計方法，先看看誰有權力，再看看這些人有什麼性格。這種方法的問題是，你分不清是這個人的性格使他獲得了權力，還是因爲他有了權力才發展出了這樣的性格。還有的研究者用實驗方法，找一些大學生做實驗，讓他們在一起相處半天時間，按照一定的規則做事，看看最後誰更有權力。這種實驗觀察期又太短，跟眞實世界不一定一樣。

柏克萊這項研究的高級之處就在於，它是長期的追蹤研究。研究者先從大學生和MBA學生中選定一些人，幫他們做好性格測試，然後將結果封存著。一直等到至少十年、平均十四年之後，這些人都已經步入職場，有權力能力的都已經取得了權力，再把當年的性格測試結果拿出來，看看到底有什麼影響。而且研究做了兩組，兩組找的受試者完全不同，看看結論是不是可以重複。

這大概是關於如何獲得權力，當前所能知道的最佳答案。

這項研究最關心的一個問題是，那些比較壞的人、那些所謂的「混蛋」，是不是比一般人更容易取得權力。什麼意思呢？比如賈伯斯，眾所周知，他不是一個特別友善的人，他身邊的人都不喜歡他。他經常恐嚇別人，壓榨下屬，把別人的成就算在自己身上，簡直是不擇手段。於是，有些人就會說：我之所以沒有權力，是因爲我是好人，我不屑當壞人！我要是當壞人，我也能得到權力。這個說法對不對呢？是不是當壞人，更容易在權力之路上走得更遠呢？

科學研究必須對所有事物都有嚴格的定義。什麼叫「壞人」「混蛋」呢？研究者是從心理學大五人格分類中的「親和性」這個維度解釋。

把親和性想像成一條直線，它有兩個端點，好的這一端代表那些讓人喜歡跟他相處的人，具體來說就是慷慨、值得信賴、善良的人；壞的這一端就是令人反感的人，具體來說就是自私、愛擺弄人、愛騙人、好鬥的人，我們稱之爲「混蛋人格」。

科學家想知道，親和性跟權力之間有沒有什麼相關性。是不是混蛋就容易獲得權力，好人就容易吃虧呢？

答案是，親和性跟權力完全沒關係。

第一組研究有四百五十七名受試者，歷經多年，統計結果是，混蛋人格既不能幫人獲得權力，也不能讓人得不到權力——一個人是不是混蛋，跟他能不能獲得權力完全沒關係。

這個結論非常強硬。研究者還把混蛋人格和其他因素結合起來，發現不管你是男人還是女人、白人還是黑人，不管你是什麼年齡，不管你當初念的是大學還是MBA，不管你從事的是哪一行，也不管你們公司的組織文化是更強調競爭還是更強調合作，在所有這些情況下，你做不做混蛋，和你能不能得到權力之間都沒有關係。

有人會說，是不是做太壞的人和太好的人都不好，做一個壞得恰到好處的人對權力最有利呢？或者說，我一開始先做一個比較壞的人，然後隨著時間慢慢變好，這行不行呢？事實是，這些都沒有意義。對權力來說，「壞」沒有最佳值，也沒有最優解，而是根本就沒影響。

這個結論相當出人意料，它等於說，我們平常看到的那些混蛋得到權力的事兒，都是倖存者偏差——更多的混蛋們被權力淘汰了。可這到底是爲什麼呢？混蛋們明明更擅長搞強勢支配行爲啊？這不是有利於權力嗎？

第二組研究提供了更精細的數據。第二組只有兩百一十四個受試者，但是這一回不僅讓每個人評價自己的性格，也請這些人的同事評價他們。結果發現，同事對這些人在職場的性格和行爲上的評價，和他們對自己的評價是一致的。這本身就是個了不起的發現。

第二組的結果重複驗證了親和性和權力無關這個結論，而且因爲它有精細的行爲分析，能夠告訴我們「混蛋」的問題出在哪裡。

前面我們說了，獲得權力有四個手段，強勢支配行爲、政治行爲、公益行爲和能力行爲。現在這個研究告訴我們，其中最有效的兩個手段是強勢支配行爲和能力行爲。你要是自己有能力，又善於支配別人，那你自然就適合掌權。

混蛋人格的確在強勢支配行爲這個項目上得分很高，問題是，他們在公益行爲上的得分太低了。公益行爲做好了，對取得權力的直接作用不算太大，但要是做差了，會給你大大地減分。當壞人的確能讓別人更怕你，但是大家都不喜歡你、都防著你，也就不願意被你領導。

政治行爲和能力行爲跟親和性完全沒關係。所以，當壞人其實是一把雙刃劍，一方面能讓別人怕你，有利於你獲得權力；另一方面，人們會因爲你的壞而討厭你，這會讓你得不到權力。兩相抵消，你做不做混蛋，就跟有沒有權力沒關係了。

說了這麼多，那到底什麼樣的人最容易得到權力呢？兩組資料對此結論一致，那就是要**做個外向的人**。

「外向性」也是大五人格中的一個維度，它的兩個極端是內向和外向。如果你很內向，沉默寡言，不惹事，不參與事，你能力再強，權力也不會主動來找你。而外向的人，在獲得權力的全部四個手段上都拿了正分。

外向的人有三個特點：第一是善於社交，跟誰都能聊起來；第二是精力充沛，每次出現都是很有熱情、很有能量的狀態；第三是果斷，有判斷力和決策力，敢做主。你想想，像這樣的人怎麼可能不冒頭呢？

當然，這些研究都是在美國做的，研究對象都是美國大學生和美國的職場，屬於「西方人」的範圍。但是研究中特別提到，結論跟企業文化關係不大。我覺得中國讀者應該也能從中得到啓發。

總結一下，科學驗證，取得權力有四個手段：強勢支配行爲、政治行爲、公益行爲和能力行爲。做不做壞人，跟有沒有權力沒關係，但是做個外向的人，會對你取得權力很有幫助。

其實，這個強勢支配行爲，並不等於就得當壞人去欺負別人。對屬下要求嚴格、公平地安排任務、賞善罰惡、恩威並行，這也是強勢支配行爲。人們會因此而怕你，但是並不會恨你。

我認爲，這些研究最值得深思的是，有能力是遠遠不夠的。你需要的不是一般的能力，而是能力行爲。如果你很希望有權力，可是你很不喜歡做那些動作，那你最好面對現實——你可能得不到權力。

「利潤」究竟是什麼

這一節，我們小小地梳理一個大大的議題——從經濟學的角度看，我們工作應該追求什麼。

簡單地說，最值得追求的東西是「利潤」。

我不信你不想要利潤。利潤是收入減去成本剩下的部分，是收穫比付出多出來的部分。利潤是正的，說明你的一切努力都沒有白費，說明社會對你的肯定。利潤如果是負的，就說明你創造的價值配不上你的一番折騰。

但你要是細想，利潤其實是一個神祕的東西。

你必須直接去市場上買賣點什麼東西，才談得上利潤。上班拿固定薪資，是沒有利潤的。哪怕你薪資再高，那也只是你的勞動所得，是你付出的回報——這表現在你要是不上班就沒有收入。

而利潤則是「不該得」的東西，可以說是躺著賺的錢。這個性質使得有些思想家認爲拿利潤是不道德的。

馬克思譴責利潤。你開工廠，買了機器和廠房，雇了工人，進了一批原料，工人生產出產品，你把產品賣掉。然後你一算帳，賣產品的收入，減去工人薪資、機器、廠房和原料的花費，還多出一筆錢，這就是利潤。你欣然把這筆錢放入自己的口袋。馬克思說且慢！工人拚命工作，才拿那麼一點薪資，你什麼也沒做，就拿這麼多錢，你那叫剩餘價值！你無償占有了別人創造的價值。

你當然不服氣。你說不是啊，我管理工人，我組織生產，我聯繫了進貨和銷售，安排工廠裡的大小事，這怎麼不是創造價值呢？

馬克思會告訴你，你做的這些事的確也是勞動，你可以領一份高薪，但你的薪水不會像利潤那麼高。如果是這樣，你可以雇一個專業經理人替你管理工廠，你付專業經理人薪水，還剩下一筆錢，這筆錢就是眞正的利潤……

這個計算讓馬克思深感憤怒，並產生了深遠的影響。咱們還是單說資本主義對此是怎麼想的。崇尚市場的經濟學家也算了這個帳，但結果是，利潤好像不應該存在。

我們假設，老張開工廠賺了一萬元的淨利潤，這是扣掉老張本人付出管理勞動該拿的那部分報酬之後剩下的錢，是老張「躺著賺」的錢。如果是這樣的話，市場上就應該出來一個老李。老李說，既然是躺著賺，我不用那麼高的利潤，我著躺賺五千元就行，我願意把商品賣便宜點，給工人的薪資高點。那你說，老張還幹得下去嗎？

你很容易想到老張繼續存在的理由，比如老張有資本，老李沒有；或者老張有關係，壟斷了這塊業務；或者老張掌握了一項技術護城河，老李學不會。但是對經濟學家來說，這些都不是本質問題——資本可以貸款，關係可以用更好的條件重新談，技術可以請人研發。事實上，經濟學家的推理是，哪怕現在還沒有一個具體的老李，只要市場存在老李出現的可能性，老張就不敢壓榨太高的利潤，他必須用比較低的價格和比較高的薪資預防老李的出現。

要這麼算的話，市場充分競爭的結果，一定會把利潤變成零。總會有一個老王出來，說我就當自己是專業經理人跟大家交朋友，拿個應得的薪資就行，利潤我不要。

那眞實世界裡的利潤是從哪來的呢？市場當然不可能是充分競爭的，總會有一些老張偶爾能享受到利潤，但市場力量應該會讓利潤越來越薄才對。經濟學家必須找到利潤產生的機制，否則解釋不了爲什麼總有人拿那麼高的利潤——甚至解釋不了爲什麼有人願意開公司。

利潤從哪裡來，解決這個問題，在經濟學史上是一個里程碑。一九二一年，美國經濟學家法蘭克·奈特出版了《風險、不確定性與利潤》一書[9]，提出了一個傳世的洞見——利潤來自不確定性。

組織生產、採購和行銷，以及日常的管理，企業中一切常規的操作，都可以由領固定薪資的人做，只有一件事必須由企業家本人來做，那就是風險決策。

比如說，爲了在今年秋季上市一批女裝，我們必須在夏天就決定款式，備工備料，展開生產。可是秋天還沒到，誰也不知道到時候流行哪個款式，那我們生產什麼呢？這個決策，必須由企業家本人來做。爲什麼？因爲他是承擔決策風險的人。

如果你賭對了，秋季正好流行這款女裝，因爲別的服裝工廠沒生產，只有你生產出來了，你就占據了稀缺，你就可以要求高價，利潤歸你。你要是賭錯了，到時候服裝賣不出去，工人和經理們還是要拿同樣的薪資，損失也歸你。

生產、日常管理、冒險，是三種不同的能力。爲什麼企業家要開公司？因爲他敢冒險。爲什麼工人和經理人選擇拿固定薪資？因爲他們不想冒險。

這個道理聽起來挺簡單，但是其中有個大學問。奈特之前的經濟學家也想到了企業家承擔風險，但是他們沒搞清楚到底什麼是風險。

如果女裝只有粉色和綠色兩個選擇，而且你明確知道它們流行的可能性都是五〇%，那這個風險其實不用企業家承擔，因爲你可以買保險。機率已知的風險都是可以管理的。銀行可以給生產兩款女裝的工廠都提供貸款，到時候肯定一個賠錢一個賺錢。只要利息和保險合適，銀行和企業雙贏。有這個保險機制在，大家誰都不用冒險，可以各自拿一份固定薪資，根本不需要企業家。奈特的眞正貢獻在於，他把風險分成了兩種。

第一種就叫「風險」，但是專指那些已知機率大小的風險。這種可以用保險解決，不需要企業家。

第二種叫「不確定性」，指那些無法評估機率大小，可能從來沒出現過的新事物，甚至人們現在根本無法想像的東西。這個不確定性，才是企業家存在的理由，才是利潤的來源。

現代經濟學家把這個不確定性稱爲「奈特不確定性」。其實統計學家有個更科學的說法，已知機率大小的，叫作「偶然不確定性」，也叫統計不確定性；不知道機率大小的，叫作「認知不確定性」，也叫系統不確定性。前者是你事先能想到的，後者則是你想不到的。比如「黑天鵝事件」，就是一種認知不確定性。

你開一家賭場，每天都在跟賭徒們賭博，但是因爲輸贏的機率是固定的，而且有利於你，所以你的日常經營本身並不是冒險。眞正的冒險是要不要開賭場：你能預測客流量足夠讓你收回投資嗎？你能擺平當地黑社會嗎？你能確保政府發展博弈產業的政策不會變嗎？這些事無法計算機率。

搞定這些不確定性——奈特不確定性，才是企業家該幹的事，也是企業家的回報所在。

流行趨勢通常不能用以往的經驗判斷。有個企業家看準了一個全新款式，說我非生產這個不可。銀行能給他擔保嗎？這個不確定性無法系統化管理，他必須自己承擔——這才是企業家存在的意義。你要是願意投資這樣的事業、分擔不確定性，而不是把錢交給銀行領固定利息，那你也是企業家。

要做服裝這一行的企業家，你肯定得對流行趨勢有很好的感覺才行。不過，企業家本人不一定要特別懂女裝，他可以請人做設計，只是，設計師不承擔不確定性，人家拿固定的設計費，風險還是由企業家承擔。

簡單說，企業家是市場上的玩家。他拒絕聽別人的安排，他按照自己的想法決定做什麼，然後安排別人也按照這個想法做，最後他獨自承擔後果。

奈特找到了公司存在的最根本理由。市場競爭再充分，也不可能是絕對可預測的，未來總會有各種各樣的不確定性，需要企業家在各個方向上大膽探索。奈特後來成爲經濟學的大宗師，是芝加哥學派的祖師爺。他本人沒得過諾貝爾獎，但是他有五個弟子得到諾貝爾經濟學獎。

奈特之後，別的經濟學家又找到了公司存在的其他理由。比如羅納德·寇斯說公司減少了交易成本，具有協調作用，張五常說公司提供了合約，還有人說公司解決了監督、提供了資源獨特性等[10]，但是奈特這個「不確定性」的說法，是最根本的。

如果從某一天開始，世界上再也沒有不確定性了，那麼市場力量會迅速把公司利潤變成零。在這種情況下，市場經濟和馬克思主義殊途同歸，企業家就不需要存在，大家都應該拿固定薪資。

其實，現在企業家的日子也不好過。看看街上那些餐館，開了關，關了開，眞正能長期賺錢的沒幾家，可能大部分老闆都是賠錢的。沒有稀缺是不可能賺到錢的，但是利潤只出現在你剛剛掌握某種稀缺，別人還沒有跟上的那段時間。別人跟上了，模仿了，你就必須再尋找新的不確定性。

一切賺錢的生意都有不確定性。考量通膨因素，把一大筆錢放銀行拿利息，那叫躺著花錢，不叫躺著賺錢。哪怕是買幾間套房收租金，你都得面對房產市場的不確定性。

世界上沒有一勞永逸的利潤，也沒有眞正躺著賺錢的企業家。

那平均而言，企業家的收益是正的還是負的呢？這取決於當時當地的大環境。那麼此時此地，到底該不該做個企業家呢？沒有答案。有答案就不叫不確定性了。

不確定性都是從哪來的呢？一個有意思的不確定性是中國經濟學家張維迎說的[11]。他說中國改革開放這麼多年，商業活動最大的不確定性，是「體制的不確定性、政策的不確定性、政府行爲的不確定性」。這體現在政府對資源的調配非常隨意，使得「只有有政府關係、有政府背景的人才敢做企業」。

張維迎說，正是這個不確定性加劇了中國的貧富差距。在市場化程度高、體制不確定性低的地區，比如浙江省，人們更富裕，但收入差距反而更低——因爲利潤分布更均勻。

這個規律是，不確定性越大，利潤就越高——企業家爲利潤而奮鬥。但是市場這隻「看不見的手」恰恰在降低總利潤，是那些「看得見的手」提供了額外的不確定性，才給人帶來不合理的利潤。

那如果我們把體制理順，讓競爭越來越公平，未來的不確定性會不會越來越少呢？不一定。

奈特列舉了不確定性的好幾種來源，比如未來人口的變化、資源的供給等等，其中我們現代人最關注的肯定是創新。創新本質上是不可預測的，你不知道未來會有什麼新技術出來，你也不知道一個新技術出來會不會被市場接受。一切創新都有強烈的冒險成分，關於這一點已經有太多經濟學家討論了。

奈特更厲害的洞見，則是「價值」的不確定性。說白了，就是人的欲望的不確定性，你不知道未來的人喜歡什麼。奈特一九二四年發表了一篇文章叫〈經濟學中科學方法的局限性〉，說經濟學不僅僅是什麼有效分配資源、把價值函數最大化的問題，因爲人的價值觀是會變的。

人生的本質是在價值領域中探索，是努力發現新的價值，而不是照著現有的價值觀把生產和享受最大化[12]。

一百多年前整天坐馬車的人並不想要一輛汽車。二〇〇六年以前的人並不期待智慧型手機。今天的多數人不能理解馬斯克爲什麼非得讓人去火星不可。人生的終極任務不是滿足某種價值，而是發現和創造新價值。

因爲這個見識，奈特後來被認爲是道德哲學家，而不僅僅是經濟學家。

也因爲這一點，你不需要是企業家，也不一定非得拿金錢利潤不可，藝術家、教育家、工人和管理者，包括消費者，都可以是價值的發現者和不確定性的製造者。只要把周圍的世界往你想的那個方向推動一小步，就算是你的成功。

「自由的探礦者」和「穩定的銅礦工」

這一節，我想破解一個謎：爲什麼中國的基礎創新能力不行。先來看兩個場景。

第一個場景是，現在有一大片礦區，其中大部分礦藏都是普通的鐵礦，有些是銅礦，還有少量的金礦，甚至還有一些寶石礦。你要在這個礦區裡挖礦，挖到什麼，都會得到相當於礦石本身價值的回報。挖什麼、在哪裡挖，都由你自己決定。你以個人身分面對不確定性，運氣好可能會挖到寶石，一夜暴富，運氣不好可能連續好多天什麼都挖不到。我們把這種情形稱爲「自由的探礦者」。

第二個場景，我們稱之爲「穩定的銅礦工」。另有一片礦區，其中只有銅礦，但是儲量特別大。有個機構願意依照公平的、甚至可以說是相當高的價格收購銅礦石。你只要每天去挖一些銅礦石回來賣掉，就能獲取不錯的收入。

假設按照人均而言，兩者的收入差不多。那麼請問，你是想當自由的探礦者，還是穩定的銅礦工呢？

當銅礦工當然就沒有暴富的希望，但是收入穩定，未來可控，不用整天擔心朝不保夕，特別適合養家糊口。鑒於我經常聽人說「不圖大富大貴，只求平平安安」這種人生觀，我相信大多數人的選擇是當一個穩定的銅礦工。

這個選擇無可厚非。從投資理財的角度來說，如果均值一樣，你應該選波動性小的那個。

可是如果我們換一個更高的視角，想像你是那個收購礦石的機構，答案就不一樣了。你可能會希望什麼樣的礦石都能有一些，最好還能得到一些罕見的寶石。爲了收穫驚喜，你得讓系統有不確定性，你會更喜歡自由的探礦者這樣的制度。

我要說的就是，「自由的探礦者」是正確的科學研究制度，而「穩定的銅礦工」是中國的科學研究制度。

有一次我回中國時，接到演講任務，要到一個研究所講「以人工智慧爲例，談談科技創新的對外依存與自主可控」。正好我有個同學是中國某知名大學人工智慧和機器學習方面的教授，爲了把這個主題講好，我去採訪了他。

我同學他們現在使用的是國際最新的技術，不過他還是很佩服美國同行。這個領域最原始的想法都是美國人想出來的，而且直到現在也是美國人的想法更豐富。中國科學家的跟隨能力很強，也可以在某個方向上超越美國同行，但原創性的發現能力還是不行。爲什麼不行呢？我同學認爲問題在於，在中國搞科學研究不自由。

你可能會覺得有點奇怪，人工智慧是純技術領域，又沒有什麼學術禁忌，有什麼不自由的呢？我同學說，的確是你想研究什麼都可以，但是實際上，因爲有發表論文的要求和短期專案的誘惑，中國科學家並不容易自由地探索一些不一定有成果、卻可能帶來驚喜的方向。

帶著這個問題，我又重讀了一遍人工智慧神經網路方法的祖師爺之一，泰倫斯·索諾斯基寫的《深度學習革命》[13]。這本書回顧了使用神經網路和深度學習演算法實現人工智慧的科技發展史。先用最簡單的語言講一遍這個故事。

最早的時候，人們設想人工智慧是一套基於規則的專家系統。先把一系列規則都說明白了，然後拿一個東西來，看它是否符合規則。這個做法能用來證明數學定理，但是卻不能用來做電腦的圖形識別。

人們低估了電腦視覺的難度。一九六〇年代，美國軍方給麻省理工學院一筆錢，要求他們研發一個會打乒乓球的機器人。大家都覺得這應該很簡單，就把這個任務交給了一個大學生。結果做了才發現這件事情有多難——你連怎麼讓電腦從一張照片中找到乒乓球都不知道。

但是早在一九五〇年代，就已經有一些人想到，能不能透過模擬人腦來解決電腦視覺問題呢？人腦識別一個東西，根本就不是基於什麼明確的規則，我們都是直覺判斷，是特徵匹配。這就是神經網路演算法的最初想法。有個神經學家發明了「感知器」——神經網路的前身——用於圖形分類，然後又有數學家在一九五七年證明了「感知器收斂定理」。不過這些思想都屬於非主流，感知器有一些根本性的困難，被認爲沒有前途。

到了一九八〇年代，索諾斯基曾經去麻省理工學院演講，他說當下最強的電腦比蒼蠅的大腦要複雜得多，那爲什麼蒼蠅能夠在飛行過程中識別各種物體，避免撞上，而電腦做不到呢？因爲大腦的神經網路系統是固定的，是演化的產物，而電腦系統是通用的。這一派的想法是設定一些虛擬的神經元，形成一個網路，就好像大腦一樣，然後根據具體的問題對神經網路進行訓練。

這有點仿生學的意思。其實索諾斯基本來是生物學家，他曾經是哈佛大學醫學院的神經生物學博士後研究員。他憑興趣寫了一篇有關用電腦實現神經網路的小論文，然後就被邀請和搞人工智慧的科學家們開會交流，屬於跨界。

而這個跨界思想，一直到一九八〇年代都是被主流打壓的對象，發論文、拿經費都很困難。不過當時主流學界也沒有更好的辦法，人們普遍認爲人工智慧的寒冬到來了。彼消此長，非主流漸漸有了發展空間。

包括一位最著名的生物學家、DNA雙螺旋的發現者之一，弗朗西斯·克里克，也參與進來。人們甚至借鑑了像無脊椎動物的腦神經系統這種非常專業的生物學知識，把生物視覺和電腦視覺放在一起研究。就這樣，電腦科學家、生物學家和數學家合作，奠定了現代神經網路的理論基礎。

這個思想不但解決了電腦視覺的問題，而且被用於語音辨識、機器翻譯、醫學診斷等眾多領域，包括圍棋機器人 AlphaGo 也是這個思想的產物。

我們可以從這段歷史中總結出三個特點：

第一，學者搞研究是爲了解決問題，而不是爲了發表論文。

第二，現在如日中天的思想，剛出來的時候在領域內屬於非主流。用索諾斯基的原話來說，這是「一小群人在對抗建制派」的故事。

第三，成功來自電腦科學家、生物學家、腦科學家和數學家的跨學科合作，而這個合作完全是自發的。

這是一個開始於一九五〇年代的美國故事，那今天的中國，能不能發生這樣的故事呢？我認爲比較難。咱們回到開頭的挖礦模型。

科學家應該是自由的探礦者。

什麼是爲了解決問題而研究？就是主動探測稀有的礦石和寶石。科學家的首要追求並不是錢，而是聲望。你的發現越重大、越稀有，它帶給你的聲望就越大。當然錢也很重要，而且政府，包括軍方，是主要的礦石收購者。

不過，政府應該按照礦石的實際價值收購。寶石必須比銅貴很多，人們才會願意去尋找寶石。

爲什麼會有人去探索非主流的方向？因爲人少的地方可能有沒被發現的寶石。一大群人都在那個地區探測，一開始你也跟著去了，後來你發現那裡好像沒有什麼好東西了，你自然就會想去別的地方。對探礦來說，獨立思考眞的是有好處的，而不僅僅是一句口號。

爲什麼會有跨學科的合作？挖礦這件事，完全是自由人的自由聯合。可能我力氣大，你有好的出貨管道，他善於探測，那我們三個人就應該聯合起來去做這件事。如果我們團隊還差挖礦的工具，我們自然會再去找手裡有好工具的人。各路人馬覺察到這片土地有好東西，自然會跑過來參與。

所以這個人工智慧的故事沒有任何奇特之處，這就是科學發現的典型故事。那爲什麼中國就沒有這樣的故事呢？因爲中國實行的是穩定的銅礦工制度。

一方面是因爲我們過分追求「公平、公正」的量化管理，一方面是因爲中國收購礦石的機構，並不怎麼在意你拿出來的是銅礦石還是寶石。中國的科學研究體系不在乎實際問題，只認論文。

你研究了十年，爲某個領域提出一個新方向，未來也許影響深遠，發表在重要期刊上。然而，別人花大錢買了五臺冷凍電子顯微鏡，批量測定各種蛋白質分子結構，因爲引用率高，能發一大堆頂級期刊論文。中國的評價體系只看論文發在哪，不看研究的實際價值，所以你的寶石最多只能得到跟銅礦石一樣的收購價。

挖銅礦石是容易的。銅礦代表主流，銅礦代表跟風，銅礦就在那裡。你只要勤奮就行，你不需要運氣，甚至不需要聰明。

有穩定的銅礦，誰還去挖不知在哪兒的寶石啊！

以前有些中國科學家抱怨中國的科學研究制度，現在這種聲音已經很少了。以我之見，中國的科學研究制度雖然對科學發現、對國家都沒什麼好處，但是對研究人員很有好處。這個制度給了研究人員穩定的收入和較高的地位，把他們養得很愉快。這個制度還非常可控，完全不必擔心學者們做出你不喜歡的事情。

當然，我們偶爾會想，爲什麼改革開放四十年，中國都沒出一項諾貝爾獎等級的研究成果……但是，我們內心深處是滿意的，只要銅礦的收購價夠高就行。

我還發現，以自由的探礦者開始的事業，總會朝穩定的銅礦工方向演化。

現在美國的科學研究體系，正變得「中國化」。過去幾十年，美國的科學研究經費呈指數增長，可是並沒有得到相應的科學研究成果。科學研究工作者們越來越以發論文、拿經費爲目標，評價方法越來越量化。具有跨學科眼光的通才型人物所占比例很少，工匠式學者的生存空間越來越大。

這個道理很容易理解，哪怕是一群強盜，只要占山爲王，也會追求穩定。穩穩當當地把研究經費接下來，完成任務，實現可持續發展，這是人的本能。

但這種日子其實是不可持續的。主流終將面對困局，世界上沒有取之不盡又永不降價的銅礦山。我們只是不知道困局何時到來。

自由和穩定互相矛盾，聲望和位置是兩種追求，創新在本質上不可控。眞正的科學家和創業者都是反叛者。意識不到這一點，談論「創新」，就是葉公好龍。

尋寶者思維

我看過有人發了這麼一條推特。他說二〇一〇年底的時候，凱文·凱利的《釋控》這本書在中國大賣，大家都在討論，但他認爲流行的東西都可能名過其實。於是，當時他給十年後的自己發了一條提醒消息，說如果到時候這本書還是很熱門，他再讀。十年後，他收到了這條提醒，結果他覺得《釋控》，包括凱文·凱利果然都已經過氣了，他很慶幸自己當初沒讀這本書。

這是非常錯誤的讀書觀念。

《釋控》其實是本好書。凱文·凱利是個思想家，他根本就不存在過不過氣的問題。

就算是本流行一時就過氣的書，也可能反映了當時的時代精神，而你錯過那本書，就可能錯過了比如說九年前的一個機會。更何況，思想是積累出來的。如果你十年前讀過《釋控》，以那本書爲起點，也許今天你的思想已經在當初凱文·凱利的基礎上又提高了一大截——可是因爲你沒有讀，你連起點都沒達到。

這不是具體哪本書的問題，而是這個人的讀書系統不行。眞正的讀書人不能只想讀好書，不能害怕把時間浪費在壞書上。

因爲如果不敢讀壞書，你就不能確保讀到好書。

這裡我想對比兩種思維模式，也可以叫兩種心態。

第一種，只想做「對」的事，可以稱之爲「優等生心態」。這種思維就好像學校裡那些好學生一樣，希望每一門課都取得好成績，害怕有弱點。這樣的人，做十件事，他指望把其中九件都做好，然後還會爲沒做好的那一件道歉。

生活中的確有大量的工作崗位需要優等生心態。如果你是客機機師，你必須把每一趟都飛好，不容有失。如果你是老師，你得把每堂課都講好，善待每一個學生。如果你是廚師，你也得盡量讓每道菜都表現出高水準。

優等生心態害怕犯錯，認爲所有的失敗都應該接受指責，所有的浪費都應該反省。但優等生心態其實是職員思維，你做的事，都是安排好必須做的。

如果現在不知道該做哪件事，不知道每件事的後果會怎樣，比如你是一個企業家、投資人或領導者，你得從一大堆可能有好處的事中挑選幾件，這時候，職員思維就行不通了。你需要第二種心態——「尋寶者思維」。

就拿賺錢來說，如果不指望靠固定薪資致富，想利用投資之類的辦法賺大錢，你需要換個系統。你需要把職員思維，換成尋寶者思維。

投資人都知道，投資組合有強烈的極端效應。往往你投資的標的大部分都不成功，但是有少數會極端成功，而你幾乎所有的收益，都來自那些極端成功的標的。這是投資的「80／20法則」。而且這個「投資」是廣義的，並不限於股票交易。

比如藝術品，你可能覺得那些靠買賣藝術品賺大錢的人，成功的關鍵是眼光好，知道哪個藝術家將來會紅。其實不是。藝術品投資的關鍵不是撿漏，而是走「量」。

你得在畢卡索這樣的人還沒那麼出名、作品還沒那麼值錢的時候就買入，等到特別值錢的時候再賣出。可是，既然當時畢卡索還沒那麼出名，你又怎麼知道他能不能出名呢？所以你只能多買。你的策略是把看著差不多、感覺有前途的都買下來——歷史會證明這些作品大部分都不會成爲什麼「爆款」，但只要其中有那麼幾個成了爆款，對你就足夠了。

尋寶者思維的關鍵就是要廣撒網。你估計這片礦山中可能有寶石，那你能說我只探索其中有寶石的那個地方嗎？你能說我只買有寶石的那個坑嗎？你必須把這一大片都買下來才行。足球學校、明星經紀、版權代理、IP改編，全都是這個思路。

你早就明白這個道理，但是我敢打賭，你一定低估了這個效應有多麼強烈。

比如創投，假設你投資了一百個標的，你能不能估計一下，其中成功和失敗的比例大概是多少？協和基金的合夥人和專欄作家摩根．豪瑟在《致富心態》[14]書中引用一項研究，統計從二〇〇四年到二〇一四年的兩萬一千筆創業投資，結果發現：

- 六五％的投資是賠錢的。
- 二．五％的投資成長十至二十倍。
- 一％的投資成長超過二十倍。
- 僅〇．五％的投資，也就是說，兩萬一千筆投資中，有大約一百筆，最後賺了超過五十倍。

這才是創投的真實情況。你想要抓一個能賺十倍以上的標的，機率只有三．五％。萬一運氣不好，正好錯過了那幾個特別成功的標的，你的創投事業就會慘敗。當你看到別人一筆投資賺了幾十倍的時候，你得知道，他別的投資可能都賠了。

你說創投的風險太大，我不投資新創公司，只投資那些成熟的、已經上市的公司行不行？情況其實差不多。成功上市，並不能讓一家公司從此長治久安，該失敗還是會失敗。「羅素三千指數」代表美國三千家優秀公司，摩根資產管理公司曾經統計一九八〇年到二〇一四年這些公司的表現，結果是：

- 四〇％的公司，市值下跌超過七〇％，而且再也沒緩過來，等於徹底失敗了。
- 整個指數的收益，來自其中七％的公司。

這是同樣的故事：極少數特別成功，為你帶來所有的收入；其餘的要麼不賺錢，要麼賠錢。

請注意，這三千家公司都是精選出來的，仍然有這麼高的失敗率。這個高失敗率可不僅限於新創公司，高科技公司的失敗率是五七％，電信公司的失敗率是五一％，就連那些最穩定的，從事電力、供水、交通的公共事業公司，也有一三％的失敗率。

失敗是普遍的，成功是罕見的。

你說，不對，這還是眼光的問題。「精英日課」專欄不是講過嗎？想提高優異數，最好的辦法是提升平均值，把常態分布的曲線往右端移動一點[15]。沒錯，但是別人已經這麼做了。

比如，我們不看指數，來看巴菲特。巴菲特絕對是選股高手吧？他在二〇一三年的股東大會上說，他一生之中，大概擁有過四百至五百檔股票，而他大部分的錢都是從其中十檔股票中賺的。查理・蒙格馬上補充一句說：如果你把波克夏公司最成功的幾筆投資拿掉，他們的投資成績非常平庸。

眼光是有上限的，最終你還是得靠數量。

即使在那些已經是最精選、最成功的公司內部，也有很多不成功的專案，成功的專案只是極少數。

在「標準普爾五百指數」的五百家公司之中，亞馬遜貢獻了整個指數六%的報酬率，蘋果則貢獻了七%。那是不是亞馬遜和蘋果公司的大部分專案都是成功的呢？不是，它們大部分專案都不成功。蘋果公司的收入，大多來自 iPhone 這一項商品。亞馬遜的收入，大多來自 Prime 使用者和網路服務。

再比如說迪士尼，迪士尼早期是非常艱難的，創辦人華特・迪士尼對電影品質超級講究，喜歡搞大投資、大製作，結果他製作的電影絕大部分都賠錢。一九三〇年代，迪士尼拍了超過四百部動畫，幾乎全都失敗。

但是，其中有一部大獲成功。

那就是《白雪公主》。這部動畫片在一九三八年的上半年，爲迪士尼帶來八百萬美元的收入。這些錢足以挽回之前所有的損失，而且讓公司大賺一筆，並升級擴充。

現在我們固然可以說華特．迪士尼是天才，他的理念是對的，正因爲有這樣大製作的理念，公司才大獲成功。

可是，華特．迪士尼也許不敢想像，如果沒有《白雪公主》，他的公司會是什麼樣子。一部。成敗就差這一部。

這是一個「好東西」分布非常不均勻的世界。

在你的一生之中，對你影響最深的可能就幾本書，決定你前途的可能就一、兩項技能，改變你命運的可能就那麼幾件事，對你最重要的也許只有幾個人。

錯過他們，是你不可接受的損失——可是你非常容易錯過他們。那你怎麼辦呢？

一方面，當然要提高判斷和把事做好的能力。首先，你得能選擇那些潛在的好東西，並且努力把事做好。爲了提高平均成功率，你需要學習和模仿，需要請高手爲你推薦。但這些都是有限的。世界上並沒有選擇好東西的固定演算法，這就是爲什麼巴菲特選股也大多選不對。而且就算別人說好，也不一定適合你。你是獨一無二的，只能自己選擇。

百貨業之父約翰．沃納梅克有句名言，「我知道在廣告上的投資，有一半是無用的，但問題是，我不知道是哪一半。」套用這句話，我們可以說，在你面對的所有選擇之中，也許只有一％是最好、最適合你的，但你不知道是哪一％。

所以你必須放大數量，別指望奇蹟，沒有量就沒有一切。查理．蒙格爲什麼一天到晚都在看報表？他沒辦法。他絕大多數時候都是只看不買，他得看過很多很多，才能選中一個。那些最成功的科學家爲什麼能做出特別重大的發現？並不一定是因爲他們多聰明，更主要的是因爲他們嘗試得夠多。

我還看過二〇一五年的一項研究[16]，說那些特別能產生創造性想法的人，爲什麼那麼有創造性呢？研究考察了他們大腦的思考方式，結果最關鍵的是，他們的想法多。因爲想得多，所以才容易想到最有創造性的那一個。是數量，帶來了品質。

我爲什麼知道這個研究？因爲我看的研究多。我就跟查理．蒙格整天看報表一樣，整天都在看各種資料找選題。而這個研究還不足以成爲單獨的選題，只能放在這裡作爲輔助的證據。

事實上，我揮霍掉很多潛在的好選題。但那並不是浪費，只是沒有入選。這其實也是演化思維，所謂失敗，其實應該叫嘗試。你得廣撒網、多嘗試，擴大搜尋範圍，不怕浪費時間和金錢，才能確保找到最好的那幾個。

如果你只想做對的事、做歷史證明可行的事，你的路會越走越窄。Netflix 的執行長里德．海斯汀，有時候會故意砍掉一些明知能收回成本的大製作影片。這樣的影片往往是成熟的題材，可以保證收視率。但是同樣的題材，拍得太多就會重複，觀眾遲早會厭煩。Netflix 的策略是，寧可少拍幾部大製作，把錢省下來，去投資一些探索性的、冒險性的專案。一些觀眾可能會不喜歡，可能看了之後會一怒之下取消訂閱——但是海斯汀恰恰希望能激怒一些觀眾，他認爲現在取消訂閱的人太少了。

抓住好東西，往往意味著出手要快。有時候不能想太多，不能指望謀定而後動，應該「有棗沒棗打一竿子再說」。

我的感慨是，人們搜尋好東西的主動性太低。體制化的學校教育和按部就班的工作，把人馴服得太老實了。你不能等著好東西來找你，你得主動去找它們才行。就像打遊戲一樣，到任何地方都要先搜尋一番，看看有沒有寶物。

這不僅僅是投資的事。一部小說好不好看、一個遊戲好不好玩，有時候就取決於其中有沒有寶物。眞正的寶物往往不是一分錢一分貨買來的，而是你搜尋出來的。

第二章

學習和研究系統

你能讀外國書，很好。我只能讀中國書，都讀完了，沒得讀了。

——夏曾佑

全覆蓋級的讀書

如果你喜歡讀書，那麼你很幸運，因為現在是一個對讀書人空前友好的時代，找書、選書和讀書都很方便。就拿得到APP的電子書會員服務來說，每年花不到兩百元人民幣的訂閱費，就可以隨便看中文世界的各種新書、好書，還有全站全文檢索搜尋，就好像做夢一樣。

千萬別辜負這個時代。如果說一個現代讀書人的閱讀水準還不如幾十年、上百年前的人，那就太說不過去了。有當今這樣的條件，你應該讀出什麼水準來呢？

我先說個典故。宋仁宗嘉祐二年，當時只有二十一歲、已經考中進士的蘇軾，參加禮部的考試，考題是「刑賞忠厚之至論」。蘇軾寫下一篇後來入選《古文觀止》的文章。

這篇文章的思想並不算特別，但是其中有個小細節很有意思。蘇軾講了一個故事，他說堯帝的時候，皋陶是司法官。有個人犯罪，皋陶三次提出按照法律規定必須殺這個人，而堯帝三次赦免了他，相當於動用了總統特赦權。

這場考試的主考官是歐陽修。歐陽修讀了蘇軾這篇文章，產生兩個感想。第一個感想是，這篇文章不是宋朝人的習慣寫法，而是他正在提倡的「古文運動」新寫法。歐陽修據此斷定，此文必定是自己的弟子曾鞏所寫，所以他不好意思給第一名，給了第二名。

歐陽修的第二個感想是，蘇軾講的那個故事，他以前沒聽過。後來見到蘇軾本人，歐陽修還特意問了一下：那個堯帝和皋陶的典故是哪本書上的啊，我怎麼不知道呢？蘇軾承認故事是自己編的。

這是一場文壇佳話。你要沒聽過，你書讀得可能不太夠。得到APP電子書庫中提到「刑賞忠厚之至論」的書逾百本。

我想起這件事，是因爲歐陽修的兩個感想，展現了讀書人的兩個能力。

我們讀各路武俠和修仙小說，總有些什麼氣海、內力，什麼資質、靈力，各種超感知能力，你知道那都是編的。現實世界最能打的人，主要靠身強力壯、出拳快，好用的武功沒那麼多維度，但是讀書人的功夫有一些高級的維度。

歐陽修拿起蘇軾的文章，就感覺有一道陌生而又熟悉的眞氣刺入了自己的氣海。說它陌生，是因爲這個風格絕不是當時文壇主流的手法；說它熟悉，是因爲有點像自己。歐陽修心念一動：難道是曾鞏？

很明顯，歐陽修作爲文壇大宗師，不但清楚當今天下的文風是什麼樣的，而且清楚每個人的文風，每個文風又對應哪些人。

識別眞氣的典故西方也有。一六九六年，瑞士數學家約翰·白努利向全歐洲的數學家提出公開挑戰，看誰能解決當年伽利略提出的「最速降線」問題。這個問題是說，讓一顆

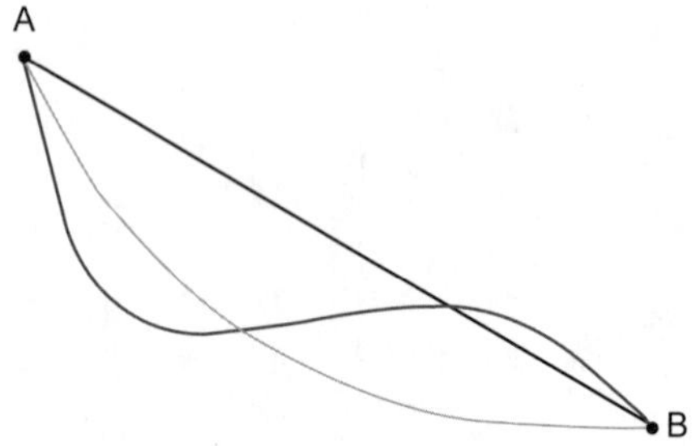

圖 2-1　約翰·白努利的公開挑戰：A 點到 B 點最快的路徑

小球從高處的A點，在引力作用下，沿著光滑軌道運動，下降到位於低處、並且稍遠的B點，如圖2-1所示[1]，請問最快的路徑是什麼？

請注意，最快的路徑未必是最短的路徑。在此之前，伽利略就已經知道，曲線路徑比A、B之間的直線更快，但伽利略不知道什麼樣的曲線最快，而約翰·白努利算出來了。

約翰·白努利收到了五份正確答案，解法各不相同。其中一份是他自己的，一份來自哥哥雅各布，一份來自萊布尼茨，一份來自羅必達——這四人都是傳世的著名數學家，而第五個人沒有署名。

這第五個人不是別人，正是牛頓。據說牛頓在傍晚時分接到挑戰，花一個晚上就解決了。但是爲了表達對約翰·白努利等人的藐視，牛頓以匿名的方式寄出答案。

事實證明，牛頓的確無須署名，約翰·白努利一看解題的手法，就知道肯定是牛頓。

約翰·白努利感知當時科學家的解題手法，就如同歐陽修感知北宋文人的文風。

如果你把北宋文壇想像成一個江湖，那麼歐陽修對這個江湖有強烈的智力掌控感，只不過蘇軾給了他一個驚喜。歐陽修的掌控感，還體現在他看了蘇軾文章中堯帝的故事感到很奇怪。

他奇怪的不是故事本身，這個故事很符合堯帝的人設，而是爲什麼有一個自己沒聽說過的典故。堯帝流傳下來的典故就那麼多，歐陽修作爲讀書人，應該全都知道了才對。所以他見到蘇軾才會特意提出那個問題。

歐陽修的掌控感和敏感度很有道理。讀書讀到一定水準，你眼中的世界不再是無限的，而是非常有限的。

這就是我想跟你說的高水準的讀書境界——全覆蓋。

有什麼書，你都讀過，有什麼人，你都認識，你對整個局面有智力掌控感。誰一出手，你就知道是怎麼回事，這叫「全覆蓋」。

這是什麼樣的狀態呢？咱們打個比方，理論物理學家徐一鴻，在《可畏的對稱》[2]這本書裡講過一個「笑話俱樂部」的故事。這個俱樂部的會員在一起時，講笑話不用講全，只要說一個編號就行。比如你說「AS-18」，我就知道你說的是一個蘇聯政治笑話，我想起這個笑話，笑了起來。俱樂部把所有的笑話都編了號。

全覆蓋境界下的讀書人交流，會預設在場所有人讀過所有的書。這意味著所有知識、所有典故都編了號，你提一個話頭，別人馬上知道你要說什麼，大家很自然這麼交流。你沒有做到覆蓋，你就不在圈子裡。

過去的讀書人對全覆蓋都有偏執般的追求。一九二三年，清華大學的幾個學生即將去美國留學，又怕被中國的學問圈落下，便請胡適先生開一份國學必讀書單。胡適開出有一百九十種書的「最低限度國學書目」。梁啓超先生看了這份書單說「遺漏太多」「博而寡要」。胡適又精簡成一份「實在的最低限度書目」，有三十九種書，但是其中包括《全唐詩》《王臨川集》之類的大全集。

然而梁啓超也沒有做得更好，他列出的「國學入門書要目及其讀法」，有一百六十種書，之後的「最低限度之必讀書目」全都是各種「集」，比如《資治通鑑》和《李太白全集》。

梁啓超和胡適心想，要是這幾本書你都沒讀過，還跟我談什麼學問。

這麼說的話，讀書要讀到全覆蓋，實在是太難了。試問現在還有幾人能把那些全集都讀一遍？歷史作家張宏傑算過一筆帳[3]，一套《二十四史》總共四千多萬字，你每天讀三千字——我看這已經不少了，畢竟你還有別的書要讀——至少得讀三十六年。

哪怕書都不要錢，讀書也不能這麼讀。如果你真想一本一本都讀完，你只會感到絕望。很多人因爲絕望而放棄了對全覆蓋的追求，覺得自己當個專才就不錯了，生也有涯，知也無涯，沒必要什麼事都知道。

如果你因此而放棄，那你就錯了。我認爲全覆蓋並不神奇。

事實上，現在任何正式的學術交流，都是預設全覆蓋。科學家寫論文、作報告，不會先解釋一遍專有名詞和基礎知識，都是上來就說新東西。內行看到一篇論文，不會覺得它全是新的，他能迅速識別研究的背景、起點和方法，並且熟悉作者的思想流派。內行都能找到歐陽修見蘇軾那種陌生又熟悉的感覺。

中國的書雖然多，但是達到全覆蓋水準，其實不算特別難的事。當年，曾國藩二十多歲考進翰林院，剛到北京，看到別的同學都讀過很多書，而自己是個應試教育的犧牲品，除了八股文，什麼也不會，別人說話引經據典，他都聽不懂，感到很自卑。可是曾國藩一發奮，沒幾年，讀書就達標了。

據說陳寅恪先生幼年時拜見歷史學家夏曾佑，夏老先生對他說：「你能讀外國書，很好。我只能讀中國書，都讀完了，沒得讀了。」[4]

這些人是怎麼做到的呢？書那麼多怎麼能讀完呢？你怎麼才能看出來世界是有限的呢？

我的體會是，**我們讀書不是爲了記住每一本書講些什麼，而是爲了建立一套自己對世**

界的「認知感」。

比如，有人把一首詩擺在你面前，你沒讀過這首詩，但是你能從它的詞句、意境、格局之中，獲得一些感覺。如果這首詩很爛、一看就是現代人寫的「老幹部體」，那你根本就不用理會。如果它出自高人之手，你也許就可以猜測出它是哪個朝代的、哪個流派的、作者大概是誰。你不必讀過所有的詩，甚至不必通讀《全唐詩》，就能獲得對唐詩的認知感。

這個認知感往往無法言傳，讀書在一定程度上是「內隱學習」。就好像老專家鑑定文物一樣，他說不清到底哪裡不對，但是因爲他看過的老東西多了，就會有一種「感」。

讀書就是要培養這個「感」。你沒有必要通讀《王臨川集》，但是如果你對中國歷史感興趣，王安石這個人物，你得有個認知感。王安石是涼的還是熱的？軟的還是硬的？毛茸茸的還是扎手的？你沒見過王安石本人，但是如果一個外行說王安石如何如何，你能聽出來他說得不對。我沒通讀牛頓的《自然哲學的數學原理》，但我知道牛頓是誰。

讀過一些講現代科學的書，你會對當前科學理解與科學研究手法有一定的認知感。別人說僞科學的事，你一聽就知道不對。

有些書能讓你迅速建立對一件事的認知感，有些書雖然列舉了一大堆事實，但其實很無感，有些書則給你錯誤的認知感。讀一本書，就好像服用一副魔藥，各種不同的感受在你體內融合，使你變得敏感。

書讀得越多，你的敏感度就越高。你會體察到細微的差別：這個知識新不新？這個研究方向有沒有前途？這個結果有多大價值？你的氣海已經建立起來了，能準確判斷各種眞氣。

既然讀書的目標是認知感，那麼誰開的書單、哪本書是不是必讀、要精讀還是隨便翻翻，就都不重要了。我們讀書不能以書爲本，必須以自己爲本，以修練認知感爲本。

所有的書都是你的修練資源。所以得到APP電子書服務太可貴了，等於你守著一個「靈石礦」[5]。我每天都要看看又上架了什麼新書，要翻翻好幾本書找感覺。

什麼書應該精讀呢？那當然是「熟悉＋意外」。你要選那些既能跟你現有的認知感產生共鳴，又能讓你感到些許意外的書。比如說，什麼是「科學方法」？如果你已經比較熟悉卡爾．波普爾的說法，那現在大概是了解湯瑪斯．孔恩的好時候，而不是去把波普爾的全集讀一遍。

我的感覺是，人類其實沒有多少知識。我每天都在尋找能讓我震驚的新知，但找到的機率很低。用最快的速度建立一套成熟的認知感，再出什麼新書、再冒什麼新人，你就會非常敏感。你可能只恨知識進步速度太慢。

從搜尋到調查研究的功夫

如果你是個有心人，那麼這個時代給了你一種神奇的力量，一種以前的人連做夢都想不到的力量。我還是先講個故事。

戲法

小張和小李在同一所大學念研究所，兩人的專業不一樣，但是宿舍挨著，是好友。小張是學生物的，對電腦不太精通，平時遇到程式問題就問小李。小李是學經濟學的，其實也不是專門研究電腦，但好像很懂電腦。有時候，小張在辦公室遇到問題，發個郵件給小李，小李很快就回覆。

有一次，小張辦公室的電腦出了毛病，開機後，沒幾分鐘就自己關機。小張趕緊找小李，小李過來看了看，說：「你這可能是CPU過熱，我想想辦法。」說完就走了。沒多久，小李回來，手裡拿著一小包東西。小李一邊把CPU的散熱片拆下來，一邊對小張說：「CPU過熱，很可能是因爲散熱膏失效，我塗點新的散熱膏試試。」小李把散熱片擦乾淨，從那個小袋子裡擠出一點白色的膏狀物質抹在上面，又重新裝好。一開機，電腦正常了。

這件事完全超出了小張的認知，他從來沒聽說過CPU散熱膏這種東西。可是小李是怎麼知道？也沒見他學過電腦維修啊！

又有一次，小張遇到一個怪現象，他的電腦顯示某些圖形總是出現亂碼，於是又問小李。這次小李傳給他一個連結，說這是硬體品質問題，你看連新聞都報導了。可是小李傳來那篇所謂的新聞，根本不是來自常見的新聞網站，而是來自一個非常偏門的地方。小張心想：小李涉獵也太廣了吧，誰會整天看這種新聞啊！

小李的祕密，當然是搜尋引擎。

你身邊有沒有像小李這樣的「業餘技術達人」呢？他們從來沒正式學過什麼維修技術，卻好像什麼都會修。他們不一定是因爲有天賦。

我雖然是學理工的，但是動手能力相當差。小時候家裡有什麼需要竅門的活兒，都是我爸和我弟琢磨，我從不插手。但是這麼多年來，我也獨立幹過一些不一般的活兒。我花三個小時，給廚房排水管換了一個電動攪拌機；我自己買零件，給汽車換過一個門把手；我治好自己被曬傷的脖子；我把幾臺不是蘋果的電腦，安裝上 Mac 作業系統。

像找對象那種人生大事，你得自己摸索，但是生活中遇到的絕大多數技術問題，其實都能從網路上找到答案。不但有答案，而且很多都有影音教學，你只要會搜尋就行。

但是很多人沒有搜尋的意識。如果你不說這是你搜尋到的答案，他們會對你產生崇敬之情，就好像你會變戲法一樣。

有些人樂此不疲。我以前在物理系有個同事，是個年輕教授，別的都挺好，就是有點好為人師，非得讓人以為他什麼都知道不可。有一次，我們在一起討論，我突然想到一個問題，問他知不知道。他不說知道，也不說不知道，只說「我能找到答案」。我問他怎麼找答案——我心想，你要是能請教哪位專家那還行，要是上網搜尋，那我也會。但是他不說，就說你等著吧。當天下午，他到我辦公室給我一份列印好的論文，說他找到了。

我一看那答案，不是我想要的。論文很偏門，明顯是搜尋出來的。

現在搜尋已經不是戲法，但是你未必善於搜尋。

什麼是「知道」

搜尋引擎誰都會用，但是要用得好，還是需要功夫。Google 公司負責搜尋品質和用戶體驗的研究者丹尼爾·羅素，二〇一九年出了本書叫《搜尋的喜悅》[6]。他在 Google 的後臺觀察很多用戶的搜尋，感慨如果搜尋引擎是一輛一級方程式賽車，那麼大多數人開車從來沒超出低速檔。

有些人在搜尋引擎上輸入的話是這樣的：我急需這個資料，你能不能在下午五點前告訴我？

有人輸入的是：我猜你肯定不知道……

他們連搜尋這個動作是跟電腦，而不是跟人打交道都不知道。你需要輸入的是關鍵字，而不是禮貌的求助問話。搜尋的確需要學習，但搜尋是非常基本的功夫。

搜尋這個功夫，要求我們重新認識「知識」。

早在兩百多年前，第一部英文詞典的編撰者山繆・詹森就已經意識到，有了「檢索」這個手段之後，知識就不必是存在於我們腦子裡的東西了。詹森說知識有兩種：你自己知道的東西是你的知識；而你暫時不知道，但是知道去哪兒能查到資訊，也可以說是你的知識。

現在我們用智慧的搜尋，取代了費力的檢索，可以說更是如此了。所有簡單的、事實性的問題，都已經不再是問題。我有必要記住聖母峰的高度嗎？我就算沒記住，你能說我不知道聖母峰的高度嗎？我想用的時候隨時可以調出來——至於是從我的腦子裡調，還是從維基百科上調，我看後者更值得信賴。

知道≠記住。知道≠見過。

我以前做物理研究，需要用到 Fortran 90 和 Matlab 這兩種語言寫程式。我從來沒正式學過這兩種語言，那我應該先系統地學一遍再工作嗎？當然不是。我只要學過任何一種程式語言就行。我連這兩種語言的程式設計手冊都不需要——最好的辦法不是查閱手冊，而是臨時想用什麼功能，就搜尋這個功能的例子。

我的體會是，就技術問題而言，網路上真的什麼都有。據我所知，那些專業的程式設計師，也是一邊搜尋，一邊寫程式。

有了網路，你就有了幾乎無所不知的超能力。

不過，我們要學的不是簡單的搜尋，而是「調查研究」。

什麼是「調查研究」

比如，你想知道聖母峰有多高，你可以直接在搜尋引擎中輸入關鍵字，並得到答案（八千八百四十四·四三公尺），這是「搜尋」。可是，你對這個答案滿意嗎？那可是一座山峰啊，誰能測量到如此的高度，還精確到幾公分？高度是相對於什麼的？是怎麼測量的？以前不是說八千八百四十八公尺嗎？中國還有個網站就叫「８８４８」？怎麼高度變了呢？

把所有這些問題回答清楚，把聖母峰高度這件事徹底說明白，這個功夫，叫「調查研究」。

調查研究，是從一點線索追蹤進去，深入挖掘一組知識，形成觀點。我的「精英日課」專欄每週末有個問答欄目，我經常要回答讀者提出的一些額外問題。我不可能什麼都知道，我也不能憑自己的感覺瞎說，我要提供有理有據、值得信賴的答案，就必須經常調查研究。

比如有一次，我們講到麥爾坎·葛拉威爾書中，美國中央情報局使用「增強審訊技術」對犯人逼供的事情，有讀者問，犯人會不會說謊以躲過酷刑？像這樣的問題，如果直接在網路上搜尋，通常不會有現成的答案等著你，你就必須調查研究。

從葛拉威爾的書中，我知道謝恩·歐馬洛的《爲什麼酷刑不起作用》是權威科學著作。我沒讀過這本書，但是這個線索已經很好了。我透過搜尋，找到歐馬洛本人對酷刑效果的評價。根據這個評價，我們完全可以說，犯人在酷刑之下，連撒謊的能力都沒有了。

可是，如果歐馬洛只是一家之言呢？有沒有事實證據，證明酷刑不起作用呢？我找到一個專門列舉酷刑相關資訊的網頁，其中提到，有二十五位審訊人員發表聯合聲明，說酷刑眞的沒用。那就算平時不用，極端情況下可以用嗎？其中列舉的研究說，極端情況也沒用。

這個問題至此已經算回答了，但是我們肯定會接著問一句：如果酷刑沒用，那什麼審訊方法有用呢？我又找到《科學美國人》雜誌的一篇文章，裡面列舉了兩項研究，說與犯人建立親密關係，是更好的審訊辦法。到這一步，調查研究才算完成。

羅素提出，好的調查研究必須滿足三個要求：

第一，要高品質。你必須圓滿地回答一個問題，形成認知閉環。

第二，要可信。你的資料必須有來源，來源必須有權威性，最好是科學論文。

第三，要表達好。你得把研究結果交付給讀者，讓人一看就明白。

這是相當高的要求。高水準的調查研究，要求你有提問的意識、搜尋的技巧和科學探索的精神。

其中的提問，是你成爲高水準調查研究者最重要的一步。大多數人就算有不明白的地方，也不會想問；就算想問，也不知道怎樣提出正確的問題。相比之下，想知道聖母峰有多高，是這個時代最簡單的事情。

這是一個問題比答案値錢的時代。下次看到什麼怪異的新聞，你是隨便留下一個質疑的評論，是上「知乎」之類的地方發起提問，還是自己深入調查研究一番呢？

調查研究的心法

怎樣才算是調查研究呢？普通的日常搜尋，都是獲取一個資訊、回答一個提問，或者澄清一個事實；而調查研究，則是使用綜合手段，從公開資訊中，尋找一切我們需要的東西，形成一個完整的圖像，把問題給說明白。

比如企業打算生產某種產品，你能不能全面分析它的市場需求、銷售管道、材料來源、生產成本、相關的法律法規等情況？有個親友得了疑難雜症，你能不能幫忙看看當前醫學界對這個病的看法是什麼，一般採取什麼治療方法，治癒率怎麼樣，哪家醫院、甚至哪個醫生最厲害？最近有個明星出了個八卦，在去採訪他之前，你能不能先好好了解他？

做事要調動人、調動錢、調動資源，而調查研究，則是調動資訊。在搜尋如此方便的今天，我們在任何重大行動之前，都應該先做好調查研究。哪怕你自以爲對這件事已經很懂了，透過調查研究，也常常能發現自己不知道的地方。

我做的第一項正式調查研究，大概是在讀研究生所的一門專業課上。老師給我一篇論文，要我綜述其中一個方法的使用情況，然後做個報告。我找到了那個方法被提出來後幾乎所有相關的論文，我總結了理論的進展和各種場合下的應用。具體的細節我忘了，但我記得完成調查研究之後的感覺——這幫人搞物理研究也太容易了！其實翻來覆去，這個課題做研究就那麼一、兩下子，我漲了不少自信。

所以調查研究能帶給你自信。調查研究是一個比較宏觀的姿態：別人要做出一個東西來可能很難；但是你要知道這個東西，還是比較容易的。

我們還是重點說說基於網路搜尋、不太大的調查研究。

提問

好的調查研究，必須從好的提問開始。我們首先得區分一下「問題」和「提問」。比如你有一段程式總是跑不出來，或者有個產品賣不出去，或者你感覺這個地方哪裡不對，這都只能叫有問題，或者說有毛病。僅僅有問題，還不能展開調查研究。

你得把問題變成一個可調查研究的提問才行。

比如你表弟自我感覺良好，可是總找不到女朋友，他問你：「難道說我長得還不夠帥嗎？」這就不是一個可調查研究的提問。你怎麼幫他做調查研究呢？「當前人們認爲長得帥的人都長什麼樣子」，這就是一個可調查研究的提問。你把那些被標記爲帥哥的照片搜尋出來，擺在你表弟面前，應該能對你表弟的問題有重大提示。

問題可能是隱性的，難以言傳，而提問必須是顯性的。可調查研究的提問必須有方向。產品賣不出去是因爲價格太貴嗎？那你的提問應該是「市場上同類產品賣多少錢」；是因爲品牌知名度不夠嗎？那你的提問應該是「各個主流品牌的知名度都是怎樣的」。

可調查研究的提問不能有歧義，必須讓別人也能聽明白，特別是搜尋引擎得明白。對中國人來說，你最好能用比較準確的英文，把這個提問表述出來，才可能使用更有價值的英文資訊。

然而，有很多問題，連美國人、甚至連搜尋專家羅素也不知道該怎麼用最道地的語言提問。所以，搜尋的第一步，是找到相關的專業術語作爲關鍵字，比如說一種動物的拉丁文名稱。

把問題限制得越明確，搜尋效率就越高。不要一上來就搜尋「內戰」，你說的是哪個時代、哪個國家的內戰？

程式設計師可能都有這樣的經驗：對於一個想藉由程式設計實現的功能，如果你能用標準的語言把這個功能到底是什麼給說清楚，你的問題就已經解決了一半。

提問，顯示了你的思維視角和思維模型。

邏輯脈絡

一個卓越的搜尋者，做調查研究可能要花很長的時間，但是你在任何時候打斷他，問他現在這個動作是什麼意思，他都能告訴你他正在做哪一步。他腦子裡有張邏輯脈絡清晰的調查研究路線圖。

要做到這一點，你必須時刻清楚現在的提問是什麼：它需要哪些資訊？你已經知道什麼？你還不知道什麼？前面有哪些不確定性？你對現有資訊還有什麼疑慮？調查研究的每一步都是在填補一個邏輯空白。

這過程有點像解一道數學證明題，中間不能有邏輯漏洞。不過，絕大多數的調查研究並沒有那麼多的推理步驟，一般邏輯都比較簡單。需要深度推理的問題，並不能指望調查研究能夠解決；調查研究解決的，主要是資訊問題。

調查研究的一個限制是，有些關鍵資訊找不到。可能網路上根本就沒有這個資料，也可能這個資料是不公開的。我們不能輕易放棄，但是我們得承認搜尋是有極限的。

資訊的可信度

不過，對於大多數的提問來說，搜尋者的煩惱恐怕不是資訊太少，而是太多了。負責任的調查研究，必須判斷資訊的可靠性。比如對中文世界來說，可能網路上絕大多數有關醫療保健的資訊都不靠譜。

我們作爲搜尋者，很難從專業角度直接判斷網路上哪個說法是對的。判斷靠不靠譜，我們主要看的不是「說什麼」，而是「誰說的」。卓越的搜尋者，對資訊來源非常敏感。

網友說的，你聽聽就行。

主流媒體記者說的，你必須看他是聽誰說的。合格的報導必須提供資訊來源。

如果你在大學裡，老師給你一個寫調查研究報告的任務，你必須列舉所有的參考文獻，做到言之有據。嚴格說來，維基百科不能算是合格的參考文獻。如果你有哪個資訊是在維基百科看到的，你需要引用維基百科裡列舉的那個更原始的參考文獻才行。

學術論文是最可靠的參考文獻。這並不是因爲科學家更值得尊敬，而是因爲學術界說話非常負責任。論文裡就算是有爭議的地方，也會明白地討論，讓你知道這個問題目前還有爭議，而不會各說各話。學術論文的寫作規範就是，你必須先做調查研究，把當前學界對這個問題的理解給弄明白，然後在當前科學理解的基礎上做你的研究。學術界的知識不是一盤散沙，而是一棵嚴謹的大樹。

卓越的調查研究者甚至不會把通俗的科普文章和書籍作爲消息來源，必須看到原始論文或學術著作才行。有讀者曾經問我，寫畢業論文能不能引用「精英日課」裡的內容。我對此深感榮幸，但如果你要引用的那個內容不是我原創的，而是我從別處看到的，你應該引用的是第一手資料。

我呼籲所有人寫涉及學問的文章時，都應該列出參考文獻，或者至少留下讓別人找到原始研究出處的線索。如果大家都能這麼寫文章，網路資訊的聲譽會比現在好得多。

卓越的調查研究者會使用交叉驗證的方式，對最關鍵的資訊給出至少兩個不同的來源。他們甚至還會從反面考慮：假設這個資訊不對，我怎麼推翻它？他們總是確保調查研究結果代表最新的知識，他們知道知識需要更新。

組織

如果你認爲你已經把這個問題搞清楚了，就可以停止調查研究，把調查研究結果用自己的語言組織成一份報告。你按照邏輯順序也行，按照這件事情在歷史上演變的時間順序也行，講一個自洽而完備的故事。

新手最常犯的錯誤是不夠專注。他們在搜尋過程中常常會陷入迷茫，花了很多時間在沒有用的東西上，然後調查研究結果的邏輯都不完備。等到要寫報告的時候，新手總愛把自己搜集到的所有資訊都列出來，好像他花了時間，不留下痕跡就浪費了一樣。這樣的報告完全沒有重點，有時候連他自己都說不清楚到底想說明什麼。

調查研究必須以問題爲核心，所有的提問、所有資訊都是爲那個核心問題服務的。卓越的調查研究者應該是刻意的——調查研究過程中的每一步都知道自己在幹什麼，寫報告的時候知道自己在說什麼。

但是得到答案還不夠。

羅素特別提出一個概念叫「情境化」。你要把這個答案給情境化才行——也就是說，我還需要知道什麼，才能更好地認識這個答案。

比如，你調查研究附近有哪些好吃的日本餐館，你找到一家，網路上的評分是四分。所謂情境化，就是你還得知道這個評分意味著什麼，有多少人參與了評分。如果是一家新開的餐館，只有三個人評分，這個分數就可能比較偶然。而周圍其他餐館的評分都是什麼樣的？也許旁邊的義大利餐館全都是四．五分以上，這個資訊也會幫助我們。

我經常在「虎撲論壇」看體育評論，我發現，虎撲的人很喜歡問「什麼水準」：朱芳雨這個傳球什麼水準？菲律賓這個球場什麼水準？布朗尼這個身體天賦什麼水準？這其實也需要情境化。你知道孩子考幾分還不行，你必須知道他這個分數在全班、全校，乃至全國是什麼水準才行。

情境化要求我們不能只調查研究直接的答案，還要調查研究周邊的情境。

以我之見，最好的調查研究，你不能只提供資訊，你還需要提供對資訊的解讀，甚至有時候你還應該有自己的判斷。

在沒有搜尋引擎的時代，錢鍾書先生可能是中國文學理論界最厲害的調查研究者。他寫文章總是炫技般地旁徵博引，簡直無所不知，堪稱活的搜尋引擎。你問他一個問題，他能列舉若干位學者對這個問題的看法。

但是我聽說人們對錢鍾書先生的一個批評，就在於他提供的資訊太多，觀點太少。比如李澤厚說[7]：

網路出現以後，錢鍾書的學問（意義）就減半了。比如說一個杯子，錢鍾書能從古羅馬時期一直講到現在，但現在上網搜尋「杯子」，錢鍾書說的，有很多在電腦裡可能就找得到。嚴復說過，東學以博雅為主，西學以創新為高。大家對錢鍾書的喜歡，出發點可能就是博雅，而不是他提出了多少重大的創見。在這一點上，我感到錢鍾書不如陳寅恪，陳寅恪不如王國維。王國維更是天才。

這番話值得每個搜尋者思考。搜尋引擎把調查研究這件事變容易了，這給搜尋者提出了新的挑戰，你得比機械化的「知道」高明才行。

高級調查研究法

這一節，我們說一個在比較短的時間內，掌握一個小領域的關鍵知識，乃至於達到這個領域最高水準認知的方法。這個方法的核心是「主動調查研究」。

當然，這個方法的有效性，跟具體的人、具體的領域有關係。如果是從零開始，誰也不可能在一年之內成爲理論物理學家。但如果你已經是物理系的研究生，這個方法能幫助你盡快找到自己的位置。

我們要借助史蒂芬・科特勒在《不可能的任務》一書中總結的方法[8]。科特勒是科學作家、研究者和創業者。他有三十年的記者經驗，總能快速進入一個新領域，掌握其中的精髓，達到能寫出一篇綜合報導或一本書的程度。你做任何事業都需要這個本事。只要你想進入一個新領域，比如開一家垂直農場，你就需要調查研究，而且要調查研究到這個領域最先進的水準才好。

我的「精英日課」專欄第四季講了「量子力學」和「科學思考者」兩個專題，被編著成兩本書《量子力學究竟是什麼》和《科學思考者》。在我做調查研究的時候，市面上已經有無數本講量子力學和批判性思維的書了，我的目標不是再寫另一本這樣的書。我是覺得，現有的書要麼水準太差，要麼不適合非專業讀者，要麼就過時了——我打算把那些書都淘汰掉。我要寫的是這一本：如果你想知道量子力學到底是怎麼回事，請讀這一本；如果你想學習科學思考，請讀這一本。

聽起來有點狂妄，但這可是要出書啊。如果你這本書不是當前最好的，那你不應該出——告訴我哪本最好，我直接去讀最好的不行嗎？我們選擇目標得用這樣的標準。

這是一個嚴肅的責任。科特勒以前爲《GQ》雜誌寫稿時，對編輯吉姆・尼爾森說過一番話，他說：「我們雜誌大概有一百萬讀者，而我們報導的都是全新的內容。」對讀者來說，如果你寫的主題是該領域他能讀到的唯一觀點，你得確保你寫的東西是對的。

這是「超人」級的學習需要達到的水準——你要學到這個主題唯一代言人的程度。

請特別注意，這裡所說的調查研究，不是爲了「全面了解」一個領域，不是爲了給這個領域編寫百科全書。我們的目的，是發現其中最前衛、最活躍、最有意思的地方，以便給自己找一個獨特的定位。

這個過程分爲五步：

第一步：讀書

讀書是了解一個領域最簡單、最快速的方法。我以前提出過一個概念叫「思維密集度」，也就是別人準備這份讀物所花的時間，除以你閱讀這個讀物所花的時間。比如，人家用了一千個小時才寫出這麼一本書，你兩小時讀完了，這本書的思維密集度就是五百。

科特勒也算了一筆類似的帳。一篇網路文章——比如部落格或公眾號文章——你三分鐘讀完，人家可能寫了三天。雜誌長文，你二十分鐘讀完，記者可能花了四個月才寫成。而一本書，你五個小時讀完，作者寫的可能是十五年的經驗。

所以，讀書是最划算的。當你選定一個領域展開學習的時候，科特勒建議你找其中五本書來讀。

第一本是通俗易懂的暢銷書。它能讓你迅速了解基本知識，熟悉這個主題。

第二本是熱門書，通俗性稍弱一點，技術性稍強一點。這本書能讓你體會到技術性的樂趣，你會感到興奮和刺激。你要把其中最喜歡、最能激發你想像力的東西記下來，這種細節往往是你要找的方向。

第三本是有專家視角的書。這本的技術性更強，作用是讓你看到專家是如何考慮問題的。特別是這種書，能爲你帶來大局觀，開拓你的視野。

比如同樣是講樹木，這種書會從系統生態學的角度談樹木，幫助你跳出來，從更大的視野去看這個問題。同樣是研究夫妻關係，這樣一本書能夠從社會心理學、甚至是社會心理學的歷史發展，來分析夫妻關係的演變。這種視角能帶給你高觀點。

第四本是一本眞正的硬書，是最難啃的一本，是這個領域的專家寫給專家看的書。讀這種書要識別的是，現在專家對哪些話題最感興趣。

同樣是講人工智慧，通俗的書會講人工智慧有多強、人工智慧會不會取代人類的工作等；這種書則會講當前人工智慧技術的眞正難點所在，比如卷積演算法的命門。透過讀這樣的書，你會發現一些流行觀點是錯的。

第五本是關於某一領域未來走向的書，它能讓你感知到最前沿的東西。

這五本書其實只是代表。如果你要做學問，五本書遠遠不夠。像我寫《量子力學究竟是什麼》，是把過去三年新出的相關書籍都讀一讀，至少要翻一翻。我得知道，此時此刻的作者們講量子力學都講到了什麼程度，絕對不能說有個特別酷的話題我不知道。如果你是要在某個領域裡找個位置做點事，或者已經有一定的知識儲備，比較淺的書對你來說就是不必要的，你可以直接讀第四本和第五本。

但是不管你怎麼讀，這裡的心法是，一定要主觀地讀，要帶著問題和方向讀。

科特勒建議在閱讀時主要關注以下三點：

一、領域的歷史敘事。這個領域的大故事是什麼，大圖景是什麼？以前困擾人們的是什麼問題？解決了那些問題，又來了什麼問題？現在大家最關心的是什麼問題？你得抓住其中的「主要矛盾」。

二、相關的術語。什麼叫「不確定性原理」？什麼叫「自旋」？什麼叫「定域性」？這些行話不懂，你沒法跟內行交流。

三、也是最重要的一點，是你要把讓你感到興奮的東西記下來。這些是刺激你下一步思考的東西，是你行動的方向。

這裡說的讀書，不是爲了總結那些書的主要內容，沒人會考你。高手學習一定是以「我」爲主，建立一套屬於自己的技術基線，作爲下一步學習的基礎。而這僅僅是開始。

第二步：採訪專家

讀完書你會有很多問題，解決這些問題最方便的辦法，就是找個專家，直接問他。科特勒是記者，有天然的優勢。他要代表《紐約時報》採訪諾貝爾獎得主，人家很可能願意跟他聊。但實際上，大部分專家都願意回答問題，只是你得尊重專家。所謂尊重專家，是你要先做好家庭作業再去問，別問人家一些網路上隨便就能查到的問題。你得把人家的專業水準用到刀刃上。

你會發現，術業有專攻，專家最精通的，是他自己研究的那些課題，對於鄰近的一些問題，往往他也不知道答案。

這就好比說，你去採訪國際米蘭隊的左後衛，問他對世界足球的發展有什麼看法。他很可能說沒看法。他的任務是打好左後衛，他並不十分關心世界足球的發展。你想知道中國足球應該學習義大利，還是學習西班牙，但這是你的問題，不是他的問題。

你的問題，你得負責。

第三步：到達前沿

所謂前沿，大家都沒有公認確定的答案，還屬於教科書上的空白——而這也恰恰是你能有所作為的地方。垂直農場在某個城市可行嗎？如果別人已經知道可行了，那就沒你的事了。抓住這樣的問題，並且找到答案，你這趟學習之旅才是有用的。

對於這種問題，往往很多人都感到好奇，很多人有自己的觀點，或者有很多爭議還沒形成定論。它常常出現在不同領域、不同專業的交叉點上。

這時候，你需要讀的是最新發表的東西，比如專業期刊的文章、論文，某個專家的部落格、推特或講座。這些是專家之間的爭論。而這些最有爭議的地方，恰恰也是最活躍的地方，可能就是你的機遇所在。

第四步：形成觀點

當一個話題眾說紛紜、專家們也互相矛盾時，你支持誰，又反對誰？你敢不敢樹立自己的觀點？

其實是可以的。你不用自己會踢足球，也能看出哪一隊強。有獨特觀點，你才能站穩。我寫《量子力學究竟是什麼》和《科學思考者》，都是寫給非專業讀者的，其中也有一些爭議話題。像「量子通訊到底有多大價值」「量子計算到底能不能終結現有的密碼體系」這兩個問題，進展非常快，網路上絕大多數文章都是錯的，我可能是全世界第一個把清楚的邏輯寫進書裡的人。像「我們爲什麼相信科學」，我寫了一個代表當前科學哲學界的最新理解，可能是第一次在中文世界出現的觀點。

你得反覆考慮各方意見，自己拿定主意。你的觀點可能會發生幾次反轉，可能你一開始以為A是對的，後來被B說服了。你拿著B的觀點再去找A，A可能會告訴你還是他對。如果沒有這樣的反轉，你的思維可能還不夠積極。但是你不能人云亦云，總要徹底搞懂了，才能作出高水準的判斷。

第五步：完成敘事

現在你心意已決，可以把學到的東西總結出來了。你要把新觀點講成一個故事，這意味著你要把其中的因果關係理順，建立一個思維模型。

你可以講給你的家人、朋友或隨便一個陌生人聽聽，看他們能不能聽懂；或者可以寫篇文章發到網路上，供大家探討；又或者找一位專家幫你審審稿。

這也是所謂「費曼學習法」。檢驗你有沒有學會最好的辦法，就是你能不能講明白。

這樣學習的結果能帶給你一些社交互動，社交互動能產生催產素和血清素。如果你感到其中的壓力，你還會得到皮質醇。整個學習過程中，你都會產生多巴胺，找到興奮點的時候，你會產生去甲腎上腺素。所有這些神經物質都會讓你更容易進入心流狀態，你的記憶力會強化，學習效果會更好。

你看這多麼美好。這種最前沿、調查研究式的學習，是非常讓人愉快的事情。你是在跟第一流的頭腦對話，你試圖尋找一個沒人確定的答案！

只要有個好課題，發掘出興奮點，你會很容易進入心流。

心流是什麼境界

上一節說的史蒂芬．科特勒，他創辦了一個叫作「心流研究社」的機構，跟各大學的科學家合作，專門研究如何提升人的巔峰表現。這一節，我要借助科特勒等人的研究結果，把心流的原理徹底講明白。我們會更新一點以前的認識，講一個「統一理論」。

「心流」這個詞，最早是匈牙利裔美國心理學家米哈里．契克森米哈伊在一九九〇年出版的《心流》[9]一書中提出的。這本書的簡體中文版還是我寫的序。心流成爲當今最重要的幾個心理學概念之一，很大程度上是契克森米哈伊的功勞。但契克森米哈伊發明的是「心流」這個詞，他可沒有發明心流。

契克森米哈伊本來是想研究人的幸福感從哪兒來。他調查了各行各業的人，發現人們感到最幸福的時刻，都是一種相似的狀態。你的每個決定、每個行動，都跟你的上一個決定、上一個行動無縫銜接，做事完全不中斷，非常順暢，整個是自由流動的感覺，所以他把這個狀態叫作「心流」（flow）——其實「心」字還是中文翻譯添加的，本來叫「流」。

所以心流是人人皆有的普遍現象。以前的人們已經從不同面向、用不同稱呼琢磨和追求心流了。古希臘的斯多葛學派討論過類似心流的現象。很多宗教人士有過某種超現實的、狂喜的體驗。森舸瀾有本書叫《爲與無爲》[10]，他認爲中國古代崇尚的「無爲」是比心流更高級的一種狀態。其實現在看，無爲就是心流的一種高級形式。我們說的巔峰表現，也是心流的副產品。

最早把巔峰表現去神祕化，認爲普通人用常規手段也能達到巔峰表現的，大概是哲學家尼采。尼采說要人做超人，還提出一個成爲超人的路線圖，現在看，這跟科特勒《不可能的任務》中的說法也是相通的。

契克森米哈伊的貢獻在於，他開啓了心流的科學化。

契克森米哈伊提出，心流一共有九個特徵。科特勒等人的最新認識是其中的三個——包括有明確目標、有即時回饋、技能與挑戰的平衡——現在看，這應該算是觸發心流的因素，而不是心流本身。當前科學理解，心流有六個特徵：

一、注意力完全集中。你的注意力被高度鎖定在正在做的這件事上，全神貫注，不想別的。

二、意識和行動融爲一體。你已經忘記了自己，你已經融化在這件事之中。

三、內心評判聲音消失。我們在日常狀態下，大腦中總有個聲音在對自己做各種評判。比如你畫一幅畫，這一筆下去，到底是好還是不好？你跟人說一句話，這句話說得對還是不對？你大腦中總有個聲音在評價你自己：這一筆有點重啊，這句話不太自信啊，下一句趕緊注意……而在心流狀態下，那個聲音消失了。你不受評判，非常自由。

四、時間感消失。你忘記了時間的流動。一般表現爲時間加速，明明已經過了幾個小時，你還以爲只過了幾分鐘。還有可能是時間凍結，比如你在衝浪，或者做其他高難度的體育動作，明明只是一瞬間的事，你卻能非常切實地感覺到那一瞬間的豐富體驗，就好像慢鏡頭一樣，一幀一幀地過，你感覺時間很長。變快也好，變慢也好，這個現象都叫「深度的現在」——就如同你永遠停留在了現在。

五、強烈的自主。你感覺完全掌控了局面——而這個局面恰恰又是平時不可掌控的。比如一個籃球運動員，手感來了，怎麼打怎麼有、怎麼投怎麼進，就好像球聽你的一樣。這一刻，你是你命運的主人。

六、強烈的愉悅感。「爽」和「high」還不足以形容那種愉悅感的豐富性，反正就是特別高興、特別滿足。你對那種感覺的印象是如此深刻，寧可冒很大的危險，也想再來一次。

當然，心流是一個連續光譜，有弱有強。但是科特勒說，哪怕是最弱的心流體驗，也有上面全部這六個特徵，只是其中有些特徵表現得不是特別明顯而已。

你看電影的時候，是否有那麼一刻，完全被劇情所吸引，徹底忘了自己，回過神來，才突然發現自己很餓，或者很想上廁所。這就是一種比較弱的心流。

我有一次去現場看了羅振宇的跨年演講。結束時他跟我聊，說在臺上講了四個小時，但他的感覺可不是四個小時，他感覺一會兒就講完了。這也是心流。

你在激烈的體育比賽中盡情地發揮過嗎?你在演唱會現場跟成千上萬的人一起高歌過嗎?那些都是心流。有首老歌說「投入地笑一次,忘了自己」,那也是心流。

最強的心流體驗,往往伴隨著危險和刺激,會有一種神祕感。科特勒有段時間病得非常嚴重,在床上躺了整整一年。有個朋友來看他,非要拉他去衝浪。科特勒說:我走路都困難,怎麼能衝浪呢?結果他真的去了。在海面上,有那麼一刻,他覺得時間突然慢到極點,自己的身體界限不存在了,視野變成了全景式的,感覺都能看見自己的後腦勺。他覺得自己跟大海、跟宇宙融爲一體,病痛完全消失,思想卻是前所未有的敏銳。從此之後,科特勒寧可冒著生命危險,也要每隔一段時間就去衝浪。

人們總愛用「有如神助」形容那樣的場景。有的僧人打坐時會有這樣的體驗。在強烈的心流狀態下,那些不可能的事情,變得毫不費力。那些極限運動愛好者追求的不是鍛鍊身體,而是精神上的愉悅感。

契克森米哈伊最重要的發現,就是心流跟人的幸福感和生活滿意度高度相關。幸福的人更經常進入心流,經常進入心流的人,感到更幸福。

心流,是生活給個人最好的獎勵。

從契克森米哈伊寫書到現在,已經過了三十多年,我們對心流的了解更多了。科特勒的心流研究社直接參與相關研究,特別是他們和腦神經科學家合作,從神經科學和神經化學的角度研究心流。現在科學家可以在一個人進入心流狀態的同時，利用功能性核磁共振，掃描他的大腦，看看心流在大腦中到底是一種怎樣的活動。我們基本上已經有了一個完整的圖像。

簡單說，心流，就是把注意力完全放在當下。

注意力是心流的關鍵，前額葉皮質是注意力的關鍵。在心流狀態下，前額葉皮質的大部分活動會關閉。心流不是用大腦用得更多，而是用得更少。

前額葉皮質是大腦中執行注意力、決策、專注思考、意志力的區域。人的自我意識和時間感也都在前額葉皮質中。丹尼爾·康納曼在《快思慢想》[11]中，提出大腦有「系統一」和「系統二」，其中系統一是快思考，系統二是慢思考——系統二，主要靠的就是前額葉皮質。

心流中，我們是把前額葉皮質的活動降到最低，把那部分的能量省起來，用到系統一之中。系統一速度快，無比流暢，創造力強，所以你感覺工作特別順暢。

爲什麼心流中沒有時間感呢？因爲時間感是在前額葉皮質的幾個部位進行計算。時間感對工作是一個拖累。昨天交上去的報告會不會出問題？明天會議上我的提議能通過嗎？以前發生過的事讓你恐懼，未來可能發生的事讓你焦慮。

沒有了時間感，眞正活在當下，恰恰就是曾國藩說的「物來順應，未來不迎，當時不雜，既過不戀」。從科學角度來說，這其實就是你的焦慮感降到最低。皮質醇之類的壓力荷爾蒙沒有了，剩下的都是多巴胺之類讓你感到愉快的化學物質，所以你才能全身心地投入當下這件事。

大腦中總是在評判你的那個聲音，是由背外側前額葉負責的。二〇〇八年的一項研究證明，爵士樂手在心流狀態下表演的時候，他的背外側前額葉整個關閉了。他完全沒有自我審視，想到什麼就表演什麼，所以才會是那樣特別開放、特別自然、特別有創造力的感覺。

我們還可以從腦波和神經網路的角度分析心流。科學家只要看一眼你的腦電圖，就知道你大腦裡現在是什麼活動模式。

我們來看圖2-2這張腦電圖[12]，最平常的模式是β波，體現了注意力的活躍使用，你可能正在做事情或想事情，但同時還機警地監測著周圍。如果你切換到預設模式網路主導，進入白日夢，大腦發出的是α波。而真正做夢，或者在催眠狀態的時候，大腦處於θ波。還有一個δ波，是深度睡眠時候的波。

心流狀態，腦波介於α和θ波之間，頻率大約是八赫茲。也就是介於做白日夢和真正做夢之間，大概就是喝點酒微醺的感覺。

如果你正在心流之中，突然有個什麼事要處理一下，你肯定得開啓注意力網路，偏離這條基礎線，進入β波。巔峰表現者在這個情況下很容易再回來，但普通人一分心就回不

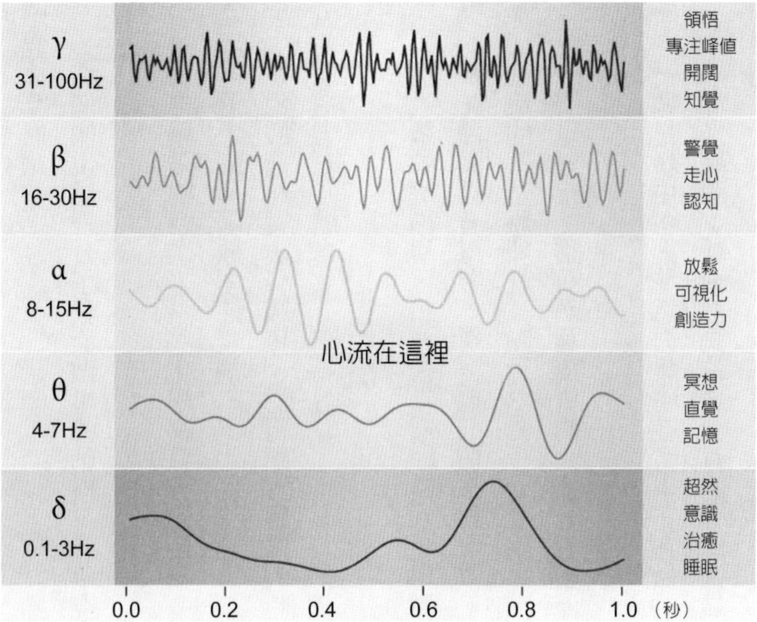

圖 2-2 腦電圖

來了。

最容易爆發創造力的是γ波，這是一種頻率非常高的波。γ波是神經元連接導致的，代表想法的連接。實驗觀測中，γ波往往是在受試者宣布自己找到答案之前的那一刻爆發。那創造力爲什麼跟心流有關呢？因爲γ波和θ波是耦合的。你想讓γ波出現，就得先讓θ波出現——所以心流狀態容易讓想法冒出來。

從神經化學的角度來說，心流是大腦中六種化學物質同時發揮作用的結果，它們分別是腦內啡、大麻素、多巴胺、去甲腎上腺素、血清素和催產素。這六種都是大腦的獎勵物質，這就是爲什麼心流讓我們感覺那麼愉快。

這個愉悅感提升了我們做事的動機，有研究發現，心流狀態下，人的生產力最多能提高五〇〇%。

當你學習的時候，這些化學物質分泌得越多，學的內容就越容易記住。有實驗發現，心流狀態下的學習效率能提高二三〇%。

多巴胺還和冒險有關係，而更願意冒險的時候，你的創造力就更多，這也是爲什麼心流對創造力有好處。

從大腦的解剖學、腦波、神經網路到化學激素，從契克森米哈伊到曾國藩，從極限運動的神祕體驗到看電影，現在這一切都對上了。

心流的基本原理就三點：

一個是停止：讓前額葉皮質的大部分活動停止下來，忘記自我，忘記時間感，關閉監控聲音。

一個是集中：把注意力集中在當下正在做的這件事上，徹底活在當下。

一個是接管：讓最擅長快速計算的大腦區域接管工作，發揮最大的創造力，體驗最高的樂趣。

理解這些原理，我們就有更多的辦法進入心流，能夠更科學地使用心流。

契克森米哈伊曾經提出了三個能達到心流的方法，一是即時回饋，二是挑戰和技能的平衡，三是明確的目標。科特勒的心流研究社多年來又發現了另外十九個能夠觸發心流的辦法，所以現在一共有二十二個心流觸發器，其中很多都大同小異，我們沒必要一一列舉。

所有這些方法，都是把注意力引導到當下你正在做的這件事上。其實原理只有兩個：一個是做加法，增加去甲腎上腺素和多巴胺，提高這件事對你的吸引力；一個是做減法，降低你的認知負荷，把多餘的能量轉移到對這件事的注意力上。

先說減法。《道德經》有句話：「爲學日益，爲道日損。損之又損，以至於無爲。無爲而無不爲。」我不知道老子的本意是什麼，但是這句話很有心流味道。排除干擾，你才能進入心流；進入心流，你就能爲所欲爲。

所以，進入心流的首要辦法就是減少分心。科特勒的建議是要有九十到一百二十分鐘不間斷的工作時間，提摩西．費里斯的建議更是達到了四個小時。在這段時間內，你要像武林高手閉關修練一樣，排除一切干擾。

戰略上的方法是要有自主感。對自己的思想、自己的所作所爲一定要有控制力，不是別人要你做什麼你就做什麼，而是自己要做這件事。自主感跟去甲腎上腺素和多巴胺有關，能帶來愉悅感。自主而不受干擾，注意力的能量消耗才能降下來。

我們上班總要跟同事互動，有一五到二〇%的工作時間能自主就已經挺好了。不過，最好還能自己選擇工作時間和日程表。其實，自主感的關鍵在於「感」，而不在於實際的「量」。自主感要求你有說「不」的能力和意願。別人說這個活動再好、再必須參加，你也能說不去就不去。

清晰的目標其實也是減法——關鍵字是「清晰」。如果你非常明確此時此刻要做什麼，而不必瞻前顧後，猜測結果，你就更容易專注在當下。

加法主要是提供內在驅動，有時候需要和減法配合，也就是在各種事情中做選擇。我們前面說的好奇心、熱情和目的，這三個激勵因素如果能共同發揮作用，就是最好的心流加法。

想進入心流，這個工作最好有一定的挑戰性，跟你的技能相符。挑戰太大，你會有恐懼感；難度太低，你又會覺得無聊。心流通常出現在挑戰比技能稍微高一點，跳一跳能搆著的地方。

我以前說，學習材料中的新內容，最好占到一五．八七%，但這其實取決於個人，科特勒說四%也行，對有些人可能三〇%、甚至四〇%也行。關鍵並不是挑戰跟你技能的實際情況對比，而是你的感覺。只要你覺得這個任務既有挑戰性，又能完成，你就可以進入心流。

另一個重要的標準，是要有即時回饋。如果做一件事馬上就能得到回饋，好像打遊戲一樣，你就很容易投入進去。現在大多數回饋的最大問題，就是不即時。

怎樣才能獲得即時回饋呢？最好有個人專門給你回饋。科特勒是作家，他的編輯就是他的回饋者。科特勒寫完任何東西，編輯必須提出三點回饋：第一，內容是否沒意思；第二，是否沒寫明白，讓人看不懂；第三，是否會讓人覺得太傲慢。

如果這件事既沒有多大挑戰，又沒有什麼回饋，你感到無聊透頂，怎麼辦呢？有一些特殊的辦法，比如找個有危險的地方做這件事。危險感會讓你自動集中注意力，增加去甲腎上腺素和多巴胺。比如一個小提琴手覺得自己在家練琴沒意思，那他可以走到街頭，在大庭廣眾之下演奏，來點社會危險。

更常見的方法，則是增加這件事的新奇性、隨機性和複雜性。有研究說，把新奇性和不可預測性加在一起，能夠讓人的多巴胺提升七〇〇%，效果基本等同於古柯鹼，這就是爲什麼打遊戲和賭博特別容易讓人進入心流。

還有一個辦法是所謂的深度體驗。比如學習的時候，如果能在視覺和聽覺之外，加上觸覺、嗅覺，注意力就更容易集中在當下。我想像的一個場景，是學生們都光著腳站在河裡聽老師講課，還聞著田野中的花香……

總而言之，如果這件事本身就是有難度的，我們就要做減法；如果這件事本身難度不大，我們就要做加法。

具體的操作中，心流要經過四階段的過程，其中第三階段才是心流。整個流程走下來，也許是幾個小時，也許是幾天，也許是你花了很多天的時間在第一和第二階段，才有了第三階段的心流。這裡的要點是，你不能跳過——要做嚴肅的工作，必須得經過前兩個階段。

第一階段是鬥爭。這是集中思維的過程，大腦處於β波段，內心的批判聲音要開啓。

你得先有意識地掌握一項技能，才可能無意識地運用這項技能。你需要制定計畫，你需要開放的學習，你需要外界資訊的輸入，你需要積累大量的資料，產生大量的數據。你的前額葉皮質在這個階段非常活躍。

爲什麼叫「鬥爭」呢？因爲你會有挫折感。就好像運動員新學一個動作，一開始肯定是做不好的。你得迎難而上，最好把自己逼到超負荷的邊緣。科特勒說，挫折感強其實是好事，感受強烈，效果才能最大化。

但是，這個挫折感不能強到讓你中斷。這就好像你走在叢林裡，突然遇到一隻老虎，理想的情況是牠激起了你的鬥志，而不是把你嚇得逃跑。

對創作來說，鬥爭是前期準備階段。遇到了問題，感到了挫折，想盡了辦法，掌握了技能，進行了鬥爭，你的準備才算到位。

第二階段是釋放。能做的都已經做了，現在可以暫時把這個問題放一邊，讓預設模式網路接手。

這時候你可以出去散散步，稍微做點運動，或者沖個澡。要點是，必須是低強度、不占用注意力的活動——別看電視，讓你的大腦做一會兒白日夢。

問題正在你大腦中潛伏，靈感隨時可能出現。靈感一旦出現，立即進入心流。

第三階段就是心流。心流好不容易來了，現在你最關鍵的就是別出來。

避免一切干擾。研究發現，此時一旦離開心流，需要十五分鐘才能再回來——如果你還能回來的話。所以，這時候要像修仙小說裡那些修行者一樣，立即閉關。我有一次跟朋友閒聊，聊著聊著，突然靈感來了，我說：你先別說話，讓我靜靜！他就那樣等了我十分鐘。

避免干擾，還包括不要消極思考。心流中，要做正面思考，如果感覺到阻力，別否定自己，因爲你一旦開啓內心批判的聲音，就會離開心流。

當然，爲了不中斷，第一階段一定要做好技能準備。然後還要做好後勤準備，別進行到一半突然太餓，能量不足。

心流過程中，你還可以再增加一、兩個心流觸發器，讓心流的層次更高，持續時間更長。你可以增加一點難度，提高一點新穎性、複雜性和不可預測性。比如說，演講的時候，如果你感覺心流來了，很自在，而且現場氣氛特別好，你可以脫離腳本，來一小段即興發揮，演講的效果會更好。

第四階段是復原。首先是休息，但是和釋放期不一樣，這時候是主動休息。你可以有大一點的動作，例如好好泡個熱水澡、做伸展、深度睡眠等。如果你在心流中學到了知識，這時候大腦會鞏固那個知識。

復原期同時也是冷靜期，你要檢查自己在心流狀態下做的那個工作。因爲心流中沒有自我審視，你往往感覺自己很厲害，你不會意識到自己犯了錯。

所以科特勒有句話叫「永遠不要相信多巴胺」。心流狀態適合工作，但不適合做重大決定。多巴胺衝腦狀態下做的決定，可能會讓你後悔。

最後再說一點我自己的心流體會。我以前做物理研究，現在專職寫作，這兩項工作都經常讓我進入心流。

我的一個體會是，最容易讓你進入心流的，是你強烈想要解決的問題。比如做科學研究，當你已經做好了所有準備，感覺答案就在眼前的時候，簡直想不進入心流都不行。就連你要解決一個電腦問題，反覆嘗試各種方法，也會進入心流。關鍵是，你得非常、非常想知道答案才行。

寫作要進入心流，一定是靠自我發揮。我的「精英日課」專欄，有一大塊內容是解讀新書。我發現，如果我只是轉述別人的觀點，只是概括一下書中的內容，那就沒太大意思。我進入心流，總是在我將這些觀點和內容換個更有意思的說法，或者表達我自己的觀點的時候。

調查研究和寫作都能讓人進入心流，但是這兩步一定要分開。我在正式動筆之前，會把所有參考文獻中的所有關鍵資訊都放在一個檔案夾中，按順序排好。這樣我寫作的時候就只需要關心敘事和字句，這是最流暢的。如果你寫著寫著，還得爲了查一個資料，回頭去把論文再找出來，那肯定要離開心流。

靈感來了，要趁熱打鐵，立即展開調查研究。寫作可以在第二天，甚至以後再進行，但是調查研究最好在你還充滿熱情的時候進行。我的體驗是，想法會變涼，靈感擱置幾天再看，可能就沒意思了。當然，這可能是選擇偏誤，也許被擱置的想法，都沒有好到讓你立即行動的程度。

還有，心流眞的很刺激。心流過程中，你不會覺得激動，但是當你完成工作，從心流裡出來的時候，你可能會非常興奮。我現在還記得，以前做物理研究，有時候導出一個關鍵公式，得到一個洞見，判斷我做出來的東西沒人做出來過，那眞的是熱血沸騰，恨不得立即讓所有人知道。

寫作經常讓人反應過度。有時候，我寫完一篇文章，已經交給主編，不用我管了，我會有一、兩個小時都在亢奮之中。我睡不著覺，讀不進書，也做不成別的事，只想著那篇文章。不是想要修改，是單純的興奮，就好像剛打完一仗一樣。

寫文章得寫到這個程度才有意思，得有衝擊感。那一、兩個小時，有點像打遊戲用了魔法之後的「回藍時間」或「技能冷卻時間」。不能連續用，不是因爲你累了，而是因爲太熱。

我不會告訴你是哪些文章讓我產生了這種體驗。我最喜歡的，不一定是你最喜歡的；你最喜歡的，也不一定是我最喜歡的。我是希望你做別的事情也能有這樣的體驗。

創作者的悖論

看到像《流浪地球》《冰與火之歌》那樣的影視劇如此高人氣，不知道你會不會心動，也想成爲像劉慈欣和喬治·馬丁那樣的作家。

寫小說不是我的專長，但我想跟你說說「創作」的事。我沒寫過小說，可是我知道好小說有多難寫。創作有很多方法、技術、知識和套路，那些「術」你以後可以慢慢學，這一節，專門說說創作的「道」。

先假想，有一天，你終於成爲成功的小說家。請問，下面兩個對未來的你的描述中，哪一個更能激勵現在的你？

第一個描述——

他寫小說是半路出家，最初是一邊工作，一邊寫作，每天都很辛苦，但是他咬牙堅持下來了。他家人給了他堅定的支持。他的第一部作品並不成功，但是他沒有氣餒。他潛心研究劉慈欣、J・K・羅琳和喬治・馬丁的寫法，把西方流行文學的技巧和中國元素巧妙結合在一起，終於得到讀者的認可。他的第二部作品獲得雨果獎。他的第三部作品登上暢銷書排行榜，剛剛被愛奇藝和 Netflix 買走改編權。粉絲們正在翹首以待他傳說中的第四部作品。

第二個描述——

他出手之前，中國流行文化中，盛行的是家庭倫理劇、宮鬥、權鬥、霸道總裁、流量鮮肉和對西方科幻、奇幻小說的拙劣模仿。他開創了新的小說類型和自己的幻想宇宙。他筆下有很多我們見所未見的人物形象，他的行文風格獨樹一幟，連他鼓吹的價值觀都令人驚奇。

如果第一個描述更能激勵你，我很抱歉，你不適合從事創作。我建議你選個靠譜點的職業，好好賺錢養家，把孩子教育好。如果你喜歡小說，你可以當讀者，享受小說。也許你的子孫後代中，會有人有創作資質，而你的任務是保留他出現的可能性，爲他做一點物質條件之類的準備。

你要說人人都可能發財，我完全贊同。但如果有人說人人都能當作家，我完全不同意。這個世界不需要寫作目標是取得第一個描述裡那些成就的作家。

以前有一種土味兒的民間故事，說某人從小家裡窮，經常受人欺負，還跟縣裡的財主有奪妻之恨，於是他懸梁刺股，發奮讀書，終於考上狀元，當了大官，不但報了仇，還娶了當朝宰相的女兒。如果這種故事能激勵你，我求求你千萬別當大官，我們不需要這樣的大官。我估計宰相也不需要這樣的女婿。

歷史上眞正當官當出水準的人，都不是爲了娶宰相的女兒，也不是爲了給父母爭氣而當官的。他當官，是要施展自己的理念。

創作的最大回報，就是施展了自己的理念。

第一種描述中的那些成就，叫作「外部激勵」，是別人對你的認可。第二種描述中說的，則是「內部激勵」，是你對自己的內在要求。外部激勵對很多簡單的、普通的工作非常有效，但是創作，不是簡單工作。

近幾年，出了兩本講創作之「道」的新書，一本叫《唯一的觀眾》[13]，一本叫《一流的人如何駕馭自我》[14]。這兩本書都認爲，想做好創作，就必須依賴內在驅動。

爲什麼外部驅動不行呢？從需求側的角度來說，創作並不是朝一個方向拚命使勁就能成功的事。創作是個悖論。

這個悖論是，你要是一味地迎合市場，你反而得不到市場；你要是不管別人怎麼評價，就做自己，反而可能引領市場。

請允許我打個粗俗的比方，這就如同現在流行的說法：「舔狗」和「女神」。舔狗卑躬屈膝，連人格都不要了去追求女神，可是，女神根本不正眼看他，最多也就把他當備胎。而那個讓女神又愛又恨的男友，可是一直都保留了尊嚴。

讓人又愛又恨的喬治・馬丁，是舔狗還是男友？

這個道理是「喜歡＝熟悉＋意外」，女神要的不僅僅是暖男，你還得給她驚喜才行。外部激勵能讓你在「熟悉」這個項目上，把一切都做「對」，但是提供不了意外——因爲當你爲了別人給的榮譽而把一切都做對的時候，你就已經喪失了個人榮譽感。

劉慈欣寫科幻小說的年代，中國暢銷書排行榜上並沒有科幻小說。喬治・馬丁之前的主流奇幻小說都是青少年圖書，從來沒有動不動就把主要角色殘忍地弄死這種寫法。J・K・羅琳並不是做了一大堆市場調查之後才構思《哈利波特》。管你們愛看不看，他們想寫就寫。

從供給側的角度來說，外部驅動會讓你陷入疲於奔命的狀態。當我們贏得某種獎勵的時候，我們的大腦會釋放多巴胺，帶來快樂的感覺。但是這個感覺有兩個不好的地方。

一個是它非常短暫。每次勝利帶來的幸福感都是暫時的，你很快就會渴望下一次勝利，你永遠都別想「從此過上了幸福的生活」。

另一個是，你會想要不斷加大劑量。沒錢的時候，覺得百萬富翁就挺好，眞的成了百萬富翁，你又會羨慕千萬富翁……你享受多巴胺刺激的閾值會越來越高，你永遠都不會滿足。

這兩個效應跟吸毒好像沒什麼區別。我以前在專欄裡講過羅伯・賴特的《令人神往的靜坐開悟》[15]那本書。我們知道，這其實是演化給我們的設定，目的是激勵我們永遠這麼奮鬥下去。這個不滿足，其實是「苦」。

永遠這麼奮鬥下去還眞是苦啊。你會超負荷工作，你會抱怨工作和生活不平衡，你會身心俱疲。

更大的煩惱在於，你這麼努力奮鬥，結果卻是你不可控的。有個作家其實根本不會寫小說，可是他的書突然就大賣。你兢兢業業、扎扎實實地寫了一部得意之作，居然無人問津。然後轉眼一看，那個作家又出了一部小說，更賣了。

誰也不知道女神到底是怎麼想的。失敗會讓你強迫自己更努力工作，你會非常害怕下一次失敗。據《一流的人如何駕馭自我》這本書考證，「熱情」（passion）這個詞在西方世界最早的意思，就是這種不正當的、自找苦吃的愛。

把創作單純當作興趣愛好也不行。愛好的問題在於，它很脆弱。第一次打牌贏了的人，可能會繼續打牌，那要是輸了呢？

創作對你眞正的考驗在於，如果作品失敗了，你怎麼辦？只爲愛好、用玩票心態創作的人，會在失敗的時候輕易放棄。而輕易放棄的人成不了任何大事。

你必須有韌性堅持下去。你還得有充分的耐心，花大量時間去做一些非常繁雜、看上去一點都不好玩的事情。

那這個創作之「道」，到底是什麼呢？

《唯一的觀眾》這本書的建議是，你創作，應該是爲了滿足自己——這個唯一的觀眾。不要問別人喜不喜歡，應該問自己喜不喜歡。

創作的最大回報，是你有一個設想，然後你親手實現了這個設想。

我聽說，羅琳當初寫《哈利波特》的緣起是這樣的。羅琳本來不是小說家，她寫過一些政論文章，並不成功。有一天，她搭火車的時候，突然想到一個男孩在魔法學校的故事，就好像被閃電擊中一樣，那個故事在她大腦裡奔湧著展現出來。羅琳意識到，她必須把這個故事寫出來。她下了火車，就趕緊找個地方記錄想法。剩下的就都是技術問題了。《哈利波特》第一集被退稿十幾次，我想羅琳沒有多在意。她想寫就寫，自己滿意就行。

追求這個回報，結果就是你完全可控的。

創作的悖論是，你不在乎市場，市場反而可能有更好的反應。如果市場反應好，那對你來說，最大的好消息不是你終於成功了，而是你可以繼續從事創作。

《一流的人如何駕馭自我》進一步用一個古希臘的詞「Eudaimonia」來說明創作者應該追求什麼。Eudaimonia 專指一種特殊的幸福，透過從事某種有意義的活動，把自己全部潛能都發揮出來。這可以說是終極的自我實現。

也許你身上眞的有某種創作天賦，帶著這個天賦默默死去，那是很遺憾的事情。能把這個天賦充分發揮出來，那就很幸福。

我認爲，所謂的充分發揮，應該包括給世界打上你的印記。你覺得世界只有現在這些作品還不夠，還缺你的那一類，然後你眞的把它創作出來了。

發揮永無止境，所以不論成敗，都要持續完善自己。你追求的不是外部給的結果，而是自我完善的過程。就算別人都不知道，只要你能感受到自己益發完善，在變成更好的人，你也會感到充實。

而到底是不是益發完善，只有你說了算。這樣創作對你來說就非常可控，你就不會陷入「苦」。

所以我們眞正應該羨慕劉慈欣的，不是他的作品賣了多少錢，而是他發明了「黑暗森林法則」「降維打擊」這些東西。我認爲這兩個思想，包括《流浪地球》的全部設定，都是錯的——可是劉慈欣發揮出來了，我不服不行。

只有內在驅動的創作才值得讚美。你應該把創作本身當作目的，而不是獲得獎勵的手段。你說你考了狀元、得多少獎、出多少書，你媽媽肯定很自豪，但我們眞的不在乎。公眾的注意力不是給你過小日子用的。

可是，如果你有一個個性發揮，爲世界提供一個新鮮視野，我們會作爲粉絲，替你搖旗吶喊。

在眞實世界裡想要做點事，我們總是面對這樣的悖論。

你越告訴自己要自然要無爲，就越不像無爲；你忘了自己，反而實現了無爲。你越刻意追求心流，就越進不了心流；你專注於工作本身，忘了什麼心流不心流，恰恰就是心流狀態。你要把愛馬仕當作身分象徵，愛馬仕就擔心你拉低它家的品牌形象；你對愛馬仕不屑一顧，愛馬仕就希望你背它家的包。

如果不是這樣，世界豈不是太簡單、太直白、太乏味了嗎？

喪失人格不會追到女神，以我爲主的個性發揮，才是創作的源泉。

初學者之心

只要了解一點學習的原理，你可能就會對大腦的「可塑性」非常關心。很多人到了一定年齡，就再也學不進去新東西了，那其實就是他們的大腦變「硬」了，不可塑了。腦神經科學意義上的可塑性，是一個底層的限制，這一節，咱們說說心理學意義上的大腦可塑性，可能會對你更有用。

這個可塑性，一般的說法叫「開放的頭腦」，高級的說法叫「智識的謙遜」。智識謙遜是一個思想狀態，是一種境界。智識謙遜的人，願意接觸新東西，願意學習新知識——你的大腦在心理學上是可塑的，所以你才能學到新知識。反過來說，如果一個人故步自封、充滿成見，根本就不願意再去接觸新東西，那他的前額葉皮質發育到什麼程度，其實意義不大。

保持智識謙遜，對你的大腦可能有直接的好處。很多老年人抱怨自己的認知能力，說上了年紀之後，做事丟三落四，讀書記不住，一思考複雜問題就累了。但是，我最近看到一個研究[16]，說那些有開放頭腦的老年人就不抱怨這些。他們樂於探索新鮮的智力活動，願意思考，敢於挑戰難題。他們的大腦得到了更多鍛鍊，對自己的認知更有自信。

當然，也許有的人是被生活所迫、壓力太大，根本沒機會搞什麼智力活動——開放心態首先是一個幸運的狀態。但是我相信，任何人都可以追求這個狀態。開放心態和智識謙遜是現在很熱門的研究課題，我在「精英日課」專欄就講過好幾次。心理學科學作家克里斯提安．賈瑞特寫了一篇綜述性文章[17]，對相關研究做了比較系統的介紹，我們可以從中總結幾個有用的知識。

這些研究認爲，智識謙遜不是天生的、固定的性格特點，而是一種狀態。也就是說，即使你現在不是這樣的人，你也可以變成這樣的人。這是一種什麼樣的狀態呢？智識謙遜者有這麼幾個特徵：

- 喜歡學習新知識，對科學很感興趣。
- 了解自己認知的局限性，知道自己不知道什麼。
- 樂於考慮跟自己對立的觀點，願意跟「對方陣營」的人接觸。
- 對政治議題的觀點不極端，對死刑、移民之類的觀點沒有什麼「堅定的信念」。
- 善於從多個視角考慮問題，能採納別人的視角。
- 有安全感，相信自己得到親友的關愛。
- 願意跟人交往，會傾聽他人的聲音。

你喜不喜歡這樣的人，願不願意成爲這樣的人？特別是，如果你想做個好領導者的話，你更應該有點智識謙遜的風格，諮諏善道，察納雅言。這樣的人做事既不容易招致禍患，又能把握機會，哪怕位高權重，也會持續進步，可以說是理想人生。

智識謙遜的反面是封閉頭腦。很多人是因爲書讀得不夠，知識少，而成爲頭腦封閉者。雨果·梅西耶的「開放的機警」理論說，越笨的人，越保守，越不思考的人，越接受不了新東西。但是也有很多頭腦封閉者，受過多年教育，有一定的專業特長，甚至很可能擔任領導職務。他們有知識、能思考，但是他們只會按照固定的套路思考。不管是哪種情況，跟智識謙遜者相比，頭腦封閉者的特點是：

- 對新知識不感興趣，只喜歡符合自己認知的資訊。
- 高估自己的知識水準。
- 把跟自己觀點不同的人視爲敵人。
- 選邊站隊意識強烈，以至於發展成先看立場，後看觀點，甚至不顧事實，對政治議題的看法越來越極端。
- 視角單一，思維永遠都是那麼幾個定勢，手裡拿一把錘子，看什麼都是釘子。
- 時而盲目自大，時而缺少安全感，總希望有一個「純潔的」隊伍。
- 陷入惡性循環，看世界不是白就是黑，看人不是朋友就是敵人。

簡單地說，他的大腦失去了可塑性。這樣的人如果膽小怕事還好，最多浪費發展機會，眞要大膽做事就麻煩了，會因爲固執而走極端。

爲什麼一個有知識、有專業特長的人，也會頭腦封閉呢？知識難道不是應該讓人更謙遜嗎？「達克效應」說，越是一知半解的人，越容易高估自己的知識水準；越是眞正高水準的人，越能客觀評價自己。但是賈瑞特列舉的幾項研究則說明，有很多應該算高水準的人——比如剛畢業的大學生、取得了相關資格的醫師和護理師——也高估自己的水準。這兩個說法矛盾嗎？

不矛盾。耶魯大學研究者的一篇論文[18]把問題分成了兩種情況。

對一般意義上的知識而言，的確是受教育程度越高的人，越能客觀評價自己的水準。比如，一個非電動車產業的人，他知道電動車是怎麼回事嗎？低水準的人開過幾年車，就覺得自己很懂車，而高水準的人知道自己並不眞的知道汽車的門道。

但是，對於人們主動學習的那些專業知識，受教育程度高的人反而更容易高估自己。一個經濟學專業的大學畢業生，可能認爲自己很懂經濟學，但是問他幾個經濟學原理，你會發現他根本解釋不清。

這個局面讓我想起很久以前聽過的一個說法，說上大學是這麼一個過程：大一不知道自己不知道，大二知道自己不知道，大三知道自己知道，大四知道自己還是不知道。

這段話其實不是典型的上大學經歷。現在你上網搜尋，會發現人們已經把後兩句改成了「大三不知道自己知道，大四知道自己知道」，這才是符合耶魯大學那個研究的狀況。說這兩句話的人其實不知道，大四那所謂的「知道」，是對自己專業水準的高估。

在眞正的高手眼中，大四學生什麼也不知道。但是，因爲你已經學會了這麼多，你已經能做一些專業的事情了，你會以爲自己很厲害。這就是專業的詛咒。

這個自以爲很厲害的狀態，是頭腦封閉的開始。

「專家感」會讓人故步自封，正如權力會給人腦帶來損傷。如果別人都說你很厲害，非常重視你的意見，你會慢慢習慣忽略別人的意見，越想越覺得自己對。心理學家對此有個專有名詞，叫「習得的武斷」。

日本有個禪宗大師叫鈴木俊隆，他一九七〇年代出了一本書叫《禪者的初心》[19]。這本書當年在美國影響極大，很多知識分子都在讀。中國人說的「初心」，一般指做事最初的理想和願望，所謂「不忘初心，方得始終」。而鈴木俊隆說的「初心」是另外一個意思，可以叫作「初學者之心」。鈴木俊隆發現了一個矛盾。

鈴木俊隆說：「初學者的心裡有很多的可能性，專家的心裡卻只有很少的可能性。」這對專家可不是好事。你陷入了教條主義，看不到新東西。鈴木俊隆說：「技藝的眞正祕訣，是永遠當一個初學者。」

物聯網概念的提出者、麻省理工學院的凱文·艾希頓寫了一本書叫《如何讓馬飛起來》[20]，他在書中很贊同鈴木俊隆的說法。教條主義是創新的大敵，普通水準的專家往往會陷入專業的條條框框裡出不來。只有眞正的高手才知道那些教條是如何產生的，才能看見專業的約束邊界，才有可能突破邊界。別人做出一個有意思的發現，你說我怎麼沒想到呢，因爲你沒有「初心」。

所以艾希頓說，專業技能的最後一步，就是初學者心態的第一步——了解你的假設，知道你爲什麼作出這種假設，以及什麼時候暫停你的假設。

鈴木俊隆和艾希頓說的可能太高級了，從大腦可塑性角度來說，能做到智識謙遜，就足以受益終身。賈瑞特列舉了一些常規的方法：

要對自己的知識水準有正確認識，最簡單的辦法是找個題目講給別人聽。很可能你一講才發現，中間有很多過程是你說不明白的，你並不眞的理解那個知識。

主動聽取不同的聲音，避免陷入「確認偏誤」。就好像重大決策需要專門設立反方一樣，爲的就是多聽一聽那些持不同觀點的人到底是怎麼想的。

偶爾見識一些偉大的山川景色或了不起的藝術作品，讓自己產生一點敬畏感，有時候能讓你更謙虛。

不過，更好的辦法是**建立互相關心、合作互信的人際關係，你有充分的安全感，才敢於承認自己的無知並改變自己的想法**。

經常提醒自己要有「成長型思維模式」，告訴自己，你的大腦仍然是可塑的——這個知識本身就能讓人更願意學習新東西。我看過一個有意思的說法是，哪怕只是研讀一篇智識謙遜的科學文章，都能對你短暫發揮正面的作用。

這麼說的話，讀了本書這一節，你已經有收穫了。

第三章

日常做事系統

如果有人跟你說「我很忙」，他要麼是在宣稱自己的無能（以及對自己的生活缺乏控制），要麼是在試圖擺脫你。

——納西姆．塔雷伯

不要被小事擊垮

伏爾泰有句話說：「使人疲憊的不是遠方的高山，而是你鞋子裡的一粒沙子。」意思是，生活中擊垮我們的，往往不是什麼驚天動地的大事，而是一些微不足道的小事。一個人剛畢業的那一刻充滿雄心壯志，說我一不怕苦，二不怕死，沒想到，眞實工作既沒讓他吃多大的苦，更沒讓他冒生命危險，僅僅是日常的瑣事就把他磨平了。一對戀人愛得轟轟烈烈，好不容易衝破枷鎖在一起，可是柴米油鹽的日子過起來，才發現兩人有各種小矛盾，最後因爲雞毛蒜皮的小事離婚了。

幼稚的人愛說自己到了關鍵時刻就會如何如何，其實哪有那麼多關鍵時刻，眞實生活的考驗都是一些小事。那怎麼應對小事呢？有些雞湯文，說我們應該用心做好每一件小事——我看這個說法沒抓住重點。

學生在考試中有點馬虎，員工在工作中有個細節錯誤，這些事情雖然令人懊惱，但畢竟是自己可控的。要怨只能怨自己！下次注意就是。這都是成長的煩惱，不會把你擊垮。能擊垮你的，是一些更可怕的事情。

慢性日常麻煩

老張任職的公司最近遇到一個技術關卡，老張有個好想法，但是上層不支持，他打算利用下班時間，自己鑽研一下試試。可是這天下班，老張發現孩子生病了。妻子正好出差在外，老張飯都沒吃，就趕緊送孩子去醫院。孩子病情不算嚴重，可是路上又是買吃的，又是堵車，到醫院已經七點了。

這麼晚了，醫院仍然要排很長的隊。老張掏出手機，想抓緊時間看點資料，結果手機沒電，老張只好這麼乾等著。本來說一個小時就能排到，後來等了兩個小時還沒排到，老張左右也是無聊，就觀察起其他患者，發現有人插隊！他和插隊的人吵了起來……

幸運的是，孩子沒什麼事，不幸的是，老張熬了一晚上，什麼事也沒幹成。第二天上班，老張情緒低落，上層也沒再給他機會。第二天晚上，妻子終於回來了，正好看見老張在對孩子發脾氣……

英雄就是這麼被生活擊垮的。這些事的特點是，你無法掌控。你想幹的不是這樣的事，你的計畫裡沒有這些項目，可是它們就這樣一波還未平息，一波又來侵襲，互相勾連在一起，壓在你身上，你哪還有心情琢磨什麼大事。老張心想：如果生活是電子遊戲，我能不能先退出一會兒？

俄勒岡州立大學健康老年研究中心的主任卡洛琳·奧爾德溫，把這種說大不大、說小又折磨人的事兒，稱爲「慢性日常麻煩」[1]。

「慢性」這個詞有點醫學的味道——是的，這些小麻煩不但影響人的情緒和工作表現，還會影響人的健康，甚至會縮短人的壽命。

飛機誤點、手機沒電、上下班路上堵車，這些事讓人惱火。人惱火的時候，血壓會升高，血壓經常升高，就會增加得心臟病的風險。慢性日常麻煩會讓人有壓力感，壓力感會讓人體內一種叫作皮質醇的荷爾蒙濃度升高，這會破壞免疫系統。免疫系統不好，身體就容易出現慢性發炎，這些慢性發炎又會進一步導致其他更嚴重的疾病，甚至會增加得癌症的風險。

我們早就知道，重大壓力事件，比如失業、失去親人、長期照顧病人，對健康有很大的危害。而奧爾德溫的研究表明，慢性日常麻煩對健康的危害，幾乎就和大事一樣。

對麻煩的感知和反應

壞消息是，小麻煩永遠都會存在。好消息是，**眞正影響你健康的，不是麻煩本身，而是你對麻煩的反應**。

奧爾德溫在二〇一六年做了一項研究，她找來九百名受試者，統計他們平時都遇到多少個小麻煩，他們對這些小麻煩有什麼反應，然後測量他們的「心率變異性」。心率變異性好，意味著心臟跳動可快可慢，這樣的心臟就是健康的；心率變異性差，就容易得心臟病。

奧爾德溫發現，這些受試者的心率變異性跟他們遇到的小麻煩的數量關係不大，但是跟他們面對小麻煩如何反應很有關係。

比如，同樣是要去辦一件急事，路上堵車了，如果你把堵車當作一個客觀事件，既然著急也沒用，索性就多聽一會兒有聲書，那這個小麻煩就不會影響你的健康。但如果一堵車你就非常惱火，一個勁兒地埋怨前面的人是怎麼開車的，你的健康就可能會受到影響。

這個關鍵是，麻煩怎樣影響你的情緒。

奧爾德溫在二〇一四年對一千三百名男性做了一項研究，讓他們給自己面對小麻煩時的情緒打分數，分數越高，代表情緒強度越大。結果發現，那些經常對小事有激烈反應的男性，他們的健康狀況和死亡率，就和面對重大人生壓力的人一樣。特別是反應最激烈的那一組，他們在一段時間內的死亡率，竟然是正常人的三倍。

爲什麼同樣面對堵車，有的人能心平氣和，有的人就是會反應過度呢？我理解醫學界可能也沒完全搞清楚其中的相關性和因果關係，但是有研究認爲，情緒反應是一種生理現象。有的人就是神經過敏症，遇到事情容易被激怒。他會把任何小麻煩都視爲威脅，總覺得別人在針對他，需要花很長的時間才能讓情緒平復下來。

也許是不善於控制情緒，導致身體不好，也許是身體本來就有問題，所以才不善於控制情緒，也許這個效應是雙向的。

最可怕的是，小麻煩還有積累效應。如果你最近心情都挺好，那就算出個小事兒也沒關係。如果你已經到了焦頭爛額的程度，那每個小麻煩都可能是壓倒你這匹駱駝的最後一根稻草。

人不應該長期處於感到威脅的戰鬥狀態之中。草原上的斑馬之所以不會得胃潰瘍，是因爲牠們只在有野獸追趕的時候才拚命奔跑，平時非常放鬆。你需要主動從壓力模式，切換到放鬆模式。

怎樣忽略麻煩

記住，眞正的問題不是麻煩本身，而是你對麻煩的反應。如果是重大壓力，你可以把它想像成挑戰，把壓力變成動力；或者，你可以把這件事放在更大的時空尺度下去看，把它看小。

那面對小麻煩怎麼辦呢？

有些雞湯文說什麼要認眞面對每一件小事，別聽它們的。你應該聽（據說是）愛因斯坦說的，「弱者報復，強者原諒，智者忽略」——答案是忽略。

怎麼忽略呢？難道孩子病了還能不管嗎？當然不是。我們要忽略的是自己的情緒。

第一，你要善於觀察自己的情緒。奧爾德溫建議，如果你感覺自己正握緊雙拳、臉紅、心跳加快，那就是你要發怒了。這時候，你要提醒自己把情緒平復下來，來幾個深呼吸。

第二，開心的小事可以中和煩惱的小事。有個說法叫「小確幸」，微小而確定的幸福，研究表明，小確幸可以中和小惱火。

有個研究想看看慢性日常麻煩，對大學生完成學習目標有什麼影響。研究者找了一百個大學生，讓他們在六天之內，每天記錄遇到了哪些小惱火，以及遇到了哪些小確幸——比如和朋友聚會、自己彈琴之類。

研究發現，如果一個人有很多小惱火而沒什麼小確幸，他的學習目標會大受影響。但如果他有很多小惱火的同時，也有很多小確幸，那麼小確幸就會中和掉小惱火，這個人的心情會還不錯，他的學習目標就不會受到影響。

那小確幸從哪來呢？當然你需要主動製造一些，這就是爲什麼人得有點愛好，有點社交。但是你還需要一雙能從生活中發現小確幸的眼睛。我以前專欄中講過中年人的大腦，說人到中年的一個好處就是善於看到生活中好的地方，忽略那些不好的地方，更容易跟世界和解——原來這對健康也有好處。

第三，更強的功夫，是使用斯多葛哲學和阿德勒的「課題分離」概念。

關鍵在於，不要將小麻煩「個人化」，這件事就只是一個客觀的存在，並不是世界在針對你，更沒有那麼多人與你爲敵。客觀的存在是你控制不了的東西。

人眞正能控制的，只有自己的行動和自己的態度。你控制不了堵車，但是你可以控制自己在堵車的時候做什麼。你控制不了麻煩，但是你可以控制自己對麻煩的反應。

「認眞做好每一件小事」這個觀點爲什麼是錯的呢？因爲你還是想要控制。能控制的，才談得上要認眞做好，而小麻煩往往是我們不能控制的。不能控制卻想強行控制，情緒就會上來，健康就會下去。

關於慢性日常麻煩，中國人有很多民間說法。有的說要「難得糊塗」，意思似乎就是要忽略這些小麻煩。有的又說「諸葛一生唯謹慎，呂端大事不糊塗」。那到底什麼時候應該謹慎，什麼時候應該糊塗呢？不糊塗又會如何呢？

那當然是對控制不了的小麻煩要忽略，對能控制且有必要做好的事，尤其是大事，要謹慎——若非如此，不但事情做不好，而且影響健康。我們現代人，得有點成體系的、合邏輯的認識。斯多葛哲學結合現代心理學和醫學研究，能給我們更好的答案。

最後，我想分享一點個人心得。我認為，把一切小麻煩都忽略的態度也不對。永遠處在戰鬥狀態固然不好，但偶爾戰鬥一下，也是鍛鍊身體。根據反脆弱養生法，我主張，如果遇到不公平的對待，可以偶爾跟人發生一點急性衝突。

不要找熟人，最好在全是陌生人的公共場合。比如排隊的時候，遇到有人插隊，你完全可以站出來跟他「幹一仗」。我在中國的火車站、在美國的機場、在大學校園和兒童遊樂場，都曾經跟人發生過衝突。有一次驚動了機場管理員，還有一次差點被員警抓起來，只要不動手，基本不會有太大的事。我平時非常老實，每次遇到這種事都會滿臉通紅、心跳加快，當時感覺並不好，但事後想起來，都是美好的回憶。

怎樣不做「必須做的事」

如果有神奇力量，突然給你兩個月的假期，讓你在這兩個月可以拋開一切責任，想幹什麼就幹什麼，你會做什麼呢？

如果你是成年人，我相信你不會把這兩個月全用在吃喝玩樂上，你肯定有很好的計畫。我有個朋友說，他想以打工者的身分體驗一下各地各種人的生活。也許你想去哪個寺院當兩個月和尚，也許你可以去土耳其和沙烏地阿拉伯冒險，也許你可以學習一項新的技能，也許你只不過想讀一本早就想讀的書，也許你想研究個什麼東西，憋個大招！也許這兩個月就能讓你的人生狀態發生根本的改變——最起碼能讓你的職業生涯上一個臺階。

某大學號稱要「爲祖國健康工作五十年」，在你五十年的職業生涯中，兩個月眞的不算什麼。那你爲什麼不做這些事呢？你爲什麼就沒有這樣的兩個月呢？

時間管理的最高境界

這些事對你非常、非常重要，可是它們不緊急。時間管理的學問要求我們把事情按照「重要」和「緊急」這兩個維度分類，可是你的日程表上全都是緊急。

所謂成年，大概就是習慣了做「該做」而不是「想做」的事吧。那兩個月的夢想，是你想做的事，而你現在做的，全都是你必須做的事。

而且你連必須做的事都做不完，所以你需要時間管理。

以我之見，時間管理的最高境界，是不做必須做的事。

先說簡單的。比如有個作業必須週五交，如果到了週四的晚飯時間你還沒寫，那麼對週四晚上來說，寫作業就是你必須做的事。但同樣是寫這個作業，對週一來說，它就不是必須做的事。

我們想想週一是什麼情形。你可以不寫這個作業，也可以寫。如果你選擇寫，那是你的主動選擇——你手裡有主動權，你不是被人用槍指著頭，你充滿控制感。如果你在週一提前把這個作業寫完了，你的生活中就少了一件必須做的事。

如果你始終領先於你的時間表，你就沒有必須做的事。當然這麼說並不嚴謹，如果明天上午十點有個會議，你自己是不可能單方面提前完成它的，這個會議是你必須做的事。但是，對與會者來說，會議也存在「必須做」和「可以做」的區別。

不做必須做的事，帶來的不僅僅是積極主動的感覺，還有戰略意義。

沒有必須做的事，你就有了選項。所謂決策，就是看看自己有什麼選項，從中選一個最好的。絕大多數人在絕大多數時候根本談不上什麼決策，因爲你沒有選項！你的日程表早就排滿了，你只不過是隨波逐流而已。只有在某個神奇的、空白的日子裡，你才有可能抬起頭來想像另一種可能性，你才用得上科學決策。

「餘閒」的價值

幾年前，一個經濟學家和一個心理學家寫了本書叫《匱乏經濟學》[2]，說貧窮和忙碌會讓人陷入特定的思維模式，這個思維模式又會進一步限制人的發展能力，使得窮人更窮。

這本書裡有個概念叫「餘閒」，英文是 slack。這個概念非常新穎，因爲在此之前人們完全不重視餘閒。slack 這個詞在英文中帶有貶義，一個遊手好閒，穿著拖鞋，戴著耳機，誰跟他說什麼，他都心不在焉，「混吃等死」的人，就被稱爲「slacker」。但是在《匱乏經濟學》這本書中，slack 是個褒義詞。

餘閒代表任何一種多出來、可以任意使用的資源，可以是金錢、時間或空間。很多自詡高效率的人，認爲應該徹底利用資源，但是《匱乏經濟學》認爲餘閒有兩個好處。

一個是你不必選擇。如果你手裡只有幾百元，買什麼東西就必須做取捨——也就是權衡。要買衣服，可能就不能買書了。但如果你有很多錢，你就可以既買衣服又買書。

更重要的一個好處是，你不怕犯錯。如果時間或金錢不多不少，你選擇做什麼事情，就得非常謹慎。一旦選錯，就會有巨大的損失。但如果有餘閒，你就可以積極探索一些風險比較大的事情。看場電影，來回要花三、四個小時，時間少的人只敢看人人都說好的電影，有餘閒的人卻可以探索小眾的東西。

探索需要代價，創造來自餘閒。以前我聽說，瑞典化學家阿佛烈．諾貝爾，之所以設立諾貝爾獎，本意並不是爲了讓科學家們展開論文競賽，更不是爲了讓科學家把日程表排得更滿，而是爲了給天才提供一筆獎金，好讓他們不必再爲了錢而工作。諾貝爾希望你有財務自由，這樣你就可以做自己想做，而不是必須做的事情，能夠自由自在地做研究。

可幹可不幹的事才有創造性。幹什麼都行的時間才是你的時間。

諾貝爾很可能沒想到，他發的這點獎金完全不夠給科學家贖身。對現代人來說，餘閒比餘錢珍貴多了。

緊缺思維

《匱乏經濟學》這本書中，描寫窮人的一種緊缺思維模式，用的例子主要是金錢上的貧窮。但是緊缺思維的所有表現，都可以歸結到時間上的貧窮。一個忙碌者可能有很多餘錢，但因爲沒有餘閒，其實是個時間上的窮人。

窮人一直都在做取捨，就這麼一點錢，用在這裡，就不能用在那裡。同樣，如果你只有這麼一點時間，要多跟客戶見面，就不能陪孩子出去玩了。

窮人對價格非常敏感，忙碌者對時間非常敏感。我聽說有些人跟老朋友見面約時間，都得精確到分鐘。說好了跟你聊十五分鐘，聊開了，聊了二十五分鐘，他後面的行程就都會受到干擾。

緊缺思維有「隧道效應」，就是說窮人觀察世界，只能看見他急需的東西。經歷過緊缺時代的中國人，看東西都是「這值多少錢」。我還看到一個二〇一八年的研究[3]，說正在節食減肥的人，不管看什麼東西都能優先發現食物，他們逛街對小吃攤最敏感，看電視最關注食品廣告。他們除了吃，簡直就不想別的事情。而忙碌者滿腦子都是時間。《奇特的一生》這本書說蘇聯昆蟲學家亞歷山大・柳比歇夫永遠知道現在是幾點，做任何事都知道已經花掉多少分鐘。

我看金錢上的窮人和時間上的窮人只有一點不同，那就是金錢上的窮人認爲貧窮是不好的，而很多忙碌者意識不到這一點。感嘆「長恨此身非我有」的都是重要人物，要說「偷得浮生半日閑」，必須位高權重才有資格。

但是在時間上斤斤計較眞的好嗎？要知道，出其不意的創造性思維，大多是在大腦空閒的時候迸發出來的。納西姆・塔雷伯在《反脆弱》[4]這本書中推崇「槓鈴原則」，說我們應該用最少的時間做最劇烈的腦力勞動，然後用大部分的時間什麼都不幹。

對時間永遠把握主動權，才是美好的生活。古典主義的英雄都是鬆弛有度的人，不可能一天到晚疲於奔命。那怎麼才能做一個時間上的富人呢？

人窮別借錢

首先，你得避免變成時間上的窮人。《匱乏經濟學》列舉了很多研究，說貧困本身會加劇貧困。窮人本來錢就不夠花，遇到緊急情況，只好去借錢。美國有很多專門針對窮人的小額貸款公司，利息非常高。爲了償還利息，窮人得再去借錢，以至於每個月光各種借款的利息，就要花費四百到六百美元，這對中產階級家庭來說是很難想像的事情。

窮人在很多方面的花費其實都更高。拿家用電話來說，以前手機不普及的時候，正常家庭每月的電話費也就三十美元左右。如果你這個月繳不起電話費，就會被停話。下個月發薪資，有錢了，還得再開通電話——而這需要四十美元的開通費。有的家庭會反覆繳開通費。像這樣因爲貧窮而多出來的費用，是個巨大的負擔。

所以富人反而可以借錢，窮人千萬別借錢。

同樣道理，**如果你時間本來就少，千萬別預支未來的時間**。這件事占用了下一件事的時間，下一件事就不得不占用其他事的時間。一步趕不上，步步趕不上。透支會大大加劇貧困。

自由和自律

如果我已經是時間上的窮人了，怎麼才能給自己積攢一點餘閒呢？

首先，你得改變姿態，敢於對很多事情說「不」。我不做這件事，不是因爲我沒時間，而是因爲我想「有時間」。

其次，你可以重新啓動。乾脆放棄一些項目，一次性得到一大筆餘閒，比如主動休假，或者換個工作。

但是想保住這筆餘閒，你得非常自律才行。印度有些窮人做這麼一種生意，每天早上向人借一千盧比作爲本錢，買一些貨物到集市上賣，到晚上能得到一千一百盧比。但是他必須當天返還借款，外加五％的利息，所以他一天只賺五十盧比。

你自然會想，如果這個人自己能拿出一千盧比，就不用向人借錢，他每天賺的一百盧比不就都是自己的了嗎？他的收入不就立即翻倍了嗎？

研究者也是這麼想的。研究者來到印度，直接送給這些人每人一千盧比，想看看這樣能不能徹底改善他們的生活。

結果發現不能。頭幾個月，這些人的生活的確好轉了，但是不到一年，他們紛紛又回到每天要借一千盧比的狀態。

這是因爲生活中會有各種「震盪」。親朋好友過生日，沒錢也就算了，既然現在有錢了，他就會心動，會拿出錢來買一個貴重的禮物，於是第二天的本錢就沒了。

餘閒在很大程度上就是爲震盪做準備的，但是餘閒非常害怕震盪。你得忍住，才能保住餘閒。一下午的自由時間，如果什麼都不做，時間就這麼沒了，餘閒的種種好處也沒了。自律未必等於康德式的自由，但是自律總比他律好。

擁有餘閒，就擁有主動權，就擁有了創造、冒險和改變的可能。時間就像金錢，你花掉，它就不是你的了；可是你一直不花，它也不是你的——只有在你「可以花也可以不花」的那一刻，它才屬於你。

如果你從未錯過航班，說明你在機場待的時間太長了

這一節專門獻給好孩子、好學生、好員工和好公民。標題這句話是經濟學家喬治·斯蒂格勒的名言[5]，他是一九八二年的諾貝爾獎得主。

經濟學家幾乎不能準確預測世界，他們的很多看法都不一定對，但他們總是能夠提供有用的洞見。斯蒂格勒這句話的洞見是，任何「好成績」都是有代價的。

搭飛機出行，很多人會確保自己在登機前兩個小時、甚至三個小時就到達機場。再考慮到路上堵車，你可能提前四個小時就得從家裡出發。

而斯蒂格勒提醒我們，錯過航班雖然是個大麻煩，但並不是世界末日。我就曾經因爲到機場晚了，錯過了航班，而且還錯過了轉機航班，而且還因此不得不找人替我做會議報告。但我的親身體會是，這沒什麼大不了的。我不是一個習慣性遲到的人，不過我的記錄並不完美。

你如果想要一個完美的記錄，要確保自己從不錯過航班，你就必須每次都提前到達機場——那你的代價就有點大了。

我是從一個數學家那裡聽到斯蒂格勒這句話的，越想越覺得有道理，至少有三點，以

下排列的順序是從被動到主動：

代價

完美是很昂貴的。生活中的事情都具有不確定性，哪怕你已經做得很好，也不能確保不出錯。我們知道有個「80／20法則」，把一件事做到差不多的水準，其實是比較容易的，如果想做到近乎完美，你要付出的代價將不成比例地上升。

比如說，每家公司都有自己的報銷制度，出差、應酬，凡是因工作發生的花費都可以報銷。我們可以想像，一般公司的報銷制度都有漏洞，有的員工可能會鑽漏洞，讓公司蒙受損失。那請問，公司的財務人員是不是應該設計一套天衣無縫的制度，確保公司完全不受損失呢？

答案是不應該。一套天衣無縫的制度，必定是非常繁瑣的制度。公司不可能打電話核實每一筆花費，那要消耗大量的時間和人力，成本太高，員工也麻煩。一般公司的做法都是差不多就行，只要損失不大，就可以接受。

沒有漏洞的系統，不見得是最好的系統。

最好的系統，應該在減少的損失已經比不上付出的成本時停止優化。

我們在生活中經常看到過於追求完美的情況。以前，幾乎是出於某種玄學，飛機上禁止乘客使用手機和筆記型電腦之類的設備，說是怕無線電波干擾飛機通訊。現在有些航空公司已經全程允許乘客使用手機和平板電腦了。我認爲這並不是因爲技術部門終於想通了，而是因爲乘客使用電子設備的需求越來越強，禁止的代價越來越高。

當然，你可以說生命是無價的，爲了安全，怎麼做都值得。但經濟學家會說，那根本不可能。人只要出門，就有遇到車禍的危險，可是我們照樣出門。安全不是無價的。

特別是在一些不涉及生命安全的領域，允許一些錯誤和漏洞存在，可以說是理性的。出了一個事故，就召開全員大會，制定一系列詳細的規章制度，想要從此杜絕這種事情發生，那常常是小題大做。敢於忽略小機率事件，才是科學的風險管理。

我的「精英日課」專欄偶爾會有一些小錯誤。可能我在這裡寫錯一個字，轉述師在那裡有個口誤，讀者總是能在文章上線幾分鐘之內把錯誤指出來。那我們是不是應該再投入三倍的校對時間，以杜絕這些錯誤呢？我認爲沒必要，讀者完全理解我們是人工，不是人工智慧。

如果你這個系統沒有一丁點錯誤，說明你的成本可能太高了。

放飛

如果你上班、上學從來沒遲到過，那你花在睡眠上的時間可能太短了。只要不是習慣性的，偶爾遲到沒關係。我上學、上班經常遲到，還因爲接送孩子遲到被罰過錢，但那都是值得的。**偶爾遲到的人，對生活的掌控感更高。**

如果你從來沒丟過東西，那你在個人生活管理方面，可能花費太多精力了。做事得抓大放小。如果你的雨傘就好像鑽石戒指一樣從來沒弄丟過，那只能說明你像對待鑽石戒指一樣對待雨傘。

如果你從來沒得罪過人，那你活得可能太憋屈了。偶爾讓人感到不舒服，哪怕是爆發衝突，也沒什麼大不了，有時候吵吵架更健康。

關鍵在於，通常都是好人自己給自己施加壓力。今天這身衣服合適嗎？PPT投影片裡是不是還有小錯誤？主管會不會覺得我這句話是在批評他？其實除了你自己，別人根本沒注意到。實驗表明，哪怕讓一個人穿著扣錯鈕釦的衣服上一天班，同事一般也不會發現。

所以別活得那麼累，別怕放飛自我。

試探

我發現，好人和壞人的一個區別是，好人總是適應世界的規範，而壞人總是試探世界的底線。有些效能特別高的人，之所以被說像壞人，就是因爲他們採用了壞人的高效能做法。

那我們這些好人，爲什麼就不能偶爾試探一下世界呢？

比如你新加入一家公司，你的直屬主管看起來像是個很嚴厲的人，一開始，你在他的面前不敢多說一句話，老老實實地做事。但有時候他給你的命令是不對的，有時候你想用自己的方法做，可是你不知道主管能不能容忍，那你就應該積極試探。

你可以每次稍微突破一點，看看對方有什麼反應。如果他不抗議，你就一步一步加大力道。要試探到什麼程度呢？到他抗議為止。沒試探到抗議，你就沒有充分利用對方的寬容度。

強納森・海德特在《好人總是自以為是》[6]這本書中講「確認偏誤」的時候，提到一個實驗，非常能說明這個道理。實驗人員請一群受試者玩一個遊戲，實驗人員先報三個數字，說這三個數字符合一個規則，受試者的任務是猜一猜實驗人員用的是什麼規則。猜測方法是每次也報三個數字，實驗人員只告訴你它符不符合規則，看你經過幾次試探之後，能不能把規則猜出來。

比如說，實驗人員最初給你的三個數字是2、4、6。你一看這是一個偶數等差數列，那規則是否就是「偶數等差數列」呢？於是你問實驗人員：6、8、10符不符合規則？實驗人員說沒錯，符合規則。

接下來你又問：3、5、7符合規則嗎？實驗人員說符合規則。那你就會想，這個規則可能是「任意的等差數列」。受試者們就這樣不斷地試探。

研究發現，絕大多數受試者試探到「任意等差數列」，就不再試探了。而事實上，這個規則是只要依次變大的三個數字就可以，比如2、10、6000也符合規則。規則的底線其實很深。

為什麼一般人都沒能試探出這個規則？因爲一般人的試探都不夠大膽。因爲確認偏誤，人們總是小心翼翼地提出符合規則的例子。可是，**如果你不犯規，又怎麼能知道規則在哪裡呢？**

一個年輕人敢想敢做，老一輩的人會說他「不到黃河心不死，不撞南牆不回頭」。可是，科學地探索世界，不就是這樣嗎？不撞南牆，怎麼能知道南牆在哪裡呢？

這個實驗告訴我們，**大部分人的問題在於不敢試探周圍世界。試探到別人抗議爲止，你的自由度才能最大化**。

如果你從未被拒絕，說明你沒有充分利用周圍的有利環境。

當然，動不動就試探別人的底線，恐怕也不是什麼好人。我是好人，幾乎從來不提什麼額外的要求。但是我觀察到有些人特別喜歡提要求，他們吃個飯、搭個飛機、坐個火車，都一會兒要這個，一會兒要那個，一點都不怕給別人添麻煩。我們不喜歡這樣的人，但是你不得不承認，他們充滿了「被討厭的勇氣」。

其實，最應該發揮試探精神的，並不是日常生活中的瑣事，我們應該把勇氣用在大事上。比如在談判之類的關鍵場合，有時候，一個不經意、但是大膽的試探，能帶來很好的機會。

我特別佩服那些寧可冒險也要試探一下的人。如果你從未碰過壁，說明你對這個世界探索得不夠——牆壁留給你的空間也會越來越小！

蝴蝶無效應，安全有小事

「蝴蝶效應」是人們經常談論的一個科學現象，說巴西的一隻蝴蝶扇動翅膀，有可能幾週之後導致美國德州的一場颶風。人們經常用蝴蝶效應形容微小的事情可能帶來很大的影響。

這一節我想說的是，人們談論蝴蝶效應的時候，基本上都說錯了。而這個認知錯誤更體現了一個重要的觀念錯誤。

先說說「蝴蝶效應」是怎麼來的。

一九六一年，美國數學家愛德華·羅倫茲用電腦模擬天氣變化的時候，發現一個有意思的現象。我們知道電腦模擬都有輸入的參數和輸出的結果。本來有個輸入參數的數值應該是〇·五〇六一二七，在一次模擬中，羅倫茲爲了省事，就把它四捨五入，用〇·五〇六代替。其實我們平時工作中經常這麼做，誤差不到萬分之二，對吧？

可是羅倫茲發現，電腦輸出的結果，不是相差萬分之二，也不是相差百分之二，也不是相差百分之二十，而是變成了完全不同的天氣狀況。

這就相當於說，你測量某地大氣壓數值，如果有萬分之一的誤差，你預測出來的天氣就從晴天變成下雨了。

這是一個令人絕望的發現。如果是這樣的話，請問誰能保證測量的參數都無比準確呢？所謂的天氣預測還有什麼意義呢？

不過，數學家們可不是第一次遇到這種情況。數學家們早就知道，對於「非線性系統」，結果有時會對初始值非常敏感——初始值差一點點，結果就會相差很大。這也是「混沌」這個概念的起源。比如著名的「三體問題」——三個鄰近的星球在引力作用下會如何運動，就是一個非線性系統。開始的位置差一點點，後面的結果就會很不一樣。反過來說，「線性系統」就簡單了，輸入差一點，輸出也差一點。

羅倫茲有感於非線性系統的這個性質實在太不好對付，就打了個誇張的比方，說這簡直就是巴西的蝴蝶扇動翅膀，帶來了德州的一場颶風！

請注意，羅倫茲說的只是一個誇張的比喻而已。蝴蝶不會導致颶風。

非線性系統並不是完全不可控的系統。今天我們的天氣預報相當準確，氣象局能夠預測雨、雪、颶風和颱風。氣象局的工作人員是透過衛星雲圖和地面氣象資料的觀測來預測天氣，他們並不需要關注地球上所有的蝴蝶——他們根本不考慮蝴蝶的事。

羅倫茲當初可能正好用了一個特別敏感的模型。事實上，並不是所有的非線性系統對

圖 3-1　誰推倒了骨牌？

所有的輸入參數都那麼敏感。天氣系統並不是特別變化多端的系統。人們經常把股市描寫成混沌系統，有些看起來無害的小波動，也可能帶來股市較大的波動，但是小波動不會導致股災之類的大事件。

人們經常用蝴蝶效應形容小事導致了大事，但這個觀念是錯的。如果你對「導致」這個動詞的理解跟我一樣，我就要說服你，小事不會導致大事。

先看看什麼叫「導致」。

圖 3-1 大概是人們心目中蝴蝶效應的一個形象寫照。

從小到大的一堆多米諾骨牌排在一起，最大的有一個人那麼大，最小的比指甲還小，只能用鑷子拿。碰倒最小的一塊，骨牌就會起連鎖反應，最終最大的一塊也會被推倒。

這不就是蝴蝶效應嗎？這不就是小骨牌導致了大骨牌倒下嗎？

不是。

是這些骨牌的排列方式，導致了大骨牌倒下。這是一個相當危險的系統，就算最小的骨牌不倒，中間任何一塊骨牌倒下，都會導致後面所有的骨牌倒下。

如果要追究的話，你要問的不是誰推倒了最小的骨牌——最小的骨牌有權做它想做的事情——而是誰把骨牌排列成這個樣子的！這就好比說，你把一堆炸藥堆放在一起，只要一個火星就能引起爆炸。如果眞的爆炸了，你不應該埋怨火星，你應該反思的是，爲什麼炸藥這麼危險的東西你不好好管理。

火星總會來的。小骨牌總要倒下。蝴蝶總要扇動翅膀。**你應該怪罪的是系統，而不是導火線。**

那什麼樣的系統容易發生危險呢？一九七九年，美國賓州的三哩島核電廠，發生嚴重的反應爐爐芯熔毀事故。事故沒有造成直接或間接的人員傷亡，但光是清理費用就超過十億美元。當時美國政府請了一位叫查理斯．佩羅的社會學家分析事故原因。佩羅的研究，從此改變了人們對大事故的看法[7]。

跟一般大眾的觀點相反，核電廠其實非常不容易出問題。車諾比核電廠是因爲它的設計完全沒經驗，才出了那麼大的災難。三哩島核電廠採用的是老式設計，雖然安全性能跟今天的新型核電廠不能比，但也沒那麼容易出問題。佩羅發現，三哩島事故，是因爲三個因素同時發生導致的。

第一，反應爐有供水系統，正常情況下應該供水，但是出現故障沒有供水。本來這個可能性在設計方案中就考慮到了，還有兩個備用系統可以自動供水，但不巧的是，備用系統在之前維護的時候關閉了，沒有按規定打開。

第二，因爲沒有水，反應爐溫度上升，這時候洩壓閥會自動開啓，降低溫度。等到溫度降下來之後，按理說，洩壓閥應該自動關閉，可是因爲故障，它沒有關上，導致反應爐的冷卻劑往外流。

第三，如果工作人員能正確判斷發生什麼事，就能立即採取有效措施。可是工作人員看到指示燈顯示洩壓閥已經關閉了。然而，這個指示燈的設計是顯示是否已經命令洩壓閥關閉，而不是顯示洩壓閥的狀態。工作人員被誤導了。

這三件事只要有一件不發生，大事故就不會發生。英文有個詞叫「perfect storm」，完美風暴，意思是幾個因素恰好一起出現了，導致劇烈的後果。三哩島事故，就是一場完美風暴。

那請問，這個事故裡誰是「蝴蝶」呢？應該指責誰呢？人們的本能反應是指責當時負責操作的工作人員。可是，三件事是在十三秒內發生，工作人員根本來不及反應！

佩羅說，我們眞正應該指責的是系統。

從三哩島事故出發，佩羅總結，現代幾乎所有大事故，包括飛機墜毀、化工廠爆炸等，都有兩個共同特徵。

第一個特徵是「複雜」。中文的「複雜」對應到英文有兩個詞，一個是complex，一個是complicated。後者的意思差不多是「很麻煩、不容易理解」，而前者的意思是系統的各個部分互相關聯，不是簡單的連接。我們說的這個複雜是complex。

複雜系統裡，往往有正回饋迴路和負回饋迴路。正回饋迴路會讓系統不穩定，負回饋迴路會讓系統回歸穩定。核電廠的系統實在太複雜了，其中有各種回饋迴路，有些關聯還是隱藏的，可能設計者都想不到。那麼，如果有一個正回饋迴路是你沒想到的，而在事故中開啓了，就會很麻煩。

第二個特徵是「緊耦合」。所謂緊耦合，就是這個系統缺少緩衝地帶，錯一點都不行，沒有餘閒。

出現這個情況，往往是因爲系統過於追求效率，什麼都是一環套一環，結果錯一步就導致後面全錯。

比如大橋就是一個不複雜、耦合也不緊的系統。哪個橋墩有問題，不至於馬上波及別的橋墩，大橋應付著還能用上一段時間。道路交通也不複雜，但是耦合比較緊，一條路上任何一個地方出事故，整條路都得堵車。大學系統很複雜，但是耦合不緊，教授們就算搞搞政治鬥爭也翻不了天。可是像核電廠和化工廠這種東西，如果又複雜，耦合又緊，就容易出大事故。

當人們強調安全的時候，總愛說什麼「安全意識」，什麼「警鐘長鳴」，什麼「年年講，月月講，天天講」。可是光有安全意識有用嗎？

安全意識關注的是蝴蝶。如果颶風眞的是由蝴蝶引起，你就應該好好教育蝴蝶們，不要隨便扇動翅膀。如果事故眞的是因爲工作人員疏忽，你就應該給員工天天講。

其實「天天講」是個不好的教育方法，重複的資訊會被人腦自動忽略。如果一個煙霧報警器有事沒事動不動就叫，你會直接關掉它了事。

更重要的是，了解眞正的大事故不是蝴蝶引起的。我們需要的不是安全意識，而是**安全系統**。

經常與蝴蝶效應共同出現的一句話是「××無小事」，這也是一個錯誤的觀念。無小事=無大事。

如果一個領導者只會籠統地說：「這很複雜啊！」「這很重要啊！」「千里之堤毀於蟻

穴啊！」「核電廠無小事！」我認爲這個領導者什麼也不懂。做事得分清輕重緩急。**敢於忽略小事，你才能做好大事**。

把系統搞好，有緩衝區、有餘閒、有穩定迴路，我們就可以有恃無恐。反過來說，如果系統不行，人就算整天戰戰兢兢，也難保不出事兒。

凡夫畏果，菩薩畏因。我們有現代化管理知識的人，還要再加一句：**佛畏系統**。

馬可夫宿命論

我先講兩個故事，你看看其中有沒有什麼規律。

第一個故事叫「捐款」。

美國很多地區的公立學校系統有衰敗的趨勢，學生來源、政府資源和師資都不太行，學生的考試成績很差。有些熱中公益事業的富豪看到這個情況，就想採取行動。二〇一〇年，臉書創辦人祖克柏，捐了一億美元給紐澤西州紐華克市的公立學校系統。這是一筆鉅款，再加上其他人的捐款，相當於給這個地方每個學生六千美元。這筆錢可以用來改善教學條件、提高教師待遇，還可以發獎學金。那這筆錢最終發揮了什麼樣的作用呢？

結果是，過段時間再考察學生的成績，沒有任何提升。祖克柏的錢白花了。

第二個故事叫「情緒」。

你有個朋友因為失戀而情緒失控，說自己陷入憂鬱。這已經不是第一次了，你非常關心他，專程飛到他身邊，陪他度過幾天愉快的時光。你明顯感覺這幾天他確實很開心，他還說以後要保持陽光心態，積極生活。於是你放心地回去了。

可是過沒多久，朋友說因為感情受傷太深，實在不能安心上班，辭職了。

兩件事的共同點是，想要一次性地採取一個行動去改變某件事，結果徒勞無功。不管你付出了多少努力，事情總會回到老樣子，就好像冥冥之中有個無法擺脫的宿命一樣。

數學模型能告訴你其中的原理。

宿命

這個模型叫「馬可夫過程」，以俄國數學家安德列・馬可夫命名。密西根大學政治學教授斯科特・裴吉在《多模型思維》[8]這本書中就這個模型舉了個例子。

有位老師發現課堂上總有學生翹課。所謂馬可夫過程，就是假設學生在「認眞」和「翹課」這兩個狀態之間的切換機率是固定的。

我們設定，今天認眞聽講的學生，明天依舊認眞的機率是九〇%，還有一〇%的可能性會翹課。而今天翹課的學生，明天繼續翹課的可能性是七〇%，剩下三〇%的可能性會變認眞。

來看看這個模型怎麼演化。假設總共有一百個學生，第一天，認眞的學生和翹課的學

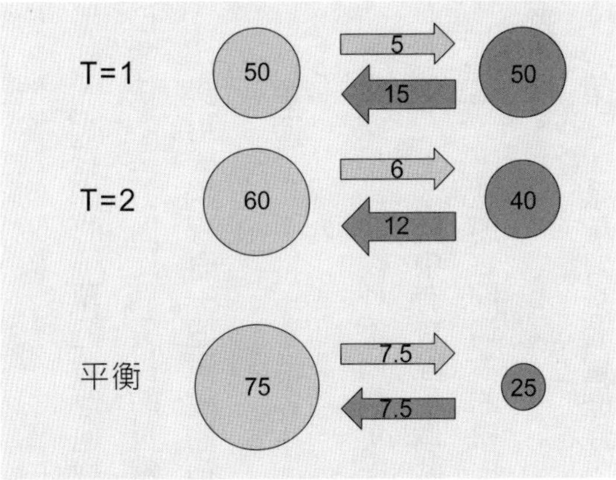

圖 3-2 馬可夫過程

生各占一半。

根據機率設定，第二天，五十個認眞的學生中，可能有五人翹課；而翹課的學生中，可能有十五人變認眞——所以第二天有六十人認眞（50－5＋15），剩下四十人翹課。

繼續演算，第三天應該有六十六人認眞，三十四人翹課……以此類推，有一天，你會發現有七十五人認眞，二十五人翹課。

到了這一步，模型就進入了穩定狀態，數字就不變了。因爲隔天會有七・五人從認眞變翹課，同時恰好有七・五人從翹課變認眞！如圖3-2。

老師對這個穩定狀態很不滿意，爲什麼只有七十五個學生是認眞的呢？他安排了一場無比精彩的公開課，還請別的老師來幫他監督學生。這一天，一百個學生都是認眞的。

但這樣的干預對馬可夫過程是無效的，第

二天認眞的學生就變成九十人，第三天就變成八十四人……直到某一天，還是七十五人認眞，二十五人翹課。

這個情形是不是很像前面那位失戀的朋友？他的情緒有「愉快」和「失控」兩種狀態。他愉快的時候，有一〇％的可能性變失控；失控的時候，有三〇％的可能性變愉快。那麼，不管你的干預能讓他連續愉快多少天，只要你不再干預了，他終將回歸到七五％比例愉快、二五％比例失控的日常狀態。

馬可夫過程有一個固定的宿命。這不是巧合，是數學定理[9]。

定理

先嚴格地說說什麼叫馬可夫過程。馬可夫過程必須滿足四個條件：

第一，系統中有有限多個狀態。比如「認眞」和「翹課」，就是兩個狀態。

第二，狀態之間切換的機率是固定的。比如從認眞到翹課的機率永遠都是一〇％，保持不變。

第三，系統要具有遍歷性，也就是從任何一個狀態出發，都能找到一條路線，切換到任何一個其他狀態。

第四，其中沒有循環的情況，不能幾個狀態形成閉環，把其他狀態排斥在外。

數學定理說，只要是馬可夫過程，不管你的初始值如何，也不管你在這個過程中有什麼一次性的干預，它終究會演化到一個統計平衡狀態：其中每個狀態所占的比例不變。就好像終究會有七五％的學生認眞，二五％的學生翹課。

馬可夫過程，都有一個宿命般的結局。

生活中有哪些事是馬可夫過程呢？很多。四個條件中，只有第二個是關鍵，也就是狀態之間切換的機率是固定的。很多事情都是這樣的。

在低度開發地區，很多人會因爲疾病而不得不借錢，還不了債，就成了貧困戶。現在政府要扶貧，說我乾脆一次性地發一筆錢給窮人，讓他們把債都還了，以後好好過日子，這行不行呢？馬可夫模型說不行。你並沒有改變他下一次生病或欠債的機率。你改變的現狀，僅僅是一個初始條件，只要機率不變，他的宿命終究不變。

再比如說，美國的窮人經常失業，在很大程度上，失業是自己的原因。他可能因爲不按時上班，被老闆開除了，也可能因爲跟老闆有點小矛盾，一怒之下辭職了。如果你改變不了他對工作的態度，哪怕你一次性地給所有窮人都安排了工作，你也改變不了窮人的命運。

馬可夫模型，眞是「江山易改，本性難移」「授人以魚，不如授人以漁」這些話的數學原理啊。

再說一個眞實的例子。世界上所有國家可以分爲三類：自由國家、半自由國家、不自

當前狀態	下一階段狀態		
	自由	半自由	不自由
自由	95%	5%	0%
半自由	10%	80%	10%
不自由	5%	15%	80%

表 3-1　三種狀態切換的機率

由國家。這三種國家狀態是可以互相轉換的，一個不自由國家，哪天想通了，就可能變成半自由或自由國家。而一個自由國家，萬一選一個獨裁者上臺，也可能變成不自由國家。

歷史數據表明，不自由國家在五年之內變成自由國家的可能性大約是五%，變成半自由國家的可能性是一五%，繼續保持不自由狀態的可能性是八〇%。表3-1列舉了三種狀態之間切換的機率。

同時我們還知道，從一九七五年到二〇一〇年，這三種國家在全世界所占的比例如圖3-3。

總體來看，自由國家越來越多，不自由國家越來越少。一個不懂數學的人看到這張圖可能會說：哈！自由是大勢所趨，將來所有國家都會變成自由國家！殊不知這就犯了簡單外推謬誤。

事實上，既然三種狀態切換的機率是固定的，這就是典型的馬可夫過程，那麼最終結果

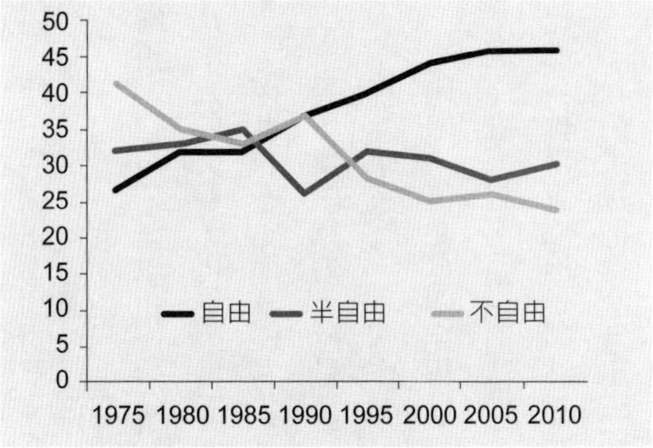

圖 3-3 三種國家所占的比例

必定是三種國家按照固定比例分配的穩定狀態。數學計算表明，到二〇八〇年，世界上將會有六二．五%的自由國家，二五%的半自由國家，一二．五%的不自由國家。

只要切換機率不變，世界上始終都會有不自由國家。

用途

馬可夫模型有很多應用。比如 Google 做搜尋引擎，希望按照人們造訪的熱度幫網頁排序，但是 Google 並沒有每個用戶實際點擊哪個網頁的數據，怎麼辦呢？它使用一個叫作「網頁排名」的演算法，其中就用到馬可夫模型。

Google 知道的是各個網頁之間互相連結的情況。我們把網頁想像成狀態，這些連結就相當於描寫了馬可夫過程中狀態之間切換的機率。根據定理，網頁被點擊的比例終究是一個平衡狀態，

Google 就可以計算出來，在統計平衡狀態之下，每個網頁獲得點擊率的比例是多少，按照這個比例排序。

連一些意想不到的事，都是馬可夫過程。

有本著名的政治文獻叫《聯邦黨人文集》，是由三位美國政治家，亞歷山大・漢彌爾頓、約翰・傑伊和詹姆斯・麥迪遜在一七八七年到一七八八年共同寫作的。文集中有八十五篇文章，可是因爲三人使用了同一個筆名，人們並不知道到底哪篇文章是誰寫的。後世的歷史學家經過多方考證，確定了其中大部分文章的作者，但還是有幾篇，歷史學家表示無能爲力。於是統計學家就出手了。

統計學家說，一個作者寫文章的用詞習慣，其實是個馬可夫過程。比如，英文有個片語是「for example」（例如），而人們也經常說「for the……」，對某個作者來說，for 後面接 the 的機率，是接 example 的四倍，這就是一個用詞習慣問題。比如我經常說「但是請注意」，有的作者可能更喜歡在「但是」後面接個逗號。

我們可以把每個常用詞都想像成馬可夫過程中的一個狀態。因爲每個作者的用詞習慣非常固定，統計學家就可以爲每個人都做一張馬可夫狀態切換機率表。那麼，把一篇文章中相應詞語的馬可夫機率表，跟這個作者機率表進行比對，就可以知道這篇文章是不是他寫的。

使用這個方法，統計學家判斷，懸而未決的那幾篇文章，最符合詹姆斯・麥迪遜的寫作風格。

馬可夫模型這麼有用，說明「本性難移」是常見現象。

但是請注意，生活中有些事情是「路徑依賴」，意味著後面發生的機率會根據之前發生的事情而改變。比如原本有兩種高解析度電視標準勢均力敵，如果你能一次性地說服幾個重要廠商採納其中一個標準，其他廠商爲了相容性，就會跟著選擇這個標準。

而馬可夫模型說的，是那些機率不會隨著之前歷史而改變的情況。那到底什麼情況下用路徑依賴，什麼情況下用馬可夫模型呢？你得靈活判斷。

一個酗酒的人，你盯著他一週，不讓他喝酒，並不足以改變他酗酒的機率；但是如果你有辦法讓他連續一年不喝酒，也許他就眞的戒酒了。逢年過節，找一幫志工去安養院給老人送暖，並不足以影響老人長期的精神狀態；可是如果安養院弄個生活方式改革，也許就會有實際效果。

馬可夫模型解釋了歷史的怪圈，它給我們的教訓是：歷史很難改變。臨時性的措施往往沒長久的作用，本性的力量很強大。有些公司換個開明的領導者，可能剛開始幾年都挺好的，之後就又走回老路。**想改變歷史，你得改變機制**。

找「亮點」解決問題

來說一個不常見的解決問題方法。

我們一般解決問題的思路，是先發現問題，再分析問題發生的原因，找到它背後的病根是什麼，然後從根本上解決。然而，這個方法不見得管用。

比如說佛洛德的精神分析療法。你覺得自己有心理問題，可能做事比較靦腆不大方，你去找心理醫生。心理醫生會反覆幫你回憶自己的過去——你有過精神創傷嗎？你童年受過虐待嗎？你的原生家庭是什麼樣的？

你就這樣跟了這個心理醫生五年，花了五萬元，中間痛哭了好幾次，最後你們終於找到病根——都是你媽媽的錯。

然後你又能怎麼樣呢？難道你能把童年重過一遍嗎？找到病根，不等於就能改變病根，更不等於能改變你的症狀。更何況，像這樣追溯，可能所有的問題都指向同樣的原因，比如有人開玩笑說，最根本的原因就是自己沒錢又長得醜。

像這樣的病根，英文叫作TBU —— true but useless，正確而無用。

我們要說的方法正好相反，不找病根，找**「亮點」**。這個方法我是在奇普．希思與丹．希思兩兄弟多年前的一本書《學會改變》[10]中看到的，我認爲它已經超越了那本書的主題，是一個通用的方法。

什麼叫找亮點呢？還是以心理治療爲例。動不動就問你童年創傷，是佛洛德精神分析學派的做法，現在很多心理醫生還在用，但是心理學家其實很反感，因爲精神分析方法經不起實驗檢驗。現在還有一派心理治療方法，叫作「焦點解決短期治療」，跟精神分析學派正好相反。

這個療法是一九七〇年代創立的，現在有大量的論文在研究它。據說創立者是從打高爾夫球中得到的啓發。比如你打高爾夫球，有個動作總是做不好，教練並不會問你是不是內心深處害怕贏球，是不是小時候被父親嚇唬過，教練只關注技術動作——你球桿握得太緊了。就這麼簡單！

焦點解決短期治療——以下簡稱「焦點療法」——完全不在乎你的過去。它不追究你爲什麼變成現在這個樣子，它問你好的時候是什麼樣子，它找你的亮點。

比如，一對婚姻亮紅燈的夫婦來做婚姻諮詢。焦點療法派的心理醫生會問他們：假設今天半夜有奇蹟發生，你們一覺醒來，發現什麼問題都沒有了，有什麼現象能讓你們相信奇蹟的確發生了呢？在醫生的不斷啓發之下，這對夫妻說，如果他們能夠互相傾聽對方說話，那就是奇蹟。

順著這個問題，醫生問出了關鍵問題：你們不可能一天到晚都在吵架吧？至少偶爾也會有相處融洽的時候，就好像那個奇蹟時刻一樣。那你們上一次出現這種奇蹟狀態是什麼時候？當時是怎麼做的？

這就是醫生在尋找那些好的時候，也就是亮點。找到了亮點，就可以推廣亮點。

比如，一個家長說自己跟孩子的關係很不好，孩子總是不聽他的話，也不尊重他。焦點療法的醫生會引導他回憶：有沒有一個時刻，孩子是尊重你的？在那個時刻，你是如何對待孩子的？

家長想了很多，最後找到一個亮點。他說因爲平時總是很忙，擔心工作做不完很焦慮，有時候工作正好做完了，跟孩子說話的時候特別平靜，孩子好像就挺好的。醫生就建議他，下次和孩子溝通的時候保持心情平靜。

說個眞實的例子。某小學有個叫博比的問題學生，家裡很不幸，沒有父母管教。他在學校總是惹麻煩，破壞課堂紀律，還干擾老師講課，動不動就被送到校長室罰站。你完全能理解博比爲什麼會變成這樣，但是理解有用嗎？

學校的心理醫生就對博比採取了焦點療法。醫生耐心地、反覆地讓博比回想：有沒有不惹事、表現好的時候？學校這麼多老師，就沒有一個你喜歡的嗎？

博比想起一個，他說他比較喜歡史密斯老師，在史密斯老師的課上他好像就沒搗亂。醫生接著問：你爲什麼喜歡史密斯老師呢？史密斯老師對你有什麼不同嗎？

結果，心理醫生幫博比總結了史密斯老師的三點不同之處：第一，每次博比走進教室的時候，史密斯老師都會和他打招呼，別的老師不但不理他，還故意迴避他。第二，史密斯老師會安排一些博比會的問題，讓他在課堂上回答。第三，所有學生一起解題時，史密斯老師會特地走到博比身邊，看看他是否聽懂了老師的要求。

心理醫生立即召集其他老師，要大家都用用史密斯老師的做法，多照顧照顧博比。大家這麼做之後，博比的表現果然大大改變，去校長室的次數少了八成。

哪怕是像博比這樣的學生，身上也有亮點。**找到亮點，推廣亮點，你就有可能解決問題。**

找亮點這個方法可以運用在各個方面。希思兄弟講了一個發生在越南的故事，最早可能是來自《快公司》雜誌的一篇報導[11]，我很喜歡這個故事。

一九九〇年，有個國際慈善組織的專家叫傑瑞．史坦寧，他奉命協助解決越南農村兒童營養不良的問題。那時候的越南非常落後，衛生狀況很差，連乾淨的飲用水都無法保障，農村婦女們根本沒有營養知識。其實，問題歸根結柢就是一個字：窮。

可是，這個認識對史坦寧毫無用處。史坦寧沒有糾結越南怎麼這麼窮，他的做法是找亮點。越南農村再苦，也不至於連一個健康的孩子都沒有吧？

的確是有。有些孩子營養充足，是因爲家裡親戚在政府工作，有外快，那種不算亮點，因為不可複製。史坦寧一個一個調查，找到了真正的亮點。有些孩子家庭狀況跟別人一樣貧困，但是並沒有營養不良的問題。這是怎麼回事呢？

史坦寧調查發現，這些健康孩子的媽媽餵養小孩的方法，跟其他媽媽有三點不同：第一，其他孩子都是每天和大人一起吃兩頓飯，而這些孩子吃四頓飯。吃的總量是一樣的，但是分成四次吃。第二，這些媽媽會很主動地餵孩子吃飯，其他家庭都是隨便孩子愛吃不吃。第三，這些媽媽會把一些小蝦、小螃蟹，特別是地瓜葉搗碎，拌在米飯裡給孩子吃。這些東西在越南很常見，但是其他家長認為地瓜葉是一種低等食物，不給孩子吃。

你是不是也覺得這三個做法很有道理？吃飯很重要，小孩的胃容量有限，一次吃太多不好消化，而且小蝦、小螃蟹和地瓜葉能補充蛋白質和維生素。史坦寧自己絕對想不出這樣的方法，但是他發現了這些方法，而且這些方法是可複製的。

史坦寧立即推廣。他把越南農村的媽媽們組織起來，分成小班，請那些做得好的媽媽現身說法，大家一起動手給孩子做飯。結果大獲成功，越南農村兒童營養不良的問題明顯改善了。

找亮點還可以用在商業上。

有個製藥公司發明了一種治療氣喘的新藥，療效非常好，但是銷量並沒有達到預期。這家公司不知道哪裡出了問題，就找了一家顧問公司。顧問公司也是用找亮點的方法。

雖然藥的總體銷量慘澹，但有兩名業務非常成功，業績是別人的二十倍。他們是怎麼做到的呢？原來，這兩個人並不是單純地向醫生介紹藥的療效，他們還會細心地告訴醫生如何操作。這藥不像一般的氣喘藥是口服或吸入，而是要注射的，醫生不願意研究操作流程，就不願意買單。事實證明，只要過了操作這一關，醫生就會給患者用這個藥。

道理這麼簡單，爲什麼製藥公司自己沒發現呢？答案是，公司根本沒往這方面想。公司還以爲這兩名業務的數據有問題，要不就是運氣特別好——他們只注意到失敗，沒看到失敗之中還有成功。

找亮點，是一個既反直覺又符合自然的方法。

反直覺，是因爲我們的頭腦總是傾向於關注問題，而不是關注亮點。問題能刺激你，亮點不會刺激你。別人做錯一件事你很敏感，別人做對了的事你不會注意。比如說，一談到自己的孩子，很多家長都能列舉各種讓人頭疼的地方，但很少關注孩子的優點。

那爲什麼說找亮點的做法符合自然呢？自然選擇和市場的規律，顯示亮點能生存、繁衍和複製。滅絕了的物種可以出於各種各樣的原因滅絕，成功的物種才是此時此刻最值得我們學習的。識別那些最好的東西，把它們推廣開來，符合天道自然。

馬克斯．巴金漢和艾希利．古德在《關於工作的九大謊言》這本書[12]中說，好的管理者應該像園丁一樣，善於讓手下發揮強項，而不是老挑人毛病。人最需要的是正回饋，而不是負回饋。他做對了，你應該鼓勵他下次還這麼做；至於他做錯了，你真沒必要揪著一個毛病去幫他做什麼精神分析。

理解問題不等於解決問題。解決問題不一定需要理解問題，甚至可能不需要你直視問題。

你會騎自行車，但你知道自行車的原理是什麼嗎？做心理諮詢而已，爲什麼非得痛哭一場不可呢？有些傷疤根本沒必要揭開。就算不回顧過往人生，你也可以改變，事情本來就一直在變，每一步都是重新開始。這就好像下圍棋一樣，你的任務是把當前這個局面走好，而不是去追究自己是如何走到這個局面的。

找亮點還有個好處是，解決方案是你自己發明的。比如說，中國有個什麼問題，你要是說：美國是這麼做的，我們學美國吧。你會遭到反對。有些人會說：我們中國人爲什麼學美國？我們要給世界提供中國方案！

找亮點就不用擔心這個。你仔細找找，也許中國某些地區就沒這個問題，也許中國某些公司就做得特別好。我們應該直接推廣他們的方法，然後宣布這就是中國方案。

決策是一門技能

得到APP的讀者有時候能寫出一些特別有意思的留言。一位叫「吉卜力」的讀者在梁寧的課程中分享了他家族的故事：

我的爺爺參加了解放戰爭和抗美援朝，爲了新中國光榮負傷，國家給我奶奶優待，可以在醫生、教師、裁縫中任意選擇職業，我奶奶選擇了裁縫。在我父親和叔叔找工作的時候，因爲根紅苗正，我父親被保送軍官，叔叔被保送警察。一家之主的奶奶死活不同意，哥倆雙雙進了工廠。我父親下崗後決定賣房買車，在貨車和計程車中選擇了貨車，然後房價和計程車牌照價格嗖嗖地往上漲。而我叔叔把發家致富的眼光投在彩券上，天天研究彩券走勢，我堂妹天天在家砸核桃給她爸補腦……

要把每一個重要決策都做錯，確實不容易，但決策確實不是簡單的事情。有些人老做錯，固然是因爲知識有限、能力不足，但哪怕你是高智商、高學歷的知識分子，一路刻苦鑽研專業技能，也可能因爲該買房的時候沒有果斷出手而被家人埋怨。

加拿大心理學家基斯．斯坦諾維奇有本書叫《超越智商》[13]，說決策的能力和智商是兩種完全不同的東西。你可能善於學習，善於處理日常工作，還是一位技術高手，但是你決策不一定行。像劉邦這樣的人，帶兵打仗和治國安邦都比不上專業人士，爲什麼還是一個好的領導者呢？也許最重要的，就是因爲他決策能力強。

決策能力，是你在關鍵時刻能不能做出明智的選擇。它並不純粹靠天賦。現在關於決策能力的研究有很多，而學者們公認決策能力是可以提高，也可以訓練的。

一般人之所以不善於決策，根本原因在於缺少做決策的機會。我們生活中絕大多數事情都是走流程，該上學上學，該上班上班，學什麼、做什麼都是別人設定好的，你自己並沒有眞的做什麼決策。你可以考出好成績，做出好業績，但是你沒拿過什麼大主意。你很少有糾結的時候，你沒冒著風險下過什麼決心，你沒有承擔過做錯決策的後果。

兩個東西讓你選，如果其中一個又便宜又好，另一個又貴又不好，每個人都知道該選又便宜又好的那個，這不叫決策。

眞正的決策都是面對兩難選擇：這個東西便宜、但是不好，那個東西好、但是貴，這時候你怎麼選？這麼做能解燃眉之急，可是對長遠發展不利，那麼做倒是立足長遠，可是你能熬過眼前這個困難嗎？你是否面對過這樣讓人糾結的局面？

做好決策很難，但是並不神祕。

包括心理學家和管理學家在內的各路學者，現在對於怎麼做決策已經有非常成熟的理論。諾貝爾經濟學獎得主丹尼爾·康納曼一生都在研究科學和理性決策，他的《快思慢想》一書已經成爲經典。史丹佛大學的奇普·希思和杜克大學的丹·希思兩兄弟的《零偏見決斷法》[14]、麥肯錫的賀睦廷等人的《曲棍球桿效應》[15]也都可以說是學習決策的必讀書。科學作家史蒂芬·強森的《三步決斷聖經》[16]則是關於決策科學較新的一本書。

總結來說，科學決策的規律都是相同的，可以分為三步：

第一步，看看你手上有哪些選項。

第二步，評估各個選項的價值，選擇那個價值最高的選項。

第三步，執行過程中，根據實際情況進行調整。

如果決策就這麼簡單，為什麼人們還做不好呢？這是因為在實際操作中，我們並不總是理智的。面對陌生的局面，決策中的每一步都會有各種各樣的認知偏誤，導致最後選錯。

第一步：列出所有選項

第一步是列出自己的所有選項。人們通常的做法並不是找張紙，坐下來，心平氣和地把所有選項寫在紙上，而是認準了一條路，就完全意識不到還有其他選項。人們常常不知道自己現在有個做決策的機會。如果別人遇到困難選擇的局面，請我們幫忙出個主意，我們常常能說得頭頭是道。可是對自己的事，我們異常草率。

克服這個毛病有很多現成的方法，比如畫「心智圖」。現在很多人用心智圖做讀書筆記，在我看來，這就如同把殺傷性武器當禮賓槍用——心智圖真正的作用，是把各種選項同時擺在你面前，幫助決策。

如果參與決策的不只一人，「腦力激盪」也是個好辦法。大家坐在一起集思廣益，開個「諸葛亮會」。你說幾個想法，我說幾個想法，先把各種想法都寫在黑板上。這一步追求的是選項越多越好，先別管可不可行，哪怕是你覺得根本行不通的想法，也可以提出來給大家一個啓發。事實證明，越是天馬行空的主意，越有可能成爲神來之筆。

重大複雜的決策，有時候還應該專門請一些外行參與，以期獲得「跳出盒子」的奇思妙想。我聽說物理學家羅伯特·奧本海默研發第一顆原子彈的時候，就邀請了一些畫家、詩人和音樂家進到洛斯阿拉莫斯實驗室，看看他們能不能激發科學家的靈感。

當然也不是什麼外行都有用。斯科特·裴吉在《多樣性紅利》[17]和《多模型思維》這兩本書中提出，我們做決策一定要參考多樣性的意見，但這個多樣性必須是視角和思維模型的多樣性，而不是利益訴求的多樣性。換句話說，我們要的是「君子和而不同」，要來自五湖四海，爲了一個共同目標而聚集的決策參與者，而不是一群彼此之間充滿利益衝突的人，否則決策就成了一群人對另一群人的打壓。

第二步：選擇價值最高的選項

第二步是選擇價值最高的選項。在充分考慮了每個選項的價值之後，我們一個個刪掉不合適的選項，最後選擇最有利的選項。這一步需要理性，但決策者常常因爲自身的認知差異，導致非理性地、強烈地傾向某一選項，或者強烈地反感某一選項。在這一步，你必須強迫自己聽見不同的聲音。

千人之諾諾，不如一士之諤諤。既然如此，何不指定一些人，專門提不同的意見？現代大公司和政府組織的標準做法是成立一個「紅隊」，專門跟你唱反調。紅隊是思維的假想敵部隊——按中國的傳統，應該叫「藍軍」。

高明的決策者會讓一些人從反面找證據，力圖推翻自己的決定，以此來提醒自己不要犯一意孤行的錯誤。你要往東，紅隊就非要往西不可——你能找到充分的理由說服這些反對者，這個決策才算是成熟的。

即便如此，我們也不能肯定那個決策就一定是對的。因爲未來有不確定性，決策總是包含著預判，甚至可以說有賭博的成分。學者早已證明[18]，很多專家對未來的判斷，還不如隨機賭博。

不過，這個世界畢竟還是講理的，未來並非完全不可預測，總有一些辦法讓你賭對的可能性比賭錯的可能性大，這樣賭多了，還是你贏。

丹尼爾·康納曼的一個辦法是，多看看別人做類似事情的結果如何。低水準決策者常犯的一個錯誤是總以爲自己很特殊，殊不知每個人做這件事時都以爲自己很特殊。高明的決策者應該先打聽打聽別人的情況——資訊，是決策的營養。

第三步：調整

第三步是調整。有些人是一旦下定決心做一件事，就會一條路走到底，好像調整方向，就等於承認失敗一樣。柴契爾夫人有句名言：「閣下想轉彎就轉彎吧，本夫人是不轉彎的。」可是，不轉彎的車能開嗎？

如果我們把決策看作選擇的技術過程，承認其中的不確定性因素，那麼，調整決策不但不代表失敗，還是科學決策的必要組成部分。在實際執行過程中，遇到之前決策時完全沒想到的情況，如果當時有考慮到這個情況，我應該會做別的選擇——那我就改。

當然，如果你從來都不堅持自己的決策，一有風吹草動，馬上就改，那也不行。有時候，道路本來就是曲折的。

那到底是要堅持，還是不要堅持呢？正確的態度是，考慮新的信號是否強到足以改變當初決策邏輯的程度。我聽說，最好的創投家都非常善於在果斷選擇和果斷改變之間取捨。低水準的決策者，考慮的是付出的沉沒成本、個人的威望和面子。

考察新一代學者的科學決策理論，我有三個體會：

第一，應該把決策參與者和決策拍板者分開。

以前聽說書，英明的主公身邊，總有一個足智多謀的軍師。主公的英明，就表現在他能不顧個人面子，採納軍師建議。而軍師的足智多謀，則近乎魔術一般。

真正高水準的決策，不應該是劉備和諸葛亮的關係，而是曹操和他的智囊團的關係。你需要的不是一位軍師，而是一個參謀部。決策參與者應該根據各人的視角和掌握的資訊提出各種意見，包括專門做某方面的調查研究工作，然後大家共享資訊，把多樣性的意見擺在一起綜合判斷。如果沒有智囊團，你自己就得掌握多個思維模型，讓頭腦裡有不同的聲音。

但「民主」可不一定是好的決策方法，決策理論總是提醒我們，集體決策容易陷入人云亦云，不敢有不同意見的誤區。這就需要有人作爲拍板者，在達不成一致的時刻一錘定音。

第二，應該把決策過程和決策結果分開。因爲決策具有不確定性，正確決策不一定帶來好的結果，錯誤決策也不一定帶來壞的結果。我們不能根據結果的好壞去評價決策水準。失敗就追究責任，贏了就慶功獎勵，那是非常土的決策養成模式。

高明的決策者追求的不是每一次都賭贏，而是讓贏的機率大於輸的機率的科學決策系統。職業撲克選手安妮．杜克在《高勝算決策》[19]這本書裡說，玩撲克，應該在意的是期望值，做時間的朋友，千萬不能被每一次輸贏的情緒左右。

第三，應該把決策貢獻和決策者的身分分開。我以前是物理學家，物理學家討論問題是不分年齡的，老教授和一年級研究生是平等的。在物理學之外，我聽說了很多韓國人經常因爲要顧及尊卑秩序而不敢發言，美軍卻能在每次行動後的點評中暢所欲言的故事。團隊文化能影響決策水準。

再進一步，如果我們把決策當成一個技術性的活動，那麼，我們作爲決策者，就應該有一點運動員精神，全力以赴，把事情做對，別太考慮結果會如何。沒有利益攸關，當然就不會認眞決策，但是太過患得患失也不行。

人們說，滿清入關之前，中國人靠著一本《三國演義》學習決策，今天，我們可以有更高級的學習方法。如果你心態夠超脫，把決策當作一項體育運動，那麼，跟古代的決策者相比，你擁有更好的工具，完全可以有更好的結果。

第四章

情感人生系統

真正的自我，是你從本性中建立起來的，而不僅僅是你最初那個本性。

——大衛·布魯克斯

你和你的渴望

人們經常說要成爲「更好的自己」，這句話到底是什麼意思呢？

比如有個工程師，年收入十萬人民幣，他說他要努力工作，鑽研技術，讓年收入達到二十萬，這算不算更好的自己？再比如有個中年大叔，非常羨慕那些有運動員身材的人，說他要努力運動，減掉肚子，這算更好的自己嗎？

這些願望的特點是有非常明確的目標。但還有另一種願望，你體會一下：

同樣是一個工程師，他對自己收入很滿意，有一天他突發奇想，打算欣賞古典樂。他並不懂古典樂，甚至曾經在音樂會現場睡著，但他想成爲會欣賞古典樂的人。他認爲，將來那個會欣賞古典樂的自己，比現在這個自己更好。

再比如，有個中學生，有一天突然下決心，說他將來要當物理學家。他不是想拿諾貝爾獎，也不是想出名，只是覺得物理學家研究的東西特別酷。你問他物理學到底酷在哪，他也說不清楚——他並不完全了解物理學家，但他想成爲物理學家。

我要說的是，這個不懂古典樂的工程師和這個不了解物理學家的中學生，才是眞正想要成爲「更好的自己」的人。

願望有兩種，一種可以叫「欲望」，或者叫「需求」。比如此時此刻的我特別想吃一碗蘭州拉麵，這就是需求。吃麵是我現有價值觀的一部分，我不會因爲吃了一碗麵而成爲更好的自己。需求實現與否，都不會改變我的價值觀。

另一種願望，可以叫作「渴望」。比如我想成爲會欣賞古典樂的人，就是一種渴望。我現在並不喜歡聽古典樂，古典樂不在我現有的價值觀之中，我想要發展一個新的價值觀。

所謂價值觀，說白了就是「我喜歡什麼」和「我想要什麼」。價值觀可以在相當程度上定義一個人。

價值觀不變的願望都是能說清楚的。上一章講了科學決策，它的前提假設是，你得是一個「理性人」。經濟學中「理性」的意思，就是你對事物的偏好是固定的。決策就是做選擇，根據什麼選擇呢？歸根結柢，是根據你的價值觀。

這麼說的話，想成爲會欣賞古典樂的人，這件事因爲涉及價值觀的改變，就不是理性決策了。

這個問題最近才得到哲學家的關注[1]。

已逝的以色列哲學家艾德納・烏爾曼—瑪格麗特，她在二〇〇六年寫過一篇文章，說人生的很多決策其實都不是理性的，因爲人的價值觀會變。

比如說，有個人本來過著自由快樂的單身生活，每天下班想打遊戲就打遊戲，想學藝術就學藝術。後來他遇到愛情，結婚了，然後面臨一個問題，那就是要不要孩子。

他觀察自己身邊那些有孩子的人，覺得他們的生活實在太辛苦了，而且很沒意思，簡直就是「孩奴」。他並不是很想成爲父親，但是既然結婚了，不生孩子好像也不對，後來還是跟妻子生了一個孩子。

可是，當他把孩子抱在手裡那一剎那，他的感覺完全變了。他突然覺得，當父親實在太有意思了。

你看這像不像網路上流傳的「眞香定律」——事前說我打死也不吃，結果吃了一口，馬上表示「眞香」。這個原理是你的價値觀發生了改變。生孩子之前的你和之後的你，是兩個不同的你，有兩套不同的價値觀。

那之前的你，又怎麼能理性地決定要不要成爲之後的你呢？

這簡直是一個悖論。耶魯大學的哲學家L·A·保羅，提出「維吉麥法則」，我看就相當於「眞香定律」。維吉麥是澳洲的一種食物醬，可以抹在麵包上吃。這個法則說，如果一個人從來沒吃過維吉麥，不論你怎麼向他描述維吉麥的味道，他都無法判斷自己到底喜不喜歡，他必須嘗過之後才知道那種感覺。

看別人帶孩子，哪怕你幫別人帶過孩子，都不能讓你眞正體驗到擁有自己的孩子是什麼感覺。聽不懂古典樂的人，怎麼也理解不了欣賞古典樂是怎樣一種享受。

那你說，一個連薛丁格方程式都不會解的人，又憑什麼說渴望成爲物理學家呢？如果人的行動都是爲了實現自己的價值觀，你又如何能改變自己的價值觀呢？

這個渴望的悖論，直到二〇一八年才被芝加哥大學的哲學家艾格尼斯．卡拉德解決。

卡拉德寫了一本書叫《渴望》[2]。卡拉德的答案很簡單——人生本來就是這樣。

渴望，不是一個理性決策的過程，但也不是事情發生的瞬間就把你改變了。渴望是一個逐漸發生的過程。

可能你一開始並不是很想成爲父親，或者你一聽古典樂就睡覺。但是，成爲父親這個前景的某一方面打動了你，或者某支曲子的某個段落打動了你，你看到了「新的你」的可能性，你模模糊糊地覺得那是一個「更好的自己」——這就是渴望。

「新自己」的價值觀和「舊自己」是不一樣的，但是因爲你渴望成爲新自己，於是你採取行動，準備接受新的價值觀。你主動去了解古典樂，懂得越多，就越能欣賞，你逐漸成爲一個古典樂愛好者，你的價值觀就變了。

體育、藝術、慈善、信仰，甚至是品酒，凡是有門檻的愛好，都是這麼培養起來的。

從改變價值觀這個意義上講，需求是「想要」，渴望則是「想要想要」——你想要從一個只想聽通俗歌曲的人，變成一個想聽古典樂的人。

強行用數學語言來形容的話，需求是對現狀的改變，是現狀的一階導數；渴望是對需求的改變，可以說是現狀的二階導數。

二階導數是不太容易說清楚的東西。你問一個人，爲什麼好好的突然聽起古典樂來了，他跟你說「古典樂有一種深刻的美感，我要體會這種美感」，那肯定是吹牛，他這時候其實還欣賞不了那種美感。所以他更可能說「我聽古典樂是爲了獲得放鬆的感覺」，而這其實是刻意輕描淡寫。

他其實是渴望。哲學家比他自己更了解他。

我們很慶幸人有渴望的能力。如果沒有渴望這種機制，每個人都會一直沉浸在自己現有的價值觀之中，不願意探索新的價值觀，這樣的世界就太沒意思了。

哈拉瑞在《人類大命運》[3]裡說，人沒有決定自己喜歡什麼的自由。現在看來，他這個說法是不對的。他沒有考慮到「渴望」。

渴望理論能解釋很多事情。

什麼叫青春呢？青春就是充滿渴望的狀態。

年輕人沒有穩定的價值觀。他們有很多偶像，他們追星，他們想成爲各種各樣的人。他們其實並不完全理解那些偶像人物做的事情，但他們勇於探索。他們並不知道那個所謂更好的自己是什麼樣子，反正他們就是不想停留在現在的自己這個狀態，他們無論如何都要超越自己。

劉邦和項羽觀看秦始皇的出巡陣仗，十分羨慕，其實，他倆那時候並不知道當皇帝是什麼樣的體驗，但是一個說「大丈夫當如是」，一個說「彼可取而代之」。青春少年就得有點這樣的勁頭。

而探索總是有危險的。比如，有個人在銀行有個收入很好的職位，他原本的價值觀是歲月靜好，賺錢養家。有一天，他突然煥發了第二青春，萌生了當藝術家的渴望，爲此他決定從銀行辭職，全職學習藝術。

可是學藝術需要時間。在舊的價值觀已經不適用，新的價值觀又還沒完全建立起來的時候，這個人對藝術的決心並沒有那麼堅定，他會有一段時間是迷茫的。

所以，青春總是跟迷茫聯繫在一起。

什麼是「中年油膩」呢？就是這個人的價值觀已經固定，他再也沒有渴望，他認爲他現有的價值觀就是最好的，他所有的願望都只不過是欲望，他鄙視其他一切價值。

不再渴望，是青春徹底死去的標誌。

渴望理論告訴我們，人生的重大決策不可能是完全理性的。錢鍾書先生的《圍城》裡說，婚姻就像一座圍城，城裡的人想出去，城外的人想進來。你可能會說：爲什麼城外的人不問問城裡的人爲什麼想出來呢？爲什麼大家在結婚之前不好好做一番計算呢？

因爲這不是一個純理性的決策。一旦遇到愛情，你的價值觀就變了，你就不是以前的你了——以前的你，不能給以後的你拿主意。

上大學選專業，到底是選一個自己喜歡的，還是選一個賺錢的呢？渴望理論告訴我們，上大學之前的你，並不完全知道接受專業訓練之後的那個你喜歡什麼。你眞正應該選擇的是變成什麼樣的人，而不是單純的愛好和賺錢。

讓人產生渴望的那個最初契機，可能非常渺小而模糊。但是你感受到了召喚，你想要去追求自我超越，你意識到自己可以成爲更好的自己，你產生了渴望。

正是因爲有了渴望，我們才可能擺脫那個「舊自己」的價值觀的束縛。人生中的選擇不僅僅是「根據價值觀選擇」，還有「選擇價值觀」。

在納粹集中營裡活下來的心理學家，維克多・弗蘭克曾經說過，自我實現，是自我超越的副產品。人應該追求自我超越。超越之後是什麼狀態，你其實並不知道。不知道就對了，你就是想成爲一個自己不知道的人，一個現在的自己理解不了的人。

還記得《冰與火之歌》裡那句臺詞嗎？

布蘭問父親：「一個人如果感到害怕，他還能是勇敢的嗎？」

父親的回答是：「人在害怕時候的勇敢，才是眞的勇敢。」

如果你不完全知道一個地方有什麼，還能去那裡探險嗎？你不知道會有什麼的探險，才是眞的探險。

現在的你理解不了的自己，才是眞正値得你渴望成爲的自己。

大人物不走直線路徑

你注意過沒有，中國人和美國人對人才的期許有個系統性的差異。中國人鼓勵學生或同事，一般都是說「你要好好學習」「你要像×××一樣」「你要考個好大學」「你要找份好工作」。這些要求不但非常具體，而且都是讓你變成一個榜樣化、標準化的人。對比之下，美國人鼓勵別人的時候總愛說「你要做你自己」。

這其中有社會文化的原因，美國人更講個人主義。有些人可能會覺得美國人說得太虛了，評價人才就是要有具體要求才行。如果連大學都沒考上，說什麼「做自己」，不純屬自我安慰嗎？

不一定。這裡面還有格局的差距。中國人常常自詡最重視教育和人才培養，但是請恕我直言，我們的人才觀，格局太低。

當代中國對人才培養的注意力都集中在三十歲之前，而且是年齡越小越重視。對於還在上幼稚園、上小學的孩子，我們不但不惜重金聘請名師來補習，期待孩子擁有各種天賦，家長本人還要親自指導、直接干預。可是到了中學，家長指導不了，只能搞搞後勤。到了大學，就只剩下鼓勵。等到人才大學畢業之後，很多家長會勸他別努力了，趕緊找個安穩工作，老老實實上班等著升職加薪別惹事，買房結婚生小孩……然後等孩子出生，再來新一輪培養。

這個充滿關愛之情的人才觀，其實是燕雀之志。規畫來規畫去，其實是在設定一條最保險的人生路線。各種不計成本的高投入，只不過是爲了一個平庸的目標。

你考清華、北大，就爲了買房結婚生小孩嗎？中國的英雄豪傑都哪去了？求田問舍，怕應羞見，劉郎才氣。中國需要的不僅僅是這幫整天研究升職加薪的人，還需要能治國安邦、經天緯地的大人物。古代讀書人講「修齊治平」，認爲人才就得做大事，但是現在，我們對做大事研究得太少了。

說得直白點，當今的人才觀，都是「打工者心態」。社會上有些什麼位置、哪個行業賺錢多、哪個職位待遇好，我就去爭取成爲這樣的人。公務員穩定，可是工程師收入高，我就得在穩定和收入之間做個取捨。這種心態培養出來的人，再厲害也不過是隻優秀的綿羊，還不如幾十年前教育程度不高的那一代人，敢想敢幹。

打工者人才觀的本質，是把人變成標準化的產品，去填充現成的位置，是削足適履。大人物的成長，可不是這樣的路線。偉大的國家不可能全靠打工者建成，我們需要更高級的人才觀。

哈佛大學的陶德・羅斯和奧吉・歐格斯的《黑馬思維》[4]一書，描寫了一種關於大人物的人才觀，也是他們歷時多年的「黑馬研究計畫」的總結。兩人專門調查各行各業的大人物，看他們是如何有了今天的成就，想從他們的成長經歷中找到共同點。

陶德・羅斯還寫過一本書叫《終結平庸》[5]，他這兩本書的思想一以貫之，就是人才不應該是標準化的產品，沒有固定的成長路線——高級人才是自由發展的產物。

什麼叫標準化呢？比如，你要培養一位女子鉛球世界冠軍，你判斷她肯定要有很強的上肢力量，於是從青少年中選拔，專挑那些具有男子體格特徵的女孩訓練。這沒錯吧？這正是蘇聯培養鉛球運動員的模式，這個模式的確也能培養出世界冠軍，但並不是只有這一個模式。

二〇一六年，里約奧運會女子鉛球金牌得主、美國黑人選手蜜雪兒・卡特，就完全不符合標準化的選拔標準。她身材曲線優美，並不男性化。她在高中、甚至在大學的時候，上肢力量都不強，連一個伏地挺身都做不起來。蘇聯肯定不會選她，幸虧美國不搞舉國體制，才沒有埋沒這個人才。

我們設想一下，這就好比說，一九九〇年代的時候，要在全中國選拔幾位未來領軍人物，讓他們在二十年內把中國的通訊產業帶到世界第一，你會選誰呢？你肯定會從通訊技術的重點研究所、大專院校和國營企業中選拔吧，怎麼可能選一名退伍軍人呢？那你肯定選不到任正非。同樣，如果要選一位中國網路的領軍人物，讓他改變零售商業模式，推出電子支付，你怎麼會想到從鄉村教師中選拔呢？那你肯定選不到馬雲。

事實是，產業領軍人物這樣的人才，比鉛球運動員複雜得多，標準化路線根本出不了這種級別的大人物，任正非、馬雲這樣的人，根本不可能按部就班地成長。

黑馬研究計畫中所有的人才走的都不是直線。有人上學的時候表現不行，甚至輟學，後來竟然成了某個領域的專家；也有人原本在一個領域做得很好，突然就不想幹了，結果轉行做得更好。像這樣的故事會讓人擔心其中有沒有倖存者偏差，畢竟黑馬研究計畫選的就是「黑馬」——而黑馬的定義就是那些出乎意料的獲勝者。有沒有可能，書中這些人物都是特例呢？有沒有可能，大多數不走尋常路的人都失敗了呢？

好在還有別的研究可以和羅斯這個研究互相印證。大衛．艾波斯坦有本書叫《跨能致勝》[6]，就提供了更多的證據。一方面是統計表明，像公司執行長這種級別的人物，的確往往是大器晚成，嘗試過很多不一樣的工作；另一方面，那些敢於跨領域嘗試不同工作的人，最後結局也的確比一般人更好。

比如，一項研究追蹤了英格蘭、威爾斯和蘇格蘭地區學生的職業生涯。在英格蘭和威爾斯，學生們高中時就要選定自己的專業，一直到大學都是上專業課程。但蘇格蘭正好相反，學生們在大學頭兩年都不需要選專業，到了大三才分專業。結果追蹤研究發現，越晚定型的人，越能找到更好的工作，收入也更高。而那些早早定型的人，最好工作一段時間就趕緊換個專業——統計表明，換專業能讓他們的收入增長速度加快。

這個普遍規律是，如果你一開始就想好了這輩子要做什麼，你不太可能取得特別大的成功；反而是一開始走錯了，後來才找到人生目標的人，更容易取得高水準成功。

眞正的人才，都有黑馬的氣質。那黑馬氣質是什麼氣質呢？

羅斯和歐格斯找到這些黑馬的共同點，並不包括什麼「特立獨行」「叛逆精神」，其實黑馬有各種各樣的性格，很多人是非常溫順的。書中總結了幾點，在我看來，最主要的黑馬氣質就兩點：

第一，黑馬總是追求「做自己」。

這些人不問這一行好不好找工作、這個工作賺多少錢、這個職位地位高不高，他們也不問社會需要什麼人，他們問的是「我到底喜歡做什麼」。他們更在意對工作本身的享受，他們想要一種滿足感——不是因爲收穫而滿足，而是做這件事就很滿足。他們不是因爲卓越而滿足，而是在滿足中達到卓越。

第二，黑馬沒有長遠的目標。

標準化思維總是樹立一個長遠的目標並爲之奮鬥。如果你認爲金融工作最厲害，那你就要先考上國內頂尖院校的金融學系，最好再去國外留學幾年，然後拿著亮麗的學歷，加入大型金融公司，一路努力拚搏，最後成爲成功的金融人士。這樣可以是可以，但這是金融打工者的攻略。

事實是，你去看看那些最厲害的、對市場有影響力的金融人士，他們並不是這條標準化流水線的產物。他們有的大學學歷史，有的學哲學，有的以前是物理學家或數學家，有的從小好賭……他們是自己用五花八門的方式折騰出來的。

經歷複雜，思想才能複雜；思想複雜，才能想大事。經歷簡單、思想簡單的都是「工具人」。

黑馬們並不是爲了複雜而複雜，他們只是在探索。

這個道理是，你不太可能大學一畢業就知道自己應該做什麼。那些一直爲同一個目標而努力的人，並不是早早就知道自己想幹什麼，而是根本沒想過自己想幹什麼。連想都沒想好的人，又怎能幹好呢？

那你說，爲了「做自己」而選擇工作，是不是不夠理性呢？不理性就對了。人生的重大決策不可能是完全理性的。

卡拉德的渴望理論就說，現在的你，並不知道未來的你喜歡什麼。人的價值觀是會變的。

比如，你是個高中生，你想考上清華大學計算機系，將來當電腦科學家，這條路怎麼樣？你不知道。上清華之後的你，不會跟高中生的你喜歡完全一樣的東西。在清華讀過幾年書的那個你，是高中生的你所不能理解的。

所以黑馬的策略是走一步算一步，他們不講長遠目標，只有近期目標。近期目標符合你現在的價值觀，想方設法完成這個目標。完成後要做什麼，那時候的你自然知道。**每次選擇一個自己最關心、最適合、最能取得滿足感的事情去做，從一個個局部最優中，尋找全局最優，這才是不確定世界中的最佳路徑策略。**

羅斯強烈批評了標準化思維，但是我們也得知道，這個批評只在今天才成立。標準化思維不是憑空產生的，它是過去標準化生產方式的產物。如果生產就得是同樣的流水線、同樣的操作流程，那人們必須步調一致才行。機械化生產方式本來就是讓人去適應機器，而不是讓機器適應人。

但是現在已經不同了。人工智慧、機器人和 3D 列印，正從根本上改變我們的生產方式，標準化的事情應該都交給機器去做。現在連製造業都越來越講客製化、講創造性、講跨界合作，不管做什麼，都要做出自己的特色來才好。這種社會分工，要求人是一個一個的，而不是一批一批的。你做得跟老張、老李都不一樣，這工作才值得讓你做。

所以，標準化只是人類歷史上的一個插曲。古代人不講標準化，未來的人也不會講標準化。標準化思維是按照固定的模式大量生產人才。事實證明，那樣的人才既不快樂也不厲害，都是教育工業化製造的瑕疵品。做自己喜歡的事情、發揮自己的個性，這並不是對人的一種祝福或一種願望，而是一個要求。

希望中國的人才教育和選拔機制趕緊改革，擁抱百年未有之變局。當前中國人對標準的評價過高，對自由的評價過低。向誰誰誰學習、按照教學大綱溫課備考、模仿滿分作文、參照職場攻略……這些都是把人變成產品。你認為這事現在的做法不對，那你想怎麼做？你覺得這範文寫得俗氣，那你會怎麼寫？你看社會上有些事情不合理，那你能怎麼改？敢問這些問題，才是眞正在培養人才。

眞正的奢侈是冒險，眞正的富足是自己選擇探索方向，眞正的優秀是藐視標準，眞正的自由是發揮個性。英雄豪傑應該人生由我，偉大的國家應該人人如龍。

才華和野心

我在微博看到一個北大化學博士的故事。他一路努力學習，考上北大也絲毫不敢懈怠，畢業後繼續讀研究所，總算拿到博士學位，卻發現自己的專業比較狹窄，就業形勢並不好。而他的一個中學同學，成績一直不如他，而且還貪玩，一路玩著上了北京郵電大學，畢業後就當工程師，現在月收入五、六萬人民幣，人人稱讚。博士就提出了質問：「憑什麼我辛苦二十年，現在卻比別人差那麼多？」

這不是一個好問題。我們應該把眼界放寬一點，北京郵電大學並不好考，同學玩著就能上北郵，說明智商很高。北大化學博士的出路其實也不會太差。眼界再放寬一點，博士根本不應該跟自己的同學比較，更不應該等到這時候才想起來比較。世界上有無數個學習沒你辛苦、收入卻比你多的人，而且這個局面不是在一天之內形成。

如果要嚴肅對待自己的命運，我們應該盡早把眞實世界的成長路線調查清楚。學歷和收入有強烈的正相關，但並不是一回事。

個人的學識和財富的關係，有點像國家的「民主」和「繁榮」的關係。民主並不能保證帶來繁榮，像烏克蘭一民主，經濟反而不行了。那你能說民主是個壞東西嗎？事實上，民主和繁榮是兩碼事。同樣繁榮的兩個國家，人民更喜歡民主的那一個；同樣民主的兩個國家，人民更喜歡繁榮的那一個。民主和繁榮都是人的需求，只不過不同的人，需求程度大小不一樣而已。說我們應該爲了繁榮就不要民主，就如同說一個人應該爲了賺錢就不要學識。

化學博士對化學達到深入的理解，這是好事，那些功夫並沒有白費，是眞學問。學問能讓你配得上財富，但並不一定能帶來財富。

那如果一個有學問的人說他也想賺點錢，他應該怎麼做呢？我希望用這一節幫你把這個問題徹底想明白。

如果一個人一直只是上學，沒經歷過社會，特別是在中國這個有科舉考試傳統的國家，他很容易產生一個幻覺，認爲「學識應該得到獎勵」。我們幻想國家有個中央機構，看誰有才華就多給誰錢，給少了就是不公平。其實你只要學點經濟學就知道，財富分配本質上是個信號和獎勵機制，看的是你「做」什麼，而不是你「是」什麼。

如果你想要很多錢，你就得去做跟賺錢有關的事才行。然而，很多有才華的人，不願意做事。

學習這個行爲，可不等於做事。做事需要冒險，需要動力，需要忍受跟世界的接觸。哲學家澤娜·希茲在《迷失在思考中》[7]這本書中，以義大利小說《那不勒斯故事》四部曲爲例，分析了爲什麼有才華不等於能做事。小說的作者是個不願透露身分的神祕人物，我們只能猜測她是一位女性。這套小說相當暢銷，第一部已經被拍成了電視劇，叫《我的天才女友》。

小說講的是兩位出生在那不勒斯的女性一生的故事。兩人是朋友，一個叫艾琳娜，也就是小說作者用第一人稱寫的那個「我」；另一個叫莉拉。艾琳娜和莉拉，代表知識分子的兩種生活路線。

從小，兩人的課業成績都是最好的，遠遠好過同年級的男生。當時的那不勒斯非常貧困，讀書是那一代人擺脫命運、前往大城市的唯一出路，而這條路非常窄，兩人都在努力爭取。但她們並不是只知道讀書。兩人一起湊錢買了奧爾科特的《小婦人》，一起反覆讀，一起享受藝術的快樂。

兩人之中，莉拉更聰明。她成績比艾琳娜好，關鍵是特別有創造力，她的一舉一動都是那麼特別，敢做一般小孩——更不用說小女孩——不敢做的事。莉拉在艾琳娜眼中充滿魅力，艾琳娜表面上不服氣，實際上暗自在模仿莉拉。

然而，這可不是一個提供爽點的小說。出於家庭因素，艾琳娜可以上好學校、讀中學，而莉拉只能輟學，在家裡的鞋店幫忙。這純粹是命運的安排，談不上什麼個人奮鬥，但是接下來就不一樣了。

在命運的分叉點上，莉拉把自己的日記本交給艾琳娜保管，因爲她覺得自己的父親和哥哥不會允許她再玩這些東西了。

那眞是天才的筆記本，上面畫著圖，有大自然，有身邊的事物，莉拉還寫了很多感悟。

艾琳娜對筆記本愛不釋手，她反覆閱讀，全都記住之後，卻把筆記本扔進了河裡。

艾琳娜脫離了那不勒斯，上了大學，找到一個學術職位，而且找到同樣做學術的丈夫。他們贏得了聲望和地位。然而，小說作者把艾琳娜——也就是小說裡的「我」——和她丈夫描寫成一心只想往上爬的人。

夫妻倆表面上很有才華，說起話來滔滔不絕，但是並沒有眞正的創造力。他們似乎並不眞的熱愛學問，只是把學問當成競爭的手段。

對比之下，莉拉沒有機會繼續上學，反而保持了創造的天性。莉拉長到十六歲變得非常漂亮，有眾多的追求者。可惜，因爲生活所迫，莉拉嫁給了一個有錢、但人品不好的男人。她的婚姻很不幸福，後來不得不帶著孩子離家出走。

但是當艾琳娜回到那不勒斯，見到莉拉的時候，還是覺得自己比不上她。

莉拉任何時候都對世界有一種自發的、率眞的興趣和能量。原本死氣沉沉的東西，莉拉一經手，就變得充滿活力。莉拉總能讓艾琳娜感受到世界眞實的一面，只要兩人在一起，艾琳娜的智力和興趣就被激發出來。可是，離開莉拉，艾琳娜自己怎麼也找不到那個感覺。

希茲評論道，莉拉之所以那麼有吸引力，就是因爲她琢磨的都是「無用之學」。莉拉有創造力、有想法、有思考、有見識，但她並不用這些東西去建設什麼，反而是用來破壞。她就那麼隨意地虛擲才華，彷彿學問本來就是用來浪費的。

莉拉，只爲了自己而存在。

艾琳娜跟丈夫除了聊聊政治，就沒有別的話可說。她一路拚搏，進了城市知識分子的圈子，可是因爲起點低，總有種自己配不上這裡的感覺——在心理學上，這叫「冒牌者症候群」。艾琳娜很想證明自己，她決定寫小說。

艾琳娜寫小說的靈感，全都來自莉拉。莉拉對此完全了解，但是毫不介意。兩人的友誼一直保持著，時不時像小時候那樣討論。莉拉成了艾琳娜的繆斯女神。

艾琳娜的小說大獲成功，她一本接一本地出小說，而莉拉什麼都沒得到。

大概是兩人六十多歲的時候，莉拉做了最後一個驚人之舉——她抹掉了自己在世界上所有的痕跡，從此消失不見。

《那不勒斯故事》四部曲描寫了一段奇特的友誼。這樣的小說是不是比爽文更能讓我們認識世界和思考？我們應該怎麼理解艾琳娜和莉拉的命運呢？

莉拉有天才級的才華，但是沒有取得任何成就。她自己也許認爲這沒什麼，但如果你覺得這很遺憾，那莉拉欠缺的是什麼呢？

不是運氣。希茲認爲，莉拉缺少的是野心。

爲了學習而學習，等於爲自己而學習，才華是自己的享受，這完全沒問題。但是，如果除了爲自己之外，你還想出來做點事情，那你就得跟世界有一定的接觸才行。你得虛心接受訓練，你得耐心跟人合作，你得苦心做各種沒意思的事，你還得忍受一次次的失敗。也許寫一部小說，需要作家做一件特別爽的事，那就是揮灑才華，但同時還需要做九十九件沒意思的事。

那是什麼支撐著那些了不起的藝術家，去做那些沒意思的事呢？是野心。

有的人只有野心，爲了野心什麼都做。艾琳娜願意只是爲了取得成就而做事，但莉拉不願意。莉拉絕不向任何事物妥協，因爲莉拉沒有野心。

莉拉對做自己很感興趣，對做事沒興趣。

莉拉的筆記本，被艾琳娜扔了；莉拉少年時代曾經寫過一部小說，被她自己燒掉了；在給艾琳娜的小說提供靈感的日子裡，莉拉自己也在創作，但她從未將其示人，最後，莉拉跟她的作品一起失蹤了。對比之下，艾琳娜做每一件事都做成了，而且都起了作用。

希茲還讓我們特別注意，莉拉完全不享受生孩子，她認爲那簡直是酷刑，而艾琳娜對生命很有熱情。

可能有些讀者認爲，艾琳娜在小說的結尾超越了自我，不再只是一心想往上爬的人。希茲則認爲，艾琳娜從來都不只是那樣的人。艾琳娜如果沒有對藝術的追求，又怎能寫出那樣的小說呢？也許作家故意理想化了莉拉，拉低了艾琳娜；也許《那不勒斯故事》四部曲是半自傳小說；也許，莉拉這個人根本不存在，是作家爲了反思自己，創造出來的理想人物。

作家把兩個女孩擺在我們面前，就好像林黛玉和薛寶釵，我猜每個人都會更喜歡莉拉。但每個人都會思考，自己是要當莉拉，還是要當艾琳娜。

哲學家會告訴你，學習本身是人生的終極目的——但人生還有別的目的。奧古斯丁說的獵奇、艾琳娜懷抱的野心，也都是目的。如果一個人不在乎別的，只想追求眞理，沒時間做事，那他是求仁得仁，也不會抱怨什麼。我認識好幾個才華高而野心小的人，生活很幸福，他們眞的是自帶魅力，你見到這樣的人會心生親近之感。

但如果一個人搞不清楚自己到底想要什麼，一邊說著追求眞理，一邊又羨慕人家的成就，自己又沒有太大野心去狠心做事，那他就是人生觀相互矛盾。

哪怕你搞的是最純粹的藝術，想要做出成就來，想要被世界認可，也需要強大的野心。

但野心有破壞力量，可能會破壞你的內心，把你變成一部只知道追逐外界獎勵的機器。你得有強大的核心，才能制住這股力量。艾琳娜之所以有野心又沒失控，可能也是因爲她和莉拉的友誼是眞摯的，這份友誼讓她的核心更強大了。

所以讀書人應該怎麼跟這個財富世界相處呢？這就好像練內功一樣，既要努力地練，又要防止走火入魔。你要避免被虛假的體驗迷住，你要追求眞理，你要想清楚自己要什麼。如果要做事，就得有野心，但是你可別失控。

千金一諾

你肯定聽說過這樣的事情：一個人得了一場大病，他在病中重新思考人生，認爲如果自己這一生就這麼過了，實在太不值得了。痊癒之後，他立即投身一項超越自我的事業。

有的人是經歷了人生最大的不幸而做出改變。有位女性，她三個兒子在一天之內被人槍殺而亡。這件事讓她悲痛欲絕，她覺得再也回不去從前的美好生活了，便選擇把餘生投入爲他人服務。

有的人是目睹了一個事件而反思人生。魯迅和托爾斯泰都是因爲旁觀一場死刑的執行而走上新的人生道路。托爾斯泰原本就是非常上進的人，一心追求自我完善，魯迅則是想當個好醫生。可是看到死刑，托爾斯泰想：這殺人的暴力做法肯定是不對的，你說什麼理論也不對，世人怎麼會這樣呢？魯迅想的是：被殺的是中國人，而中國人居然在一旁看熱鬧，這都是什麼人？他們從此決心不再爲自己，而是爲了世人和國人寫作。

也有的人是因爲自己的人生太成功了，已經沒有什麼可追求了，因而感到倦怠。這個狀態有個專門的英文名詞，叫作「acedia」，意思是對任何東西都沒有熱情了。這時候，你可能需要使命的召喚。

不管是什麼原因，當一個人經歷人生低谷的時候，一般的做法都是趕緊設法走出來，比如多跟親友聚一聚、讓人安慰安慰。但是《紐約時報》專欄作家大衛·布魯克斯在《第二座山》[8]這本書中說，正確的做法，是看看這段經歷能教你什麼。

古往今來，仁人志士的道路，是從自己的痛苦中學到智慧，然後運用這個智慧去服務別人。

爲此，你得提出一個「誓約」。

「誓約」的英文是「commitment」，一般翻譯成「承諾」，我感覺這個詞在現代漢語裡用得不多。誓約的意思是，你主動向別人提出，你要做到什麼，然後自己約束自己，拚了命也要做到。

賽局理論研究過承諾，那是一種可信的信號，能確保對方相信自己。人們在賽局中提出承諾，本質上是爲了自己的利益。我們今天常用的承諾工具叫「合約」，作用都是透過外界力量約束自己。人們有時候也會發誓，就好像簽合約一樣，誓言中常常會有「有違此誓，天打雷劈」之類的狠話——女主角聽到通常會制止男主角說這麼不吉利的話，但制止總是發生在男主角說完之後。

可是，在中國實行郡縣制之前，在那個春秋戰國分封制、國家權力不能領導一切的時代，中國人講的承諾，是不需要附帶什麼違約責任的。因爲承諾是自己對自己的約束，這樣的約束最厲害。

李白說朱亥和侯嬴是「三杯吐然諾，五嶽倒爲輕」，人家一句「我答應」就OK，根本無須再來一句「我要是沒達成任務，你就把我如何如何」。曾子說，君子都是「可以托六尺之孤，可以寄百里之命，臨大節而不可奪也」，都是看似輕鬆地承諾，然後用生命去捍衛。

喬治．馬丁的《冰與火之歌》[9]時代背景模擬分封制的歐洲，所以書中結婚有誓詞，被封爲騎士有誓詞。生活狀態的正式改變，總是伴隨著誓約。先看一段騎士誓詞：

我發誓善待弱者。
我發誓勇敢對抗強暴。
我發誓對抗一切錯誤。
我發誓為手無寸鐵的人戰鬥。
我發誓幫助任何向我求助的人。
我發誓不傷害任何婦人。
我發誓幫助我的兄弟騎士。
我發誓眞誠對待我的朋友。
我發誓將對所愛至死不渝。

最後並沒有一句「如果違反上述約定，我的騎士資格就會被取消」，更沒有「如果我失去騎士待遇，上述約定自動無效」。

誓約是無條件的。

爲什麼有人願意自己束縛自己呢？

布魯克斯提出了三個概念：心、靈魂和大腦。

心，代表你的渴望。你渴望很多東西，但是歸根結柢，你最大的渴望，是「被愛」

——正如阿德勒說的，人的幸福和煩惱的根源，都是人際關係。想被愛，你得做個値得愛的人，你得愛別人。

靈魂，代表道德。靈魂決定了你有些事不能做，有些事必須做。世界上沒有一個文明會讚美那些從戰場上逃跑的人和出賣朋友的人，靈魂具有普遍的意義。

布魯克斯說，心和靈魂在人的意識中的排位，都在代表理性思維的大腦之上。有心，你的生活才有目的；有靈魂，你才知道什麼對，什麼不對。

心的最高追求是愛，是自己與他人，或者與一項事業的融合。靈魂的要求是做正直的事。誓約就來自這裡。

父母和子女之間、情侶之間、朋友之間、人和事業之間，當你愛一個東西或愛一個人，愛得特別深的時候，你會想把自己生命的某一部分拿出來，無條件地奉獻給他。不管發生什麼事情，你都願意付出時間和精力給他。你就提出了一個誓約。

當我們考慮自己時，總想讓自由度和獨立性最大化，盡可能保留選項，讓自己永遠都有選擇權。但是當我們考慮他人，考慮自己和別人的關係時，一旦建立了誓約關係，你就是在取消選項，讓自己變得被動，變得有依賴感。

誓約是不求回報的許諾。父母對孩子就是這樣，任何時候，孩子有事你都得管。生孩子，為你帶來了無窮的責任和義務，卻沒有對等的權利——但我們從來沒聽說過有人後悔生孩子。

婚姻也是這樣。兩人互相喜歡，就一起生活不好嗎，爲什麼非得弄個結婚的程序不可呢？將來萬一不喜歡了，分開不麻煩嗎？愛到一定深度，你就會想弄個正式的承諾。

學習和工作也是這樣。你喜歡讀書就讀書，爲什麼還要讀個學位呢？這些都是對自己的約束。誓約是哪怕我將來某個時刻覺得這不好玩了，我也不能放棄。

戴荃的〈悟空〉這首歌裡有兩句歌詞：「叫一聲佛祖，回頭無岸。跪一人爲師，生死無關。」我入了這個門，不管發生什麼也不能反悔，這就是誓約。

誓約可能會帶給你痛苦，但是誓約也會帶給你好處。

布魯克斯說，誓約給了我們身分認同。別人問你是什麼人，你能回答說我是一個喜歡吃爆米花的人嗎？你可以說你是做什麼事業的，你是誰誰的丈夫或妻子，你是信仰什麼的，你是哪個組織的人。

建立了誓約，你的生活才是連貫和相符的。我是專欄作家，不是因爲我擅長寫專欄，而是因爲我必須寫專欄。

誓約給了我們目標感。根據蓋洛普二〇〇七年的調查，世界上認爲人生有意義的人口比例最小的國家是荷蘭，因爲荷蘭人日子過得太好了，他們不知道還有什麼可奮鬥的；而認爲人生有意義的人口比例最大的國家是西非的賴比瑞亞，那裡的人必須苦苦掙扎，他們對彼此有強烈的責任感。

誓約讓我們得到更高級的自由。可以不做什麼的自由——比如「免於恐懼的自由」——是低層次的。你什麼都可以不做，那你做什麼呢？能去做什麼的自由，是高級的自由。

你想演奏鋼琴，但你沒有那個水準，那你就沒有那個自由。想要有演奏鋼琴的自由，你必須先限制自己的行動，逼著自己該練琴的時候只能練琴。

自由不是沒有限制，而是選擇正確的限制。

誓約還能讓我們建立品格。現在一提「品格」，人們首先想到的是自律、自制、毅力這些跟工作相關的東西，可是別忘了，品格更是道德的要求。真正高貴的品格，不是吃飯時遵守禮節——那是自制力，而是仁義禮智信那些自古以來就被推崇的東西。

建立和遵守一個誓約，你就能在這個過程中慢慢改變自己。誓約通常是你對別的東西建立的。布魯克斯說，最重要的誓約有四個，分別是使命、婚姻、哲學信仰和社區。下一節，我們單獨說說婚姻。

下面這段話是《冰與火之歌》裡守夜人的誓詞，我每次看到都熱血沸騰。你想想，如果你有一個這樣的誓約，你是變得更卑微了，還是更強大了呢？

長夜將至，我從今開始守望，至死方休。

我將不娶妻，不封地，不生子。
我將不戴寶冠，不爭榮寵。
我將盡忠職守，生死於斯。
我是黑暗中的利劍，長城上的守衛，抵禦寒冷的烈焰，破曉時分的光線，喚醒眠者的號角，守護王國的堅盾。
我將生命與榮耀獻給守夜人，今夜如此，夜夜皆然。

婚姻是什麼

婚姻可能是你一生中最重要的一個決定。大多數人都會結婚，但很多人做出的都是錯誤的決定。

按美國的數據來說，四〇%的婚姻以離婚告終，一〇到一五%的婚姻處於沒有離婚，但是分居的狀態，七%的婚姻是兩人還在一起，但是感受到強烈的不幸福——也就是說，幸福的婚姻不到一半。如果二十五歲之前就結婚，得到壞結局的機率更大。如果你處於壞的婚姻之中，生病的機率會增加三五%，預期壽命會減少四年。

所以，結婚這件事肯定需要理性判斷。但是從另一方面來說，我們爲什麼結婚呢？結婚難道不是因爲你愛一個人愛到如此之深，想和對方融爲一體，永遠在一起，所以必須提出一個誓約嗎？

這和被使命召喚是一樣的感覺：不是你的大腦想不想結婚的問題，而是你的心和靈魂覺得不得不結婚了。而維護婚姻，也與爲使命獻身一樣，是改變自我的過程。

婚姻是兩人的關係與個人的自我之間的鬥爭。

我們看看布魯克斯在《第二座山》這本書中是怎麼分析婚姻關係的。說布魯克斯是婚姻專家，我估計他肯定不這麼認爲，但是他離過一次婚、結過兩次婚，對婚姻的確有很多感觸，而且他研究了各路專家的說法。布魯克斯提出，一段典型的親密關係，應該像下面這樣層層遞進地發展：

第一階段是一見鍾情。

你一看到這個人就被吸引住了。不是平常那種眼前一亮，而是對方身上有一種讓你心動的新奇感，你從來沒見過這樣的人。與此同時，你又對他有一種莫名的熟悉感，好像認識多年一樣。正所謂「喜歡＝熟悉＋意外」。

有的人認識第一天就決定結婚了，有些結局也挺好，但是一般來說，「一見」肯定是不夠的。

第二階段是想要了解對方。

你對他非常非常好奇，想知道他到底是個什麼樣的人，你簡直每時每刻都想著他。

有的人以為男人只會被性所吸引，其實不是這樣。專家的觀點是，在這個階段，男人想的全是對方這個完整的人。

第三階段是對話。兩人開始約會了，在對話中，慢慢把自己暴露給對方。

一開始的話題是發現雙方的共同點：我喜歡這部電影，原來你也喜歡啊？這不太巧了嗎！我們還眞是有緣。專家認為，兩人如果能有個什麼話題一起笑，是加速親密關係的好辦法，所以第一次約會，也許應該一起去看喜劇片。

這種關鍵對話非常講究分寸和節奏。布魯克斯形容這就好像打網球一樣，雙方你來我往，怎麼給、怎麼接，必須高度可控。

他說他很喜歡某部電影，你說你也喜歡；然後你說你還喜歡另一部電影，他說他也喜歡。這時，他傳給你他手機音樂播放器的播放清單，「你看，這是我喜歡的歌曲。」你想，聽歌是非常私人的事情，他是不是把對話的深度往前推進了一步呢？那你是不是應該再推一步？可是推多少合適呢？

布魯克斯跟他妻子當初還在對話階段的時候，兩人大多使用電子郵件交流。有一次，他發了封郵件就上飛機，飛機上沒有網路，布魯克斯擔心了好幾個小時，深怕自己錯過。

話題總會越來越深入。你們會聊到各自人生的經歷、快樂和痛苦的記憶，甚至連你什麼時候情緒會失控、是不是從小缺乏愛，都會告訴對方。

等到你們的對話進入心流狀態，電話一講就是好幾個小時，就該進入下一階段了。

第四階段是燃燒。第一次親密接觸發生在這個階段。你會給對方一個許諾，說從此之後我保護你。你感受到了責任，你覺得對方比你自己重要。你們正式確定了戀愛關係，你們一起去做各種事情，「我」變成了「我們」。

這是雙方對對方印象最理想化的階段。你覺得他簡直太完美了——這很好！專家的結論是，在這個階段你覺得他越完美，將來你們的婚姻會越長久。

第五階段是危機。每一個好故事都有危機階段。

兩人不會永遠都越看對方越理想，你的本性、你的各種缺點會暴露出來。雙方在某些原則問題上無法達成共識：你經常遲到，他總是守時；你說錢應該省著花，他的風格是大手大腳；你說不用每天打掃房間，他卻非常愛乾淨。兩人的生活習慣不可能完全合拍，這時候你們怎麼辦？

第六階段是原諒。在浪漫關係中，你必須足夠強大，才敢指責對方，而你必須更加強大，才能原諒對方。

一方願意原諒，一方願意改變，關係才能進入下一層。

這就是第七階段，融合。當個人的自我能夠在爲兩人的關係而讓步時，你們就可以進入婚姻了。

但是在正式決定結婚之前，你還需要最後一次理性的思考。

到底要不要跟這個人結婚，理性層面的核心問題是：你願不願意爲了婚姻，放棄自己對生活的控制權？你愛這個人，是否愛到願意一輩子都跟他聊的程度？如果回答都是yes，布魯克斯說，你還得再考慮三個問題。

第一是**道德**。經過這麼長時間的交往，你應該能看出來這個人到底是不是好人了。專家的意見是，別的毛病將來都能忍，唯獨一條——如果你打從內心鄙視這個人，這個婚姻一定無法維持。

第二是**性格**。我們知道，人的性格是可以改變的，但有些個性不容易改變。而對結婚來說，你需要特別關注這個人的「情感依附類型」。

研究表明，一個人小時候——從出生後十八個月開始，父母對他的照料情況，跟他這一生的情感生活有莫大的關係。有六〇%的人非常幸運，從小受到父母的呵護，有很強的安全感，那麼他的依附類型就是「安全型」。這樣的人跟有親密關係的人相處時，心率會下降，呼吸會變慢，是一種特別放鬆、特別自在的狀態。安全型的人九〇%都會結婚，而他們的離婚率也是最低的，只有二一%。

如果一個人小時候被照顧得不是很好，父母有時在、有時不在，比較缺乏愛的話，就可能是「焦慮型」。他們非常害怕失去親密關係。他們跟愛人相處的時候不但不放鬆，反而更緊張了，心率和呼吸都會更急促。

最不幸的則是，有些人從小沒有被愛的感覺，對大人提出什麼需求，根本就得不到回應，這種人是「迴避型」。他們爲了不受傷害，把自己封閉起來，從不打開心扉，不跟別人建立親密關係。

迴避型的人，結婚率只有七〇％，而離婚率高達五〇％。但是焦慮型人的婚姻可能更不成功，他們的離婚率比迴避型還高。

理性地說，我們都應該盡可能和安全型的人結婚。可是專家研究表明，大多數人都是選擇跟自己同類型的人結婚。

第三個問題是，你必須想好，**你對這個人的愛到底是哪種愛**。

希臘人把愛分成三種：

一、philia，朋友間的愛。你喜歡他，是因爲他是個有趣的人，跟他在一起，你覺得很好玩。

二、eros，男女之間的激情之愛。這種愛讓你深深迷戀對方。

三、agape，無私的愛，崇拜的愛。

要結婚，這三種愛都要有才行。比如，兩人在一起時感覺非常美好，但是沒有激情，就算分開也不會互相想念，這種就不適合結婚。

好，現在萬事俱備，你們終於結婚了。但是接下來的事情，也別抱太多幻想。

一五％的婚姻，兩人的關係一直都像初戀一樣美好。他們一天不見就開始想念對方，講了幾百遍的笑話還能一直講，激情永不消散。但專家認爲這種完美婚姻是有條件的。

如果你要選兩個人扮演一段長達一輩子的完美姻緣，你得這麼選演員：妻子的母親必須是在他們那一輩的婚姻中有點冷淡的人，父親必須是熱情的一方，這樣妻子會把自己父親扮演的那個理想的丈夫形象投射到自己丈夫身上。而丈夫爲什麼沒辜負這個形象呢？因爲他有一個特別美好的童年，但是後來失去了某個親人的愛，他強烈相信愛，同時又強烈需要愛。

但一般的夫妻不會滿足上述條件，大部分的婚姻都是湊合著過。

有的人出於自我保護，對配偶也不會暴露弱點。有的人認爲結婚就是要一方全力支持另一方的成長，認爲個人自我實現的需求高於婚姻關係。很多婚姻是陪伴式的，沒什麼戲劇性，但是也沒什麼激情，好處是雙方都比較自由。

但我們還是應該追求完美婚姻。結婚不是爲了湊合，是爲了愛，是我們內心想要跟另一個人融合。

事實是，不管對方是多麼好的人，婚姻終究都會限制你的個人自由。最起碼，如果有了孩子，你想不管都不行。

更重要的是，結婚意味著你的生活被入侵了。婚姻是個人主義最嚴重的危機，你等於生活在一個不斷被監控的狀態之下。你身邊一直都有個人對你做各種評判，你的所有缺點都暴露在對方的火力之下。

你以前根本不知道自己有這些缺點。結了婚你才知道，原來自己有起床氣，別人跟你談重要話題總愛躲閃，從來不關心別人的感受，你還喜歡扮演受害者，給人製造負罪感……你怎麼會是這樣的人啊！

所以，婚姻是對你的教育。**婚姻能不能搞好，取決於你願不願意被改變**。你可能明白要改變一個人，最好的方式是去愛他，透過愛，讓他變得更可愛。可是，如果對方要這麼改變你，你能接受嗎？

良好的婚姻中，兩個人必須都失去一部分的自我，讓位給婚姻關係。關係比個人重要，這就是美滿婚姻的祕密。

你在實踐誓約的過程中慢慢被改變，成了一個更好的人。

但是人終將老去

有的少年不想放棄撒嬌的權利。有的青年會在兒童節發群組訊息慶祝。有的中年倔強地命令自己每年跑兩次馬拉松。現代社會的整個情緒是，大家假裝都還年輕，誰也不會老。我們喜歡聽未來生物技術能延長壽命的預測，我們強調終身學習。

但是人終將老去。「不老」只是一種妄想。人類預期壽命的延長速度大幅放緩，未來也許會有新的突破，但是我不太相信，現在活著的人未來能直立行走到一百三十五歲。自然規律終究會發揮一定程度的作用。也許你當年是「十歲裁詩走馬成」，你曾經在每個群體中都是最年輕、最聰明的人，可是總有一日，你只能看著別人「雛鳳清於老鳳聲」。

我們不能總迴避衰老，我們應該學會正確面對衰老。這一節，說說幾個有關衰老的新研究，也許你能從中獲得一點新的認識。

好消息是，你不會像你的父輩老得那麼快。中國一九八七年規定的退休年齡是：男性六十歲，女性工人五十歲，女性主管五十五歲。五十歲啊，今天的女性五十歲可能正在讀書、學習和談戀愛，甚至可能還在準備讀書，五十歲算中年。可是一九七八年那個時候，五十歲眞的已經老了。

那從一九七八年到現在，期間發生了什麼事呢？這裡面沒有任何神奇的效應，跟基因突變什麼的也沒關係。你老得慢，是因爲你生活條件好。

有一項芬蘭的研究，對一九一〇年代出生和一九四〇年代出生的兩代人進行長期的追蹤調查[10]。兩代人都在七十五歲和八十歲的時候做了體檢，比對發現，一九四〇年代出生的這一代走路速度更快，手的握力更強，小腿力量更足，語言流暢度更好，大腦反應得分更高，更能獨立完成像洗澡和穿衣這樣的日常活動。其他研究也得到同樣的結果，人眞的是一代比一代活得年輕。

現在的七十歲，就如同過去的六十歲。

科學家分析，對身體影響最大的因素是營養。芬蘭在一九四三年成爲世界第一個免費提供學生午餐的國家。那一代人從小吃得好，自然長得好。這表現在他們體型更大，身體更靈活。當然，對成年後的生活肯定也有影響，最起碼新一代人的醫療水準更高。

對大腦來說，基本上唯一的影響因素是受教育的年限。新一代人，之所以腦子更好使，是因爲他們普遍接受了更長時間的教育，他們二十來歲的時候，正好趕上大學教育普及，而老一代普遍沒上過大學。但是老一代中，上過大學的人，他們老的時候，腦子就如同新一代人一樣好使。

這是令人鼓舞的結論。「受教育」不是舉行什麼神奇儀式，對大腦動手術。我們完全可以把終身學習視爲增加受教育年限，這意味著，你可以主動讓自己老得慢一點。

眞能讓人長壽的藥，現在還沒有靠譜的，但有些經過科學驗證的方法，可以幫助你延緩衰老[11]。

一個是**走路**。注意，不是那種悠閒的散步，對健康最好的方式是快走，速度要達到讓你有點喘不上氣來才好，得走出汗來才算達標。最好在戶外走，順便曬曬太陽，建議每天三十分鐘。

一個是**間歇性斷食**。你可能聽說過對老鼠做的實驗，每頓不給餵飽，能顯著延長老鼠的壽命。但人不是老鼠，人的壽命本來就很長，不過，仍然有一系列的研究支持間歇性斷食這種做法。現在最流行的方法叫「五二輕斷食」，每週七天之中，你選五天正常吃飯，兩天節食。節食的日子，一天只攝取五百到六百大卡，而且最好有十二到十六個小時的隔夜禁食。有研究表明，這個方法能對抗第二型糖尿病和老年痴呆症。

一個是**運動**。四十歲以上的人，每年流失一%的肌肉。強度較高的無氧運動對肌肉有好處，比如划船或負重訓練。跑跑跳跳的有氧運動則對骨骼密度有好處。如果你的關節承受得住，建議每天蹦跳十到二十下。

一個是**讀書**。沒錯，讀書也能增加壽命。耶魯大學有個研究認爲，每週閱讀時間超過三．五小時，能讓你增加壽命兩年。但是注意，是讀書，不是讀報紙雜誌，更不是「讀手機」——可能是因爲沉浸感不一樣。哪怕每天讀三十分鐘也有好處，專家建議睡前讀，讀不進去的話，至少也有助睡眠。

一個是**繼續工作**。如果工作不太累，最好晚點退休。工作能帶來社交互動，給你一個目標感，最起碼能讓你每天都動一動。

一個是**學習新東西**。這東西不一定對你有什麼實用價值，現在的目的是鍛鍊大腦，讓你的神經元再長一點新的連結。有的人學做料理，有的人學唱歌跳舞，這些都行。我私下的建議是，你應該學那些年輕人做的事情，比如打打遊戲、了解新的電影和流行歌曲、寫寫程式什麼的。關鍵字是「新」，書法、老幹部體詩詞、廣場舞之類的老人大學活動沒什麼意義。

還有些別的。比如多做好事，為社區做貢獻；白天可以小睡片刻，但是以二十五分鐘為宜，超過九十分鐘則有害；可以喝咖啡；要有朋友；要樂觀；可以選擇橄欖油之類的健康食物等等。

這些建議背後都有科學研究。其中有些結論的相關性和因果性可能不好區分，但是沒關係，反正你知道長壽的人都這麼做就行。這些肯定比老人群組裡發的那些靠譜——我還是建議多看年輕人發的東西、新的東西。

然而即便你做到這些，你還是會變老。

我們面對現實吧，這只是速度快一點慢一點的問題。你的身體機能必然會下降，從某一天開始，你的膝蓋不再能承受蹦跳，想走快也快不了，可能還需要借助拐杖才能站起來。

但你可能更接受不了認知能力上的變化。

中年人上有老下有小，要操心很多事，有研究說，五十三歲是人們自我評估最不幸福的年齡。不過，如果你受過足夠的教育，保持持續的學習，中年的大腦其實是非常好用的。你的晶體智力正處在巔峰狀態，你會非常善於主動調節情緒。你可以選擇性地看，並覺得什麼東西都挺好。中國人總愛勸人「想開點」，中年人最會想開點。

但是到了老年，可就不是這樣了。也許八十歲，也許七十歲，也許六十歲，你的認知能力、情緒調節能力會變差。

人的性格並不會在中年定型。心理學家喜歡用大五人格來考察性格的五個維度——開放性、盡責性、外向性、親和性、神經質。現在有證據表明，除了親和性不會隨著變老而改變，其他四個方面都會變[12]——而且不是往好的方向變。

人的開放性、盡責性和外向性程度，會從某一年開始逐漸下降。老人慢慢地就對新事物不再感興趣了，再也聽不進去跟自己想法不同的意見，也不願意到陌生的地方住，不想接觸陌生人。老人慢慢地就不想操心了，你們愛怎麼樣就怎麼樣吧，我以後不管了。老人會收縮自己的社交網，只跟最熟悉的幾個人來往。

而神經質程度則會增加。神經質代表這個人會不會暴躁易怒，會不會充滿焦慮。本來人在中年的時候，神經質程度是下降的，剛退休時可能覺得再也不用焦慮了，只管享受人生。但是到了老年，人會再次焦慮，甚至疑神疑鬼。只不過，這一次焦慮可不是像年輕時那樣爲國家的前途擔憂，而是爲自己的身體害怕。

人並不像自己年輕時想的那樣能夠從容面對死亡。

有的老學問家七、八十歲還能跟年輕人談笑風生，他們仍然會說一些很文藝或很激情的話。但是如果你仔細品，那裡面其實已經沒有新東西了，說起什麼思想，都是以前的理論。如果你讓他說說對某本新書有什麼看法，他會告訴你，那都是他三十年前就知道的事情。我以前遇到這樣的事，會對他們很不服氣，現在我的神經質程度下降，更多的是感到同情。

能不能浪漫地慢慢變老呢？

我最近讀到中國近代史專家桑兵的一本書[13]。桑兵先生在序言中描寫了自己精彩的老年規畫，他可不是說要去唱歌跳舞，而是做學問——做眞學問。

中國的歷史太長，學人的壽命太短。桑兵說：

學問始終是令人遺憾的事業，尤其是史學，必須絕頂聰明的人下笨功夫，等到功力、見識皆備之時，已是去日苦多，時光不再。

屈指算來，尚待完成的計畫爲數甚多，在編、擬編的大型資料和編年系列各有十數，在寫、擬寫的專書還有數十，而且常常觸類旁通，生發出許多預想以外的新枝。

這是「我怕我時間不夠用」的感嘆，是「君子疾末世而名不稱焉」的吶喊。爲此，桑兵採取了主動收縮的策略，能不參加的活動就不去了，能不見的人就不見了，在學問裡自得其樂。

這個老法，暗合了老年人的心理活動規律，卻有一種英雄氣概。桑兵先生不打算像什麼「十全老人」那樣度過完美的一生，他挑戰的是永遠都做不完的事業。他決意到時候帶著理想和遺憾離開。這是英雄豪傑的老法。

然而英雄如此，也終將死去。

有沒有什麼心法能像積極面對衰老一樣積極面對死亡呢？請允許我效法一下王國維，借用三句名言，說明面對老去的三個高級認識。它們可以是衰老路上的三個人生階段，也可以說是三個境界。

第一個境界是「最是人間留不住，朱顏辭鏡花辭樹」。這是王國維的詩句，意思是，自然規律不可抗拒。人人都嚮往年輕，就算我們不服老，那也沒辦法。

第二個境界是「通會之際，人書俱老」。這是書法家孫過庭的話，意思是，高級的技法，你年輕時怎麼學也練不到火候，必須到了老年，有了足夠的閱歷，融會貫通，才能達到巔峰。這是對年老的慶祝，讓人一直有希望。

第三個境界是「諸行無常」。這是佛經的說法。巴利語中，無常叫 anitya，而我最近讀到這個詞，卻是來自一位演化生物學家，大衛·巴拉什的文章[14]。

在巴拉什生物學的視角看來，年輕跟年老沒有什麼好與不好的區別，活著跟死去也都是同樣正常的存在。萬事萬物不停變化，留是肯定留不住的，但是巴拉什說，「無常」並不僅僅是變化的意思，無常還代表物質的流動性。組成生命的每一個粒子都是環境中因緣際會而來的，生物死後也只是回歸環境而已。

考慮到自己是整個大自然的一部分，死亡也並沒有讓世界少了什麼。

有一次，巴拉什在野外偶然聽到護林員用對講機說了一句話，很有佛學精神：

「發現阿格尼斯溪有一頭死麋鹿，分解得很好。完畢。」

死亡了，分解了，但是這也很好。

第五章

社會是個大系統

百姓日用而不知，故君子之道鮮矣。 ——《易經》

歷史總在重演嗎

中國人特別愛講「以史爲鑑」。以前的人讀書，要麼讀「經」，要麼讀「史」，像毛澤東讀的，絕大多數都是歷史書。就好像下棋要打譜、商學院要教案例一樣，我們希望吸取歷史的教訓。人們相信歷史總在重演，有句話叫「太陽底下沒有新鮮事」，還有一句號稱是邱吉爾的話——不學習歷史的人，註定要重複歷史。

眞的是這樣嗎？歷史總在重演嗎？如果歷史眞的是可以學習的，那爲什麼人們都不吸取歷史教訓，以至於杜牧在〈阿房宮賦〉裡感嘆「後人哀之而不鑑之，亦使後人而復哀後人也」呢？還有一句號稱是黑格爾的話——人類從歷史中學到的唯一教訓，就是人類無法從歷史中學到任何教訓。

如果歷史總在重演，要吸取點教訓，怎麼會這麼難呢？有些人可能會說，歷史的重演不是簡單的重複，規律是一樣的規律，但每一次的具體參數會有所變化。就好像馬克·吐溫說的，歷史不會重複自己，但總是押著同樣的韻腳。這個其實也不對。確實很多事都讓你覺得似曾相識，但眞正改變人類命運的歷史事件，可不是用同樣的韻腳寫出來的。

比如說，近代改變人類命運的大事件，大約有下面這些：大蕭條、第二次世界大戰、原子彈的出現、抗生素的出現、網路的出現……

這些都是根源性的歷史事件。其他的事兒，比如戰後美國經濟如何成長、二十一世紀中國的網路公司如何成爲世界第一，都是從根源性事件中衍生出來的。研究歷史，你得抓住根源性事件，而根源性事件都是意外事件。

這些事件不跟以前的任何事情「押韻」，當時的人——包括歷史學家在內——不但不能預測到這些事件，而且連想像都想像不到。歷史的確不是一點規律都沒有，但歷史有三個規律，恰恰決定了歷史不會重演。

第一個規律是，時代會有結構性的進步。

所謂結構性的進步，就是這個東西不僅僅是新鮮的，而且它對世界有系統性的改變。比如原子彈，它不僅僅是「又發明一種新武器」或「一種新型炸彈」的問題，而是這個武器一出來，不但人類的戰爭方式要徹底改寫，而且連「超級大國之間還會不會有戰爭」這個問題都得改寫。再比如抗生素，它不僅僅是「又發明一種新藥」的問題，而是徹底改寫了整個醫療衛生事業的問題，是一下子把人類平均預期壽命提高好幾十年的問題。

這種重大科技突破具有絕對的不可預測性，因爲科學沒有義務給人類提供這些東西。過去的人不知道會有原子彈和抗生素，我們也不知道將來一定會有，或者不會有什麼事嗎？不能。這些是太陽底下的新鮮事。

像這樣的事，能說我們查一查《二十四史》，我們中國早就有過，我們讀史早知今日不單單是科技，人類的生產方式、社會結構、文化習俗，包括人的性格，也都一直在發生結構性的變化。你讀一讀約瑟夫·亨里奇的《西方文化的特立獨行如何形成繁榮世界》[1]就知道，西方人的個人主義不是自古以來就有的，而是歷經千年演變出來的。你讀一讀張宏傑的《中國國民性演變史》[2]就知道，中國人的性格、中國人做事的風格，過去兩、三千年來一直都在變化。戰國的經驗不適用於漢朝；唐朝的經驗不能指導明朝；大清官場規則跟新中國並不一樣，曾國藩不適合當現代人的勵志偶像。

第二個規律是，人其實可以吸取歷史的教訓，而正因爲人吸取了歷史教訓，歷史才不會重演。

圖5-1出自摩根·豪瑟的《致富心態》[3]一書。這不是條碼，它表現的是美國歷史上的經濟衰退。每條黑線代表一次經濟衰退，線的粗細代表衰退持續的時間，線與線之間的空白代表經濟正常成長的時間。

這張圖想說的可不是歷史的重演，而是歷史的進步。整個趨勢是，經濟衰退變得越來越少，而且持續時間越來越短。

十九世紀末的美國，基本上，每兩年就會發生一次經濟衰退。那眞是跟我們以前在中學課本裡學的一樣，經濟危機是資本主義的本質矛盾和內在缺陷，是絕對不可避免的，每隔幾年就一定發生一次。

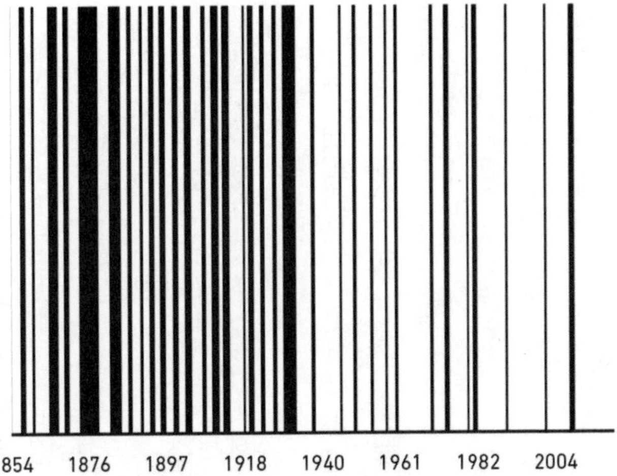

圖 5-1　美國經濟衰退期

可是，從二十世紀初開始，經濟衰退就變成了每隔五年一次。到一九五〇年以後，更是變成每隔八年一次。美國上一次經濟衰退是二〇〇七年底開始的，一直到二〇一九年，已經過了十二年，都沒有發生另一次衰退。可以說美國經歷了自內戰以來歷時最長的連續經濟成長。要不是因爲新冠肺炎疫情，可能二〇二〇年這次衰退也不會發生。

經濟週期爲什麼變了呢？難道說資本主義沒有矛盾和缺陷了嗎？

豪瑟說，這裡面可能有兩個原因，一個是經濟結構的改變。過去美國以製造業爲主，容易出現產能過剩的情況。眾所周知，資本主義經濟危機主要是產能過剩導致的，而現在美國以服務業爲主，不太容易出現產能過剩的情況。但是這個說法不能解釋爲什麼中國沒發生過經濟危機。

也許另一個原因的作用更大，那就是人們總結了歷史教訓，學會了避免，至少是延緩經濟衰退，並學會了如何快速從經濟衰退之中復甦。

人們發明了「中央銀行」這個東西。中央銀行可以用貨幣政策，政府可以用財政政策調節經濟，這兩招都是干預經濟「看得見的手」。而歷史證明，用這些方法調節經濟週期是管用的。

所以，人不是不能從歷史中學習——人只是不能「總」從一段歷史中學習。這批人學會了，做出改變了，下一段歷史就不是那樣的了。

第三個規律是，歷史有連鎖反應效應，所以本質上是不可預測的。

比如，關於一九三〇年代美國經濟大蕭條，我看到過兩種解釋，都涉及一環套一環的連鎖反應。

一種解釋是，技術升級導致大蕭條。阿諾德·克林在《分工與貿易》[4]一書中說的可能代表比較主流的看法，當時「發動機」這種東西普及了，使得大量工作，特別是美國的農業，實現了機械化。這突如其來的工業化，讓很多人失業了，失業導致整個社會的購買力下降，購買力下降導致過剩危機，過剩危機導致大蕭條。

另一種解釋可能有點非主流，是前任美聯儲主席伯南克在二〇〇四年出版的《大蕭條》[5]這本書中提出的。伯南克說，本來歐洲各國的貨幣都盯著英鎊，但是因爲第一次世界大戰，各國對英鎊有點喪失信心了。爲了讓老百姓對本國貨幣有信心，各國紛紛實行金本位。既然搞金本位，政府就必須想方設法多儲備黃金。爲了把黃金留在自己手裡，不被兌換，各國就減少貨幣發行，而這導致了通貨緊縮。經濟學的一個常識是，通貨緊縮比通貨膨脹要可怕得多。通貨緊縮的時候，市面上流動的資金大大減少，商家融不到資，生意做不下去，於是導致了大蕭條。

這兩個解釋截然不同，但它們都是正回饋過程。產生劇烈影響的歷史大事件，總會有些正回饋過程，包括從大蕭條到第二次世界大戰，也是一個正回饋。

但正回饋是脆弱的，中間只要有一個環節出於種種原因沒發生，最後的局面就會完全不一樣。

豪瑟還舉了一個例子。爲什麼現在美國的學生貸款急劇上升？可能是因爲九一一事件。這個連鎖反應是這樣的：

二〇〇一年的九一一事件導致美國航空業萎縮，而這帶來了一次小規模的經濟衰退。美聯儲爲了刺激經濟，就降低利率。利率降低後，貸款更容易，於是大家開始瘋狂買房，導致房產泡沫。房產泡沫導致二〇〇八年金融危機。金融危機導致就業市場萎縮。人們不容易找到工作，就都去上大學。上大學的需求增加，學生貸款大量增加。而學生貸款現在已經是美國經濟的一個嚴重問題。

當然，這是非常粗糙的解釋，但這個鏈條是存在的。那九一一事件發生的那一刻，你能想到，二十年後的美國人會因此受到學生貸款的困擾嗎？

如果你歷史讀得夠多，你也許可以在鏈條中的每件事發生之前，推測出它可能會發生。但是你絕對不敢預測哪件事一定會發生。而這麼多事形成鏈條，就成了完全不可推測的了。

歷史有結構性的進步，每個時代都是新的。人們吸取了歷史教訓之後，就會改變歷史，從而使之前的教訓不管用了。歷史事件的鏈條充滿偶然性。所以，歷史怎麼可能重演，我們怎麼可能從歷史推測未來呢？

那種相信歷史有個必然的方向，有各種必然發生規律的「歷史主義」，是錯誤的歷史觀。

歷史其實是一系列意外事件的集合。

二〇一七年，丹尼爾·康納曼在一次談話中說過，人們習慣在遇到一個意外事件、沒辦好一件事情的時候檢討自己，說要吸取教訓，下次不再犯錯。這個態度其實是不對的，這件事純屬意外，如何談下次改正呢？康納曼說，你真正應該學到的其實是，這個世界是很難預測的，它總是令人驚訝。

事實上，前面黑格爾那句話是被人誤讀了，黑格爾的意思不是抱怨人們怎麼不好好吸取歷史教訓，而是人們根本就不可能把教訓當經驗，完全照搬。那段話出自黑格爾的《歷史哲學》[6]，他的原話是：

每個時代都有它特殊的環境，都具有一種個別的情況，使它的舉動行事，不得不全由自己來考慮、自己來決定。當重大事變紛乘交迫的時候，一般籠統的法則，毫無裨益。回憶過去的同樣情形，也是徒勞無功。一個灰色的回憶，不能抗衡「現在」的生動和自由。

如此說來，我們了解歷史還有什麼用呢？這個問題非常大，這不僅僅是歷史觀的問題，更是讀書有沒有用、經驗有沒有用、學習任何東西有沒有用的問題。

「價值投資」還可行嗎

這一節以「價值投資」爲例，說說我們應該如何從歷史中學習。

一說價值投資，就會想到巴菲特和查理．蒙格。蒙格有個學生叫李錄，他在二〇二〇年出了本書叫《文明、現代化、價值投資與中國》[7]，這本書很好地總結了什麼是價值投資。李錄還特別提到價值投資這一行的師承傳統。

價值投資的祖師爺並不是巴菲特，而是一位比巴菲特更早的傳奇人物，叫班傑明．葛拉漢。幾十年前的人們談論葛拉漢，就好像我們今天談論巴菲特一樣，葛拉漢在投資上也取得了巨大的成功。跟巴菲特不同的是，葛拉漢是學者型的投資者，他非常專業地把自己的投資方法寫成了書，好像教科書一樣。

根據李錄的總結，價值投資的理念一共有四條，葛拉漢貢獻了前三條，巴菲特貢獻了第四條。我大概說一下這四條理念，你看看你能不能執行。

第一個理念是，買股票的本質是買公司。投資是爲了公司的價值，而不是爲了投機。一家公司之所以值得你擁有，不是因爲它的股票會漲，而是因爲這家公司能夠創造價值。你（部分地）擁有一個能持續創造價值的東西，它爲世界做出了貢獻，所以，根據私有財產應該得到保護的原理，你從中賺到的錢是你應得的。

我理解這就是查理．蒙格所謂的「配得上」[8]。你配得上，不是因爲你聰明，而是因爲作爲公司的所有者之一，你參與了一件創造價值的事，這讓你感到很踏實。這是投資的正道。

第二個理念是，忽略市場的短期波動。市場並不能告訴你公司眞正的價值，市場告訴你的只是當前公司股票的交易價格而已，而交易價格常常偏離價值。

價值投資者眼中的市場是個情緒經常波動，時而瘋狂、時而消沉的傢伙。市場不是一個好老師，它只是你取得公司擁有權的工具。

這個理念要求你把公司價值跟市場當前交易價格嚴格分開，這樣你才能不受短期波動影響，專注於長期。

第三個理念是所謂的「安全邊際」。因爲你對公司價值的估計具有不確定性，你一定要等到這家公司的股票交易價格遠遠低於——而不僅僅是「低於」——它的內在價值時再買。

你估計這檔股票應該值一百元，但你的估計可能是錯的，也許它實際上只值七十元。那怎麼確保安全呢？答案是等到股價波動到五十元的時候再買。

你可能會說：哪有這麼好的事啊？所以你絕大多數的情況下應該只看不買。你要看很多很多公司，等待很長很長時間。你就這麼耐心等著，反正根據第二個理念，市場總會波動到讓某一家好公司的股價低到離譜的程度，那就是你出手的時機。

這三個理念構成了一個完整的投資邏輯。這些都是葛拉漢早在七十多年以前就提出來的。

巴菲特貢獻的是第四條理念，「能力圈」。爲了合理評估公司的價值，價值投資者必須是個通才，得從宏觀到微觀、從消費到科技什麼都懂才行。你得深入分析紙面之下的東西，包括親自前往這家公司做現場調查，才有可能眞正了解一家公司。但人的能力終究是有限的，你怎麼可能眞的什麼都懂呢？所以巴菲特提出，錢是賺不完的，你不要指望什麼錢都賺，你能理解特定的產業和特定的公司就行了——但是千萬別不懂裝懂，莽撞行事。你得認清自己能力的邊界。

這四條理念簡單吧？有問題嗎？

這四條理念，用兩個字就能概括——撿漏。大商家做古董買賣，都是看差不多就買，買很多，高拋低吸，頻繁交易，有賺有賠，追求總體的盈利。價值投資者的做法則是，整天在潘家園舊貨市場逛古董攤，天天看，天天問價，但是只看不買。一直等到有個外行的把好東西當白菜賣的時候，才非常堅決、非常大手筆地出一次手。正所謂三年不開張，開張吃三年。

如果我講價值投資，一定會反覆提醒讀者，絕大多數散戶所謂的價值投資，不過是自我欺騙而已。你以爲買了自己喜歡的公司股票放著不動，就叫價值投資嗎？你的調查呢？你的安全邊際呢？你的能力進圈了嗎？你能堅持五十年嗎？

而讀者一定會說：你講這些理念是不是太虛了，具體怎麼操作呢？那個「度」應該怎麼掌握？股價比價值低多少才能買？你不能脫離劑量談論療效，你得給個數字才行！

葛拉漢其實是有給數字的。

葛拉漢的投資方法非常細緻，包括一些非常具體的操作標準。其中一個標準是，如果一家公司的市值高於實際價值的一．五倍，你就別買。

這個標準線比「安全邊際」要高得多，安全邊際是股價顯著低於實際價值的時候才能買。所以這個標準應該是一條高壓線，應該是鐵的紀律，對吧？

那如果我們現在堅決執行葛拉漢訂的這個標準，會怎麼樣呢？

這個有人驗證過了。豪瑟在《致富心態》中說，如果你在二〇〇九到二〇一九這十年間使用葛拉漢的標準，你能買的只有保險公司和銀行的股票。

現實是，現在根本沒有什麼被嚴重低估的好公司等著你去撿漏。開玩笑，現在是大數據時代，潘家園任何風吹草動都在別人的模型之中。

葛拉漢的標準早就過時了，但是你不能怨葛拉漢。事實上，葛拉漢一直都在告訴世人他的標準會過時。

葛拉漢關於價值投資的思想，最早是在一九三四年提出來。一九四九年，他非常著名的一本書《智慧型股票投資人》[9]第一版問世。這本書已經改進了他一九三四年的操作方法。

然後一九五四年，葛拉漢改寫了《智慧型股票投資人》這本書，更新第一版中的公式，提出新的公式。

一九六五年，他又改寫了一九五四年的公式。然後，一九七三年版又改寫了一九六五年的公式。一九三四年到一九七三年間，葛拉漢一共更新了四次炒股方法。

那你憑什麼相信他一九七三年的方法就是最終方法呢？一九七三年版的書沒有繼續更新，不是因爲無須更新，而是因爲葛拉漢一九七六年去世了。

如果今天的投資者還拿著《智慧型股票投資人》這本書來參考，就是刻舟求劍，就是盡信書不如無書。

事實上，在葛拉漢最後的日子裡，他可能把價值投資的根本理念都改了。在他去世之前，有人問他：是否還會堅持對個股做詳細分析，專注於「買公司」，而不是綜合評估整個市場？葛拉漢明確說他不會了。他不再強烈推崇藉由詳細分析一家公司的股票，來尋找超級價值機會這種操作。

那你說，「安全邊際」還能用嗎？「價值投資」是不是過時了呢？

以我之見，這取決於你如何理解價值投資的「表象」和「本質」。具體的操作標準都是表象，註定過時，但你說價值投資的四條理念有沒有道理？我認爲有道理。你得透過表象，看到那些道理的本質。

可是，「本質」通常又沒什麼用。誰不知道撿漏好？你告訴我這種原則有什麼用，你得告訴我哪兒有漏才行。世間的道理就是這樣，有用的都會錯，不會錯的都沒用。所以，你出來做事就會犯錯，想不犯錯，就只剩下道德優越感。

以史爲鑑，是讓你「借鑑」，是讓你體會本質，不是讓你生搬硬套表象。然而，我在《科學思考者》這本書中說過，事物並沒有絕對的、「本質的」本質。哪個是表象，哪個是本質，你只能根據具體情境自己分析。

李錄認爲，價值投資者永遠只占人群的五％，其餘九五％都抵抗不住頻繁交易的誘惑，所以價值投資永遠有機會。我對此表示智識上的同情。我自己的看法是，價值投資將會越來越難，越來越不適合散戶。如果你認爲你每年花在研究股票上的時間價值超過一百萬元，而你投入的總資產不到兩千萬元，我從數學的角度建議你幹點別的[10]。

我們應該如何學習歷史上的東西？價值投資也許能帶給你四個教訓：

第一，人生不是演算法，學東西不能機械照搬。適合巴菲特的，不一定適合你，你們的時間、地點、能力，特別是規模，非常不一樣。巴菲特能夠以股東身分，直接干預一家公司的經營，巴菲特買股票有畢馬龍效應[11]，這都是你不可複製的。

第二，高手眞正的智慧不在於他們會使用那些規律，而在於他們發現了那些規律。葛拉漢了不起，不是因爲他是價值投資者，而是因爲他開創了價值投資這個行業。

巴菲特跟葛拉漢不一樣，李錄跟巴菲特也不一樣。歷史最愛獎勵的是那些發明自己方法的人，而不是模仿別人的人。

齊白石說：「學我者生，像我者死。」我們眞正要學習的，不是那些高手的具體操作，而是他們「找到方法的方法」。

葛拉漢這幫人找到了最適合當時股票市場，並且最適合自己的操作方法——然後他們還不斷地更新。實踐、試驗、試錯、總結、更新，這些方法之上的方法，才是你應該學習的。

第三，**儘管很多歷史規律會變，但的確有些規律不會變**。我們可以直接借鑑的是那些不變的東西。

具體投資方法都會變，但是人們面對金錢決策時的貪婪和恐懼、壓力狀態下的行爲、面對獎勵時的反應，這些是很難改變的。這些是你可以直接學的。

各種歷史故事最大的作用其實都不是直接用，而是提高你的想像力。讀書最好反應過度——啊，還有這種操作！能想到各種操作的「可能性」就已經很好了，然後再考慮「機率」。

第四個教訓是考慮時間。越是遙遠的歷史，就越只能借鑑一些非常廣義的、不具體的規律。如果你想利用一個具體的趨勢，就只能參考近期的東西。

這四個教訓也都不是可直接操作的。到底哪些規律會變，哪些規律不會變，遙遠是多遠，我說不清。你要像葛拉漢一樣，知道怎麼掌握那個「度」。

演化是軍備競賽，還是和平協議

進化論絕對是人類最偉大的思想之一，能與之媲美的，大約只有數學和物理。

但你可能沒想過，其實進化論只是一個科學思想，而不是一個科學理論。科學理論說的都是某個特定的現象、某個特定的機制。比如電動力學描寫了帶電粒子的性質，遺傳學描寫了基因的性質，這些理論都可以用數學作精確的表述。而進化論，說的是一個適用範圍特別廣的一般規律。它只是很籠統地說生物演化是「隨機突變＋自然選擇」，但是到底怎麼個突變法，怎麼個選擇法，都沒有詳細描寫，更談不上使用數學。事實上，達爾文那個時候，甚至連「基因」這個概念都沒有。

但達爾文說的居然基本都是對的！所以人們非常喜歡拿進化論和人類社會內部的事作類比。有人認爲，各個國家之間的競爭就如同生物競爭。還有像達利歐在《原則》[12]這本書中，把公司的競爭和創新，跟物種演化作類比。凱文·凱利認爲技術的演化跟生物演化可以類比。有些人則認爲個人的成長也可以和生物演化類比。

從邏輯上來說，這種類比沒有理由是完全正確的。可是，既然進化論不是一個科學理論，但卻這麼厲害，我們似乎也可以相信，生物演化眞的已經窮盡了任何事物、一切可能的「演化」智慧。

我們要說的就是演化生物學家近年來的新發現。你會越發覺得，生物演化簡直是奇計百出，而且實在太像人類社會了。

不過，我們還是先梳理一遍一般人對進化論的傳統認識。這個傳統認識用兩個字概括，就是「鬥爭」。

首先是跟敵人的鬥爭。羚羊必須跑得比獅子快，才不會被獅子吃掉；獅子必須跑得比羚羊快，才能吃到羚羊。強者生存，弱者死亡。

其次是跟同類鬥爭。鹿群裡的公鹿為了爭奪交配權，必須長出巨大的鹿角，去跟別的公鹿鬥爭。很多鹿角已經大到誇張的地步，已經不利於奔跑，已經威脅到鹿面對老虎時的安全了，但是鹿角必須得長。強者生育，弱者無後。

更高層次的，則是一個族群內部團結起來，對外鬥爭。

這三種鬥爭是有矛盾的，生物界演化出各種辦法進行協調，比如，人類社會就會用「道德」來約束人們少內鬥，一致對外。

把這個鬥爭思維類比到人類社會，人們就會講「物競天擇，適者生存」，就會追求個人地位，就會有強烈的敵我意識。

因為要鬥爭，人們還相信嚴酷的生存環境對人的成長是有利的，能鍛鍊人。所以「男孩要窮養」，「溫室裡的花朵」是沒有前途的。

你注意到沒有，這些鬥爭思想，對我們現代人，特別是對九〇後、〇〇後的年輕人來說，好像有點過時了，聽起來有點土。這是爲什麼呢？因爲「鬥爭」，本來就是個很片面的認識。

「鬥爭」是老百姓對進化論的理解。達爾文可沒說作爲生物就應該一門心思鬥爭。

二〇一九年，瑞士巴塞爾大學的神經科學博士後凱莉．克蘭西，有一篇綜述文章[13]，介紹進化論的一些最新研究進展。這些研究講述了進化論另一面的故事。如果你想從進化論中悟出開公司或提升個人競爭力的智慧，這一面的故事可能對你更有用。

我來給你解說一番，分爲五點。你會發現，這些現象全都可以跟社會和市場作類比，而且比「物競天擇，適者生存」更接近社會和市場。

第一，寬鬆的環境更有利於創新。

嚴酷的環境固然能選擇出那些特別適合嚴酷環境的生物個體，但是這種選材模式太狹窄了。現代進化生物學有個核心概念叫「放鬆的選擇」，意思是把環境選擇的壓力減小一點，讓生物們活得放鬆一點，更容易帶來繁榮和創新。

天敵減少了、氣候變暖了、食物充裕了，只要環境更舒適了，生物們就會在更多的演化方向上進行探索。比如，我以前聽說有一種小魚，如果環境很安全，沒有捕食者，牠們就會長著漂亮的紅色花紋；一旦環境險惡，有了捕食者，用不了幾代，活下來的就都是灰色的了。這當然是因爲紅色太顯眼，容易被捕食者發現目標。

可能有人會說，還是嚴酷環境鍛鍊人，紅色小魚沒有生存能力，灰色小魚好！我看這不太對。灰色只在嚴酷環境裡是好的顏色，可是你爲什麼指望環境是嚴酷的呢？

有能力的生物，總是想方設法讓自己的環境不那麼嚴酷。英國謝菲爾德大學二〇一七年的一項研究認爲，老鼠可以透過跟別的老鼠群聚取暖的辦法，放鬆選擇壓力。相對於那些孤獨的、不會合作的老鼠，這些善於合作的老鼠因爲有更寬鬆的條件進行探索，而有了更多的基因變異和更好的多樣性。

那麼，如果將來環境發生改變，你猜哪種老鼠的適應能力更強呢？是善於群聚取暖的老鼠。研究者認爲，從爬行動物到哺乳動物的關鍵一步，也許就是因爲有些爬行動物學會了群聚取暖，給自己弄了更寬鬆的環境，這次進化，讓這些創新者獲得了只有哺乳動物才有的，比如在夜間也能捕獵的能力。

這就好像富養的孩子因爲多才多藝，而找到了新興領域的工作一樣。

第二，有時候不是環境選擇新生物，而是生物占領新環境。

在寬鬆環境中自由探索出來的新本領，能幹什麼用呢？除了被動等待將來可能出現的新環境之外，生物還會主動出去尋找新環境。

瑞典隆德大學的研究者對四千種鳥類的繁殖策略進行了研究，發現有些鳥以互相合作的方式哺育後代，等於是讓後代的環境更寬鬆。用這種方法哺育出來的鳥，由於在更寬鬆的環境中長大，反而更容易掌握在嚴酷環境生存的本領。

以前的人都以爲是環境先變嚴酷了，適者生存，不適者被淘汰，但這些研究者發現，至少對鳥來說不是這樣。是那些在良好環境中長大的鳥，因爲有合作的保證，而敢於大膽探索新事物，主動飛到了嚴酷環境中生存。牠們的能力不是更弱，而是更強——牠們主動選擇去開疆拓土。

這大約相當於，那些開拓海外市場的公司，往往不是在本土混不下去的，而是在本土混得好的。

第三，有些生物會主動搭臺，讓別的生物來唱戲。

生物不但會適應環境和占領環境，還會製造新環境。比如，珊瑚蟲會製造珊瑚礁，而珊瑚礁能減緩水流的速度，減少水流對身體的衝擊，這就給其他海洋生物提供了一個非常優越的生存環境。很多物種都依靠珊瑚礁生存，而牠們同時又給珊瑚蟲提供了食物和安全保護。

各個物種互利共存，也許是比「鬥爭」更大的常態。

第四，有些生物會因爲和別的生物共生，而放棄自己的一些能力。

以前生物學家很希望在實驗室裡單獨培養某一種細菌，但是他們很快發現，絕大多數細菌根本就無法作爲單獨的種類存活，它們都必須跟別的細菌一起生活才行。這是因爲，有些生物本來就是跟別的物種共同演化的。有些生物更會因爲總跟別的物種在一起，形成了強烈的依賴，乾脆放棄了自己的一部分功能。

這個現象叫作「基因脫落」——以前有這個基因，後來很長時間不需要，乾脆就沒有了。

比如，聚球藻和原綠球藻是兩種總在一起生存的海洋藻類，它們都依靠光合作用生活，而光合作用會產生一種有毒的副產品——過氧化氫。有一種酶可以中和過氧化氫。本來兩種藻類都會製造這種酶，但是因爲聚球藻生產的酶就足以中和掉所有的過氧化氫了，原綠球藻乾脆就不用自己生產了。

這就好比馬爾地夫這個國家不需要有自己的工業、農業和國防，它只要把自己的地方管理好，單純靠外國人來旅遊的收入，就足以讓國民過上好日子。

第五，比獨立自主更高級的生存策略，是解放自我。

那像原綠球藻這種生存策略是不是有點危險呢？萬一哪天聚球藻突然不願意跟它一起生存了怎麼辦？原綠球藻是不是應該盡量「獨立自主」地生活呢？

世界上沒有絕對的萬全之策。獨立自主，是一種很昂貴的生存方式。在生物學家看來，保留所有基因是不經濟的，非常不利於發展和演化，基因脫落其實是常見的生物現象。生物發展和演化的合理策略是，在與多個物種共存的環境中，給自己謀求一個獨特的定位，而不是總想脫離別人，自己單幹。

類比到市場經濟，就是再厲害的公司也不應該什麼都做。哪怕是豐田汽車，也應該把輪胎、汽車玻璃，包括各種零組件，都交給別的公司做。專業化的分工最有利於調整和創新，最能適應快速多變的新環境。

所以，生物正確的價值觀，不是總想著在一個嚴酷的環境裡搞獨立自主，而是設法放鬆自己的環境，讓自己探索新的可能性，也就是解放自我。

人類恰恰就是這麼幹的。演化發展到人類這一步，就成了文化和基因共同演化的局面。自然選擇不再僅僅由外部環境決定。人類發明用火加工肉類食物再吃，這讓人類的牙齒和下巴縮小了，讓大腦的容量可以更大——人類解放了自己的大腦。人類馴化動物，解放了自己的勞動力。現代人不再終日從事體力勞動，解放了自己的天性。

我們時不時就會聽到有人說，很多老一輩的人會幹的活兒，現在的年輕人都不幹了。現代人的體能、手勁、韌性、吃苦耐勞的精神，包括記憶力和算術能力，都不如過去。萬一災難來了怎麼辦？萬一突然沒有電力了怎麼辦？現代人還是一種獨立自主的生物嗎？

答案是，人類早就不是獨立自主的生物了。世界上根本就沒有什麼獨立自主的生物。

這些知識跟你心目中的進化論也許非常不一樣。一般大眾對進化論有很深的誤解。別的先不說，「進化」這個詞就有問題。「進」暗示著「進步」，暗示生物進化是有方向的，「從低級到高級，從簡單到複雜」，這個說法其實是錯的。事實是，生物進化並沒有特定方向，基因突變可以在任何方向發生，可以變高級，也可以變低級——有時候變低級更能適應環境。所以現在都把「evolution」翻譯成「演化」，而不是「進化」。

還有，「物競天擇，適者生存」這個進化論的標誌性口號，其實不是達爾文說的，而是赫胥黎在《進化論與倫理學》[14]這本書裡說的。清朝末年的翻譯家嚴復把這本書翻譯爲《天演論》，並且強行概括成一句口號，這句口號激勵了無數青年。但嚴復其實是誤讀了赫胥黎。赫胥黎的本意根本不是說人類社會應該搞弱肉強食、優勝劣汰，他認爲人類社會不是動物世界。

而現代科學家發現，動物世界也不完全是弱肉強食的世界。

共存、合作、雙贏，也是天道——至少和鬥爭一樣重要，很可能更重要。演化不是軍備競賽，而是和平協議。

以前有個阿拉伯國家的政要，曾經警告他的國民，石器時代之所以結束，並不是因爲當時人類沒有石頭可用了。

下一次科技進步，也不太可能是因爲地球發生什麼大災難，這一代的技術不能用了。

我們為什麼總想著災難要來，一門心思應對嚴酷環境呢？**創造寬鬆的環境和自由的文化，求新、求變、求多元，面向未來主動探索新領地，這才是過著好日子的現代人更該做的事情。**

最高級的交流策略

這一節的主題是交流方式的演化。我希望你從中再體會一下演化思維。

演化思維說，一個基因也好，一個性狀也好，一種行為模式也好，如果這個東西能夠長期穩定存在，就必然有它存在的道理。不利於生存和繁衍的東西，肯定不能長期穩定存在。

能讓它存在的這個道理，我們就可以稱之為「天道」。演化就是生物的天道。你想做事順利，就得符合天道。

交流的天道是什麼呢？

交流的難題

先來說一個令人震驚的知識。女性在懷孕的時候，跟肚子裡的胎兒之間，除了共生合作之外，還有一場小小的戰爭。

這個戰爭是爲了爭奪糖。孕期女性的胰島素分泌會提高。我們知道，胰島素的作用是把體內的糖分轉化爲脂肪。胰島素提高，意味著母親想給自己的身體多儲備一些能量，把糖變成脂肪留下。但奇怪的是，胰島素提高了，母親體內的糖分仍然很高，就好像那些胰島素不起作用一樣，這是爲什麼呢？

因爲胎兒分泌了一種叫作ｈＰＬ的激素，透過胎盤傳遞給母親，這個激素能對抗胰島素——胎兒也需要糖。胎兒說：你的糖別留著了，都給我吧。

母親分泌更多的胰島素，胎兒就分泌更多的ｈＰＬ。這是一場軍備競賽。

軍備競賽都是恐怖平衡，各方投入的力量只會越來越多。到了什麼程度呢？小小一個胎兒，身體都還在長，竟然能每天分泌一到三公克的ｈＰＬ，比他輸入胎盤的其他所有激素高幾千倍！只有戰爭才能讓人投入這種規模的資源。

人都說母子關係是最親密的，殊不知其中也有利益衝突。母親不可能把一切都奉獻給這個孩子，她還有自己的人生，她還有別的孩子要照顧，她必須養好自己的身體——可是胎兒只知道盡可能從母親身上獲取更多資源。

不過，有衝突不等於就必須爆發戰爭。有衝突，又缺乏有效交流手段，才會爆發戰爭。

有衝突，如果能夠交流，那對雙方都有好處。

比如說，瞪羚在面對捕食者的時候，牠可能不會馬上逃跑，而是先故意在原地蹦一蹦，這是什麼意思呢？

這就是在跟捕食者交流。瞪羚透過跳躍傳遞了一個信號：你看我能跳這麼高，我的身體很健壯，你肯定追不上我，乾脆去找別人吧，咱倆都省點力氣。捕食者也能接受這個信號，瞪羚跳躍的高度確實反映了牠的強壯，瞪羚敢冒這個險，說明這個信號是可信的。

賽局理論有關於信號的理論。想讓信號可信，你得付出一定的代價——瞪羚的代價是冒險。有些富人爲了證明自己的實力去購買奢侈品，有些信徒爲了證明對宗教的虔誠而齋戒，這些都是代價。

所以交流很重要，而爲了讓交流有效，代價很重要。

更高級的交流

《槍炮、病菌與鋼鐵》[15]作者賈德．戴蒙，三十年前出過一本書叫《第三種猩猩》[16]，也是一本名著，我還寫過書評。這本書講到生物發信號的原理時就講了瞪羚，還提到一種澳洲的鳥，叫園丁鳥。

雄性園丁鳥會搭建一個漂亮的屋子，用各種花瓣、果實和五顏六色的石子裝飾，好看是好看，但並沒有實用價值。唯一的作用是讓雌鳥來評判雄鳥的能力。雌鳥覺得你這屋子裝修得有水準，就可能嫁給你。

戴蒙當時說，這就是雄鳥爲了發出信號，不得不做一些無用而昂貴的事情，就好像人類的男性買奢侈品一樣。但是現在，這個知識得更新了。

新一代科學家發現，搭這個窩對於園丁鳥來說，其實並不費事，花不了多少時間，也不用冒險。這就奇怪了，園丁鳥爲什麼不全力以赴，好吸引異性呢？因爲雄鳥之間有一個協調機制。

有個科學家偶然給某個雄鳥的窩多放了幾顆藍莓，讓窩看起來更漂亮，結果，別的雄鳥看見之後，立即把這個窩給毀了。原來，其他雄鳥認爲這隻鳥不配擁有這麼漂亮的窩。也就是說，雄鳥跟雄鳥會互相監督：你是什麼水準，我們心裡都有數，你該有什麼配置就是什麼配置，誰也別超標，這樣大家都省力。

雄鳥透過協調，破解了那個搭窩競賽的囚徒困境。

你看，這是不是更高水準的交流？只要你能懲罰違規者，就不用發特別昂貴的信號。而我們人類，甚至可以免費交流。

什麼人最容易被騙

人肯定得比園丁鳥還聰明。那人與人之間的交流，怎麼確保可信度呢？說話實在太容易了，人們怎麼識別眞話假話，怎麼不被騙呢？

以前主流學界認爲，騙與被騙是一個能力競賽的過程。說話的人手段越來越高，聽話的人也必須越來越精明，不想被騙，得多思考才行。

丹尼爾．康納曼有個「系統一」和「系統二」的說法。系統一是直覺快速思維，系統二是理性慢速計算思維。哈佛教授丹尼爾．吉伯特做過實驗，如果你干擾一個人的系統二，讓他不能理性思考，他就會更容易相信你說的話是對的。

這些說法完全符合我們的常識。肯定是越傻的人越容易上當，要不怎麼會說被騙的人愚昧呢！

那根據這個原理，想說服一個人，就應該讓他放棄思考。有人發明了透過「潛意識」來施加影響力，比如在睡覺的時候聽錄音，用觀眾注意不到的方式播放廣告。還有人發明了「洗腦術」，也就是先對一個人進行精神和身體的雙重摧殘，讓他喪失思考能力，這時候你告訴他什麼，他就相信什麼。

但是，這些說法都過時了。有關審訊技術的最新科學研究結果表明，嚴刑拷打作爲一種審訊方法其實是沒用的[17]。如果放棄思考的人都不會跟你合作，又怎麼能被你說服呢？認知科學家雨果．梅西耶在《爲什麼這麼荒謬還有人信？》[18]一書中推翻了過去那些主流的說法。其實早就有研究表明，潛意識廣告、嚴刑拷打和洗腦術根本就沒用。至於吉伯特那個實驗，他們給受試者判斷對錯的句子，答案都非常偏門，人們事先並沒有成見，所以容易相信他們說的。更新的實驗發現，如果你讓受試者判斷一些他本來就知道的東西，剝奪他的系統二，只會讓他更堅持自己原來的看法。

並不是越傻的人越容易被騙，而是越傻的人越保守。

開放的機警

二〇一〇年，梅西耶和一些研究者重新思考了人類交流的問題，提出一個新理論。要理解這個理論，咱們先用動物的飲食結構來打個比方。

有些動物吃的東西非常特殊，比如大熊貓，只吃那麼幾種竹子。再比如吸血鬼蝙蝠，只吃活的哺乳動物的血。別的東西牠們一律不吃。這種吃法可能比較省心，牠們永遠都不用自己判斷什麼東西能吃，什麼不能吃。但是，這是一種把路越走越窄的吃法。一旦環境變化，比如說沒有那幾種竹子了，大熊貓就麻煩了。

我們人類的吃法是另一種。人類是雜食性動物，雜食性動物什麼都可以吃，路越走越寬，但是這對你有個更高的要求——你得有判斷力才行。比如，吃某個東西吃出了毛病，或者你看別人吃出了毛病，你得記住，下次碰到這種食物就不吃。

雜食性動物的特點，梅西耶稱之爲「開放的機警」。一方面你很開放，什麼東西都能嘗試；另一方面你又很機警，有判斷力。對比之下，單食性動物則是保守而愚鈍的，牠們只吃特定的東西，而且哪怕那個東西壞了，牠們也不會判斷。

梅西耶說，人類的交流方式，也是開放的機警。

動物只能接受有限的幾種信號，爲了讓一個信號可信，得花大價錢。我們人類的交流方式很多，如語言、表情、動作、抽象符號等。而且我們的交流成本很低，你當面跟我說一件事情也行，你一定要用英文寫封電子郵件也行，我都能相信你。人類交流的開放度非常高。

但是光開放不行，我們還得機警。我敢信任你，是因爲我有辦法識別資訊的眞假，你騙我，我可以懲罰你。

人類交流方式的演化，就如同從單食性動物到雜食性動物的過程。你看越是原始部落的人思想越保守，只信任自己的族人，遇到外族的第一反應可能就是打仗。等到社會越來越複雜，我們可以和陌生人打交道，甚至可以相信陌生人。與此同時，我們也更精明了，更善於識別謊言。我們沒有因爲害怕受騙而減少接收資訊，社會演變的趨勢是人們接收越來越多資訊。

個人也是這樣。小孩就相當於單食性動物，生活在非常有限的環境中，很少跟陌生人交流。小孩很相信父母和老師的話，因爲他只能接觸這些人。慢慢長大以後，接觸的人越來越多，環境越來越開放，思考能力越來越強，人也越來越機警。

橫向比較來看，聰明、愛思考的人往往更容易接收新東西；而那些比較笨、不愛思考的人更保守，他們只相信自己以前知道的東西，接觸新事物的第一反應是不信。歷史上的新思想、各種當時看來是異端邪說的東西，往往都是先在知識分子之間傳播，普通老百姓是不信的。

其實，世界上根本就沒有特別容易輕信他人的人，輕信他人的人早就被演化淘汰了。

只有兩種人能穩定地存活下來：一種是開放而又機警的，一種是保守而又什麼都聽不進去的。

這一節我們對比了幾種交流方式。

第一，沒有利益衝突的個體，天生就能無障礙交流。比如蜜蜂，因爲工蜂是不能生育的，各個工蜂是純粹的合作關係，牠們之間的交流就是絕對的信任。

第二，如果有利益衝突，就會有問題。比如母子之間有那麼一個小小的利益衝突，都導致了一場戰爭。

第三，有效的交流對雙方都有好處。比如瞪羚，寧可付出冒險的代價，也要發一個有效的信號。

第四，最高水準的交流則幾乎不需要代價——這就是人類「開放的機警」式的交流。

這是不是非常有意思？我們每個人每天都在跟人交流，但是如果科學家不弄一個理論，我們還眞說不清自己有什麼交流策略。事實上，就連科學家一開始也弄錯了，這才給梅西耶一個顚覆主流學說的機會。

這就如同《易經》裡說的「道」——百姓日用而不知，故君子之道鮮矣。你在用，但是因爲你不會總結，或者你總結得不對，你就無法從中學習和提升。現在，我們知道了這個「道」，也許就可以從中悟出一點做事的原則。

越高水準的交流，應該越開放，同時伴隨著機警。把門關起來，只跟自己人交流，或者只跟認證過的「友好人士」交流，那就不是自信，而是畏懼，不是進步，而是退化。不管是誰，先交流起來，在交流的過程中保持機警，這才是符合天道的做法。

困在獎勵裡

現在有兩個工作，收入相差不多，看看你喜歡哪個：

第一個工作有絕對明確的目標和達成目標的手段。任何時候你都知道應該做什麼，而且只要做了就有獎勵，不做或者做錯就沒有獎勵。你的付出和回報緊密相連，你和同事們每個人的績效都一目了然，絕對公平。

第二個工作雖然也有目標，但是目標很含糊，好像幾個方向都有道理。遇到一件事到底應該怎麼辦，似乎可以有幾個選擇。有時候你明明很努力，卻沒看到什麼成果。有陣子你有點懈怠，沒好好幹，收入也沒減少。同事們有的幹得好，有的一般，可是上面的人好像根本看不出來，你偶爾感到不公平。

第二個工作中的情況是比較常見的，這樣的工作經常受到譴責，而第一個工作有點像打遊戲。所以你更喜歡第一個工作，是嗎？

不是。你不喜歡第一個工作，你喜歡第二個工作。

第一個工作是外送員，第二個工作是中學老師。現實是，做外送員的門檻很低，做老師的門檻很高。老師的收入並不高，有的可能低於外送員，但是哪怕再低一點，他們也不會去做外送。

二〇二〇年有一篇《人物》雜誌的文章爆紅，叫〈外賣騎手，困在系統裡〉，作者是賴祐萱。外送員的工作既辛苦又不安全。辛苦和不安全不是因為「送貨」，這件事的工作性質就是如此——其實中國的交通還是比較安全的——而是因為外送員必須爭分奪秒、不惜違規地完成任務。外送員爭分奪秒，不是因為「系統」逼著他們這麼幹，而是因為系統「獎勵」他們這麼幹——他們的業績和收入緊密相連。

賴祐萱介紹，中國外送平臺美團和餓了麼，都給外送員弄了像打遊戲一樣的升級系統。你的收入不是跟勞動成正比，而是每週完成的訂單數越多，每單的收入就越高。這是一個能讓人發揮最後一絲力氣的系統，幹得越多，越有意義，幹得少就實在太不值得了。

這個系統使我想起一個箱子。

一九三〇年，哈佛大學心理學家伯爾赫斯·史金納發明了一個箱子，被後世稱為「史金納箱」。這個箱子裡裝著一隻小動物，比如老鼠或鴿子，牆上有個控制桿，動物一推控制桿，就會得到食物。

食物是對動物推控制桿的獎勵。史金納發現，起初動物會不斷地推控制桿，拿到獎勵，但是一段時間之後，牠們似乎覺得遊戲沒意思了，就只在餓了的時候才去推控制桿。於是史金納改進了箱子的設定，把獎勵改成隨機的，有時候怎麼推控制桿都沒有食物，有時候推一下就能得到好幾份食物。這下動物們上癮了，牠們不停地推控制桿，就好像玩吃角子老虎機的賭徒一樣。

史金納把這個機制叫作「強化」。只要設計合理的獎勵制度，你就能強化動物——或者人——的某個行爲。如果你希望他多做這個動作，你要做的，就是用獎勵去強化這個動作。

其實人們早就知道獎勵的道理。工人會按件計酬，主管有績效獎金。有的老師會用讀一本書就獎勵一個比薩的方法鼓勵學生讀書，有的家長會讓孩子做家務賺零用錢。但是以史金納爲開山鼻祖的「行爲學」的貢獻在於，你光給獎勵不行，你的獎勵必須給得巧妙才行——你需要一個能讓人上癮的獎勵制度。

這門學問叫「行爲設計學」。現在行爲設計學已經非常成熟了，不但美團和餓了麼在用，Uber 和 Lyft 也在用，遊戲公司更是在用。行爲設計學能讓獎勵的效用最大化，不用給太多獎勵，就能最大限度地激勵行爲。其實美團、餓了麼還算夠意思，畢竟外送員的收入遠高於中國城市最低收入。在美國，Uber 司機拚命地玩這個開車遊戲，到手的收入卻常常低於最低收入標準。而因爲 Uber 公司跟司機之間沒有正式的雇傭合約，這個低收入還是合法的——畢竟這只是一個遊戲。

現在，請你離開遊戲設計者的視角，你能不能用外送員的視角想想，這個遊戲好玩嗎？然後你再用公司的視角想想，這個系統眞的好嗎？

答案是，不好。我們有充分的證據。

早在一九九三年，美國學者艾爾菲．科恩就有一本書叫《獎勵的懲罰》[19]，論述了爲什麼用獎勵強化行爲不是個好制度。

從一九六〇年代開始，就不斷地有各種研究證明，所謂按件計酬、績效獎金不但沒好處，而且有壞處。科恩書裡列舉的證據就有：

- 管理層的薪資和獎級刺激，和公司利潤之間的關係很微弱，而且常常是負相關。
- 績效獎金沒有提高教師和社工的工作品質。
- 在有的研究中，按件計酬甚至讓產量下降了。
- 日本和德國的工人效率最高，但是恰恰沒有使用行爲主義的物質刺激。

那什麼情況下，獎金有用呢？書中引用一個報告分析，這樣的工作有三個特點：

一、測試都是短期的，長期有沒有影響不知道。

二、工作任務是簡單的，比如體力活或發傳單之類的事情。

三、工作表現能直接量化，要麼比誰做得多，要麼比誰做得快。

你看後面兩個特點，這不就是外送員的工作嗎？研究表明，只要這個工作比較複雜，講究一些難以量化的品質，直接的金錢刺激就完全沒有好的效果。

如果獎勵對工人都沒用，對學生就更沒用。我在《萬萬沒想到》這本書裡就說過幾個新研究，經濟學家拿著幾百萬美元做實驗，用獎金鼓勵學生學習，結果是短期可能有效，長期一定無效。

有時候，我們做事就只是因爲喜歡做這件事，比如踢足球或解數學題，這叫「內在動力」。爲了獲得獎勵而做一件事，則是「外在動力」。所有研究都表明，讓人長期做一件事，能做好一件事，甚至主動做一件事的，必須是內在動力。

科恩的洞見在於，獎勵不但提供了一個無效的外在動力，而且還傷害了內在動力。獎勵其實是對人的操縱——拿不到獎勵就等於懲罰，獎勵跟懲罰其實是一個意思。獎勵會破壞團隊合作。獎勵鼓勵簡單行動，讓人不願意深入理解工作中的問題，讓人迴避探索。獎勵還會迅速降低人們對工作的興趣。

經濟學家泰勒·科文也說過這個問題。本來孩子做家務，是爲家庭做貢獻，是一個充滿溫情的行爲，現在你一談錢，這還有意思嗎？

說白了，獎勵制度異化了行爲。

我們直覺上認爲獎勵有效，但心裡想的都是獎勵對「別人」有效——我工作主要是爲了享受工作，我是內在動力驅動的，不過獎勵制度還是必不可少，畢竟別人都是爲了錢工作。殊不知「別人」也是這麼想你的。

那好，如果不談錢，難道讓大家都爲了「情懷」而工作嗎？那當然不行。這裡面有個非常微妙的基本原則。

科恩提出的原則是，你應該「慷慨而公平地支付報酬，盡量確保不要讓人們覺得受到剝削，然後竭盡全力幫助他們忘記金錢」。

一方給足錢，一方賺夠錢，但是雙方平時工作的時候，有默契地不談錢。

這個原則是不是恰恰符合現代企業的薪資制度？根據員工的水準、層級和資歷給一個比較固定的薪資，雙方談判達成一致，之後該怎麼工作就怎麼工作，忘記金錢。

有時候你幫老同事一個忙，有時候你帶一帶新同事，有時候你家裡有事請幾天假，有時候你主動加班，沒人會算計這些事值多少錢。因爲你的一個決定，公司一下子賺了幾百萬，也不會直接分給你；因爲你的一個錯誤，公司損失幾百萬，也不會讓你賠償。你的表現會默默地轉化爲升職加薪，但是每個行動都不直接跟金錢掛鉤。

只有這樣，大家合作才能愉快，你想要弄個什麼事兒，也能理直氣壯。老師完全可以說我上班是爲了教學生，公務員完全可以說我上班是爲了國家，每個人都可以說我的收入只是工作的副產品。要是一舉一動都涉及錢，那實在太可怕了。

所以「獎勤罰懶」是一種非常土的管理方式。美團和餓了麼現在能這麼做，是因爲現在是極爲特殊的時期——人們正學著適應演算法。現在外送員的收入比較高，願意加入的人比較多，他們的談判能力比較低，而且還很年輕，還覺得升級演算法很值得。可是，這個工作能長期做下去嗎？我們不知道。

按常理來說，頻繁的獎勵和頻繁的懲罰一樣，是對人的侮辱，是把人當成工具。我們做事，最好是享受做這件事本身，而不是把它當作達成別的目的的手段。

而這就要求工作具有一定的模糊性。模糊不但給了人探索的空間，也給了人自由。

一個媽媽對孩子說：「你看人家小明書讀得多好，你爲什麼不努力讀書呢？」孩子說：「努力讀書也不一定能讀得好啊，再說，書讀得好也不一定工作就好，工作好也不一定就生活就好，生活好也不一定就孝順你啊。你喜歡我，我多花時間陪你玩不是更好嗎？」

這就對了。正因爲有這麼多不一定，我們才有一點自由。如果一切都是一定的，如果人人必須按照演算法行事，那樣的日子還有什麼意思呢？

大人物爲什麼沒意思

你是否注意到，越是大人物，說話就越沒意思。比如說，假設比爾·蓋茲訪問中國，一家主流媒體爲他搞了個深度訪談，你會特別想看這篇訪談嗎？

我完全不好奇蓋茲的訪談。他從微軟退休以後說的話永遠都是這幾句：我如何熱愛這個世界，我在非洲做了什麼慈善，我相信科技能改變世界，你們中國很有前途……也許每次用的故事不一樣，但姿態永遠一樣。與其看這樣的訪談，我還不如上微博看人吵架。

但蓋茲這樣的人不可能一直都這麼沒意思。他們一開始一定是很有意思的，不然怎麼會成爲公眾人物呢？

這裡面有個普遍的道理。等你成爲重要人物，你可能也會變得這麼沒意思。

這是一個「屠龍的少年變成惡龍」的故事。近幾年有個更新的版本，主人公是我們非常熟悉的《人類大歷史》[20]和《人類大命運》的作者尤瓦爾·哈拉瑞。

哈拉瑞正變得沒意思。

二〇二〇年二月的一期《紐約客》，有一篇關於哈拉瑞的長篇報導[21]，我讀了之後，情緒複雜。

作者伊恩·派克使用完全寫實的手法，只是描寫和敘述，幾乎不加評論。文章講了哈拉瑞從年少求學到成爲世界名人的過程，講了他的工作和生活風格，他對冥想的愛好，他作爲同性戀者的感情經歷，這些都算正常。但這篇報導中最強烈的資訊是，哈拉瑞現在是一個思想商人。

哈拉瑞在以色列有家公司，雇用了十二個人，專門負責推廣他的書，並推出周邊產品。哈拉瑞的丈夫——也是他的經紀人——的說法是「哈拉瑞爲我工作」。這些人非常精準地行銷哈拉瑞，我看他們簡直就是控制了哈拉瑞。

他們對哈拉瑞當前知名度的定位是「介於瑪丹娜和史迪芬．平克之間」。二〇一七年達沃斯論壇邀請哈拉瑞出席，哈拉瑞團隊認爲主辦單位給的位置不好，就拒絕了。二〇一八年達沃斯論壇安排哈拉瑞和時任德國總理梅克爾、法國總統馬克宏一起對談，他們才同意出席。他們對哈拉瑞跟誰公開座談、談什麼非常敏感，但敏感的不是思想碰撞有沒有意思，而是能否有利於獲得更大的知名度，能否維護良好形象——以及能拿到多少錢。

哈拉瑞參加私人論壇的出場費超過三十萬美元，他的公司是盈利公司，這些其實都無可厚非，讓我情緒複雜的是，哈拉瑞的犀利，好像沒有了。

《人類大歷史》之所以那麼流行，是因爲它非常犀利。哈拉瑞提出智人的超能力是想像虛構的東西，說農業革命對人的幸福而言是個錯誤，說小麥馴化了人類，這些思想都引起了爭議。在《人類大命運》裡，哈拉瑞擔心人工智慧會奪走人的工作，猜想未來世界會有很多無用之人，「神人」會取代我們智人，這些都是非常有意思的說法。

那現在哈拉瑞有沒有什麼新的、能讓思想震盪的說法呢？沒有了。

哈拉瑞的第三本書《21世紀的21堂課》[22]，幾乎沒有任何新東西了。你問哈拉瑞人類面臨的最大問題是什麼，他會告訴你三件事：核武、生態環境和技術——這不是老生常談嗎？

你問該如何應對這些大問題，哈拉瑞只會說各國必須聯合起來一起解決，我們要專注！那你有什麼具體的建議嗎？聯合起來專注於幹什麼呢？哈拉瑞說：「我不知道答案是什麼。」

以色列前總理納坦雅胡是哈拉瑞的讀者，曾經跟哈拉瑞有過交流。一個有思想，一個有權力，兩人見面聊了什麼呢？聊吃素。《人類大歷史》裡有一段描寫現代食品工業對動物太殘忍了，納坦雅胡讀了之後，決定每個星期一吃素。

哈拉瑞的團隊給他規定了嚴格的紀律，禁止他對任何敏感議題表態。如果媒體讓他談談對以色列大選的看法，他絕不會公開支持任何一方——他不能隨便花掉自己的信譽。

哈拉瑞一直鼓吹人工智慧技術是人類文明最大的威脅，但是這完全不妨礙他去矽谷各大公司演講。他會說一些模棱兩可、沒有營養的話，不想讓「Google」們把自己視爲敵人。他曾經激烈批評臉書控制人的思想，但是這不妨礙他去祖克柏家做客，然後說：「我認爲祖克柏不是個邪惡的人。」

但是哈拉瑞堅持自己的論點。他的最新說法是，兩百年後就不會再有智人了。而正在掌握更多數據的中國，是他的最新假想敵。

派克問哈拉瑞：那我們作為個人，該怎麼辦呢？他說，冥想。

我並不反對冥想。我在專欄裡詳細介紹過哈拉瑞的論點，但是我也從別的角度考查過相關的議題。我多次講到，人工智慧技術遠遠不是外行想像的那樣，本質上都是機器學習，非常笨拙，應該叫「人工不智慧」。我還講了，用基因工程創造新人類是非常困難的，因為演化已經把人的基因調節得很好了，而且像智商這樣的功能，往往有數十個基因共同發揮作用，根本就沒法調。

哈拉瑞了解這些知識嗎？我沒看出來。派克倒是在報導中對哈拉瑞的物理知識有一次吐槽。哈拉瑞跟派克聊到信仰的力量，說信仰就好像物理學中的「弱力」——雖然弱，卻是把原子核凝聚起來的力量。可是哈拉瑞說錯了！把原子核凝聚起來的力量是「強力」，弱力其實是讓原子核分裂的力量。

哈拉瑞有一個團隊，史迪芬．平克只有一個出版經紀人和一個演講經紀人，但他們做的事情差不多。這些明星學者就好像藝人一樣，到處參加活動，平克說有些活動是太有意思了，有些活動是太賺錢了，這兩種他都不能拒絕。

哈拉瑞和平克聯合做過一期電視節目。觀眾期待的是思想碰撞——節目的設定正是如此，兩人一個扮演技術進步的支持者，一個扮演反對者。但他們不會在辯論中眞的打起來，因爲他們都明白這是節目。

「龍蝦教授」喬登．彼得森是這兩年新近崛起的明星學者。他也曾經試圖跟哈拉瑞約一場辯論節目，被哈拉瑞的團隊否決了。團隊擔心跟彼得森辯論會陷入混戰，影響哈拉瑞的品牌形象。

是的，哈拉瑞和平克這幫人，已經從學者變成了品牌。這意味著他們不僅要爲自己、爲思想負責，而且還要爲很多人負責。如果你要爲很多人負責，你就會變得沒意思。

你會越來越被自己的「立場」束縛。

普通人，比如中國網民，喜歡表達立場。二〇二〇年，中國運動員孫楊被禁賽八年這個事件，有的人一聽就立即表態支持孫楊——孫楊是中國人，我也是中國人，中國人要支持中國人。表達立場讓他有了存在感，他也許會爲了表達立場而去尋找一點論據，但是他並不在乎自己的觀點有沒有技術含量。

普通人的立場又很容易改變，等到事件的更多細節被披露出來，他發現事情沒那麼簡單，立場馬上反轉——我是聰明的好人，聰明的好人不跟愚蠢的人站一起。他的立場經常反轉。

如果你把立場比喻成愛情，那普通網友的愛情是淺薄的——他們動不動就表白，可以對任何人表白，但是也只有表白。

而大人物，把立場視爲婚姻。他們會用各種科學有力的觀點去經營自己的立場。哪怕在內心對某個議題傾向於某個立場，也絕不會輕易表達出來——因爲離婚的代價太大了。

比如，你說你是進步主義者，出了好幾本書讚美技術進步，你有很多粉絲，比爾．蓋茲說你的一本書是他讀過的最好的書。

那你能說，哎呀，我跟哈拉瑞對話之後，覺得還是他說得對，我宣布改變立場，我以前寫的書都有問題嗎？你讓粉絲和蓋茲情何以堪。

你不但不能改變立場，還必須時刻重申立場，因爲你是一個品牌。對哈拉瑞的公司來說，指望哈拉瑞每年出一本書給老讀者提供新鮮刺激是困難的，但是開拓新讀者似乎更容易一些。公司已經開發出《人類大歷史》的知識漫畫版和電視紀錄片版。

這些都要求哈拉瑞在每一個場合重複宣講他以前的論點，代價是讓老讀者感覺他變得沒意思了。

我們喜歡的「有意思」，是一種先鋒感。或者是對敏感的議題大膽提出鮮明的立場；或者是突破自我，改變人們熟悉的立場，這兩件事都不適合成熟的思想品牌去做。可是，

「思想品牌」不就得經常提出新思想才行嗎？

這是一個悖論。多倫多大學羅特曼管理學院的羅傑・馬丁教授曾經有一個關於智庫的說法[23]，他說，所有智庫都面臨著「新」和「對」之間的悖論。

按理說，作爲智庫，你的價值是提供新思想，可是新思想常常有可能是錯的——特別是關於社會問題，你又不能先拿社會做實驗。創造性的想法都得大膽嘗試一下才知道對不對。但企業或政府購買你的服務，必然要求你提供正確的建議——可是，正確的建議往往不新，你不說別人也知道。

從這個意義上講，智庫能改變的事情極其有限。

哈拉瑞的公司也打算升級爲智庫，爲客戶提供諮詢服務。可是，哈拉瑞現在對任何問題都不敢提出具體的建議——事實上，他也不可能提出有價值的具體建議。我們需要這樣的智庫嗎？

哈拉瑞和平克這樣的人，遵循一個古老的命運。他們剛出道的時候只有一身本領而沒有任何負擔，他們可以大膽打碎一個舊世界。他們是屠龍的少年，如果冒險成功，他們就能建立自己的名望和地盤。

可是，有了名望和地盤，他們就不得不維護這些東西。他們發現自我重複比自我更新容易得多，發展帶來的利益遠遠大於新創，大人物的玩法是強強聯手，而不是互相攻擊。

他們變得小心謹愼，不願意，也沒必要再去冒險。

他們之中，有些人甚至還當上了組織高層，學會了對任何事物都不表態的道理。他們永遠只在大局已定的時候才做總結性的發言。殊不知，當他們從一個演講走向另一個電視節目的時候，他們已經不再有意思了。當初屠龍的少年，已經變成了惡龍。

屠龍的少年變成惡龍，創新者遭遇窘境，明星學者的立場失去懸念，這些故事說的其實是一回事，那就是革命者會反對新的革命。正是因爲這個道理，年輕人才永遠有機會。

垃圾問題的成人觀點

我想以垃圾處理爲例，說說應該怎樣思考公共事務。

垃圾這個事兒的特點是，它的一部分「收集垃圾」屬於我們的日常生活，而另一部分「處理垃圾」卻距離我們很遠。它既是一個實實在在的生活話題，又涉及環保、地球、子孫後代這種宏大主題。這就使得每個人都可以從某一個角度發表看法，但是容易陷入思維誤區。我的結論可能跟一般的說法不太一樣。

我敢打賭，現在任何國家爲垃圾處理問題拍板作決策的人，都不是垃圾處理專家。我顯然不是專家，但不需要是專家，也能把這事兒想明白，前提是得小心思維誤區。

面對公共事務，首先你得想清楚，是要解決眞問題，還是要表達自己對問題的關心。

比如，現在歐美有些環保人士說，爲了減輕全球暖化，自己發誓要過一種低碳排放的生活，能搭火車就不坐飛機，能騎自行車就不開車。我對他們這種行爲表示欽佩，但是我認爲其中的抒情意義大於實際意義。反過來說，各國領導人都是坐專機飛來飛去，在空調開得特別足的豪華會館談判，這種個人行爲不環保，卻有可能解決眞問題。有些記者喜歡嘲諷領導人的專機，讚美環保人士的自行車，那是頭腦不夠清楚。

擺姿態是容易的，解決眞問題是困難的。決策者做不得快意事，你得權衡各方面的利弊，做各種不得已的取捨，不能被情懷左右。你得從個人小日子的角色中抽離出來，換上更高級的視角。

具體到垃圾處理問題上來說，以我之見，普通人有三個思維誤區：

第一個誤區是，認爲地球上的東西用一點少一點，所以必須節省地用。

在個人小日子之中，資源的確是非常有限的。如果我只有三百元，今天花兩百元，明天再花一百元，錢就花光了。但是對地球這個大系統來說，你幾乎不可能眞正消滅掉任何東西。

你喝一瓶水，這些水在你體內循環一段時間之後，會被排出體外，回歸大自然。你這瓶水沒喝，用來潑水玩，水還是會回歸大自然。你浪費掉的水會變成水蒸氣，進而變成雲，然後變成雨。只要不上熱核反應，你連一個原子都消滅不了。

所以，所謂的浪費，其實都不是浪費了那個東西本身，而是那個東西存在的形態，或者說，浪費的是別人在那個東西上花費的勞動。好好一瓶礦泉水，你白白倒掉了，你浪費的是礦泉水工廠的勞動。而水，一滴都不會少。

這個認識非常關鍵，它能幫助我們想清楚很多環保問題。比如，很多人認爲使用一次性木筷是不道德的，因爲木頭來自樹，而樹是一種環保的、珍貴的、美好的東西。

事實上，樹是一種可再生資源。只要管理得當，我們使用森林資源不需要有罪惡感。美國現在的森林覆蓋率，只比幾百年前建國時低一%。中國過去二十年來森林覆蓋率成長的速度，幾乎就如同經濟成長的速度一樣快——房子照常蓋，家具照常做，地板照常鋪，樹不但沒少，還多了。樹是可以砍的，更何況，一次性木筷用的都是最廉價的速生樹木。

而且木頭的主要成分是碳，跟全球暖化的罪魁禍首二氧化碳一樣的碳。你用一些一次性木筷，用完當垃圾埋了，這是一個減少碳排放的好事兒。

所以，我們對地球上東西使用的正確態度不是要少用，而是要合理地取用。

處理垃圾最高效的辦法是掩埋。

注意「掩埋」不是「傾倒」，不是說挖個大坑，把垃圾往裡面一倒就不管了。現代已開發國家，還有咱們中國，對垃圾掩埋有一套非常厲害的辦法。掩埋坑挖好之後，會先弄個密封層，使得垃圾放進去不會洩漏，不至於過了多少年之後有毒物質污染地下水源。垃圾在掩埋之前，會經過多重壓縮，減小占用的空間。

按一般標準，每立方公尺的掩埋空間，能裝下大約一噸垃圾[24]。中國一個大型城市，比如天津市，每天大約產生五千噸垃圾，那得挖多大的坑才夠呢？答案是用不了多大。一個長寬高都是一千公尺的坑，體積就是十億立方公尺，天津市可以用五百年。當然，真實的垃圾掩埋坑不一定挖那麼深，但是你體會一下這個數量級。

你可能會說，掩埋坑是不可再生的啊，這麼一直挖坑，不早晚到處都是垃圾坑了嗎？不會的。環保主義者愛說「地球只有一個」，但你要知道，我們有的是一個多麼大的地球。對一座城市來說，在郊外找個方圓幾公里的掩埋場，是個很小的區域。而且掩埋場滿了之後會封頂，會重新覆蓋上土壤，只要坑夠深，防洩漏措施夠好，以後在那裡建公園、商業區或住宅區都沒問題。

地球很大，垃圾掩埋並沒有讓地球上的物質減少一分一毫，只是把東西從各個地方集中放到一個地方的地下而已。

垃圾掩埋這種處理方式的主要問題根本不是地方不夠用，而是能不能管理好，真正做到不洩漏。據我了解，目前技術是成熟可靠的[25]。各國對垃圾掩埋的標準設定越來越高，即使是這樣，掩埋仍然很便宜！

合理使用掩埋的方法，地球根本不會變成一個大垃圾場。

第二個思維誤區是，認爲垃圾的最理想歸宿是回收，最好能「變廢爲寶」。垃圾回收是有成本的。比如，有個裝食用油的塑膠桶，你把它扔進了回收箱。你滿懷良好的祝願，希望它能煥發第二春，繼續爲人類造福，這樣你就不是地球毀滅者，而是地球良性循環中的一員了。

但是，想眞正回收這個塑膠桶，首先得有人做一些基本的塑膠分類，得有人把桶蓋拿掉，得有人清洗它，然後才能高溫熔化，去做一個什麼新的塑膠用品。那是什麼人在做這些事呢？以前是中國人。美國大量的回收垃圾都「出口」到中國處理，而現在中國不收了，因爲中國自己的垃圾都處理不過來。

如果人力越來越寶貴，人工智慧還沒做到智慧處理垃圾，回收就是非常不可行的事情。而且回收也是有污染的，清洗你那個塑膠桶，難道不會產生污染廢水嗎？

而對現代工業體系來說，製造一個新的塑膠桶，卻是省時省力的事情。塑膠來自石油，人類把大部分石油都當燃料燒掉了，只有四%到八%的石油用於生產塑膠——塑膠很便宜。

所以，最好的辦法是，把你那個塑膠桶直接掩埋。就算將來石油用完了，我們還會發明新的材料，要知道，反正地球上的物質總量永遠都不會少。同樣道理，因爲玻璃是用最廉價的沙子製作的，玻璃瓶也應該直接掩埋。金屬的東西可能比較貴，也許有回收價值。

從經濟學來說，什麼垃圾是可回收的，應該由垃圾回收人員決定。如果他們覺得回收有利可圖，就說明這個東西的價值大於回收的成本，那就是值得的。如果扔在那裡都沒人要，那就沒有必要回收。

考慮到清洗、燃燒的環節，回收並不環保。事實上，焚燒垃圾非常不環保，會產生各種有害氣體。用焚燒垃圾產生的熱量發電，是高成本的行爲藝術，遠遠不如燒煤。

再進一步，像紙杯、餐盒這種一次性的物品，很可能比使用永久性的杯子和碗更環保。因爲你不用洗碗，而洗碗會產生廢水。使用一次性餐盒和一次性筷子，而不浪費人力給你洗碗，我認爲這是一種艱苦樸素的美德。

可能有些人會說，物理學的「熵」怎麼辦？我們把東西白白扔掉，而不重複利用，這是不是促進了宇宙中的熵增呢？首先，你大大高估了人的能力。地球不是封閉系統，太陽每時每刻往太空中白白照射的那些陽光才是眞正在浪費熵，我們地球人不管幹什麼都影響不了那個大局。而且，如果你眞懂物理學，回收垃圾和燃燒垃圾，其實會產生更多的熵。

所以，掩埋是最好的辦法。那爲什麼人們還要執著於回收呢？這就引出了第三個思維誤區——我們總想拒絕壞東西的存在。

有些明星說自己不想生孩子，因爲他覺得這世界不夠美好，人生太苦，他不忍心看到自己的孩子受苦。這樣的人必定是想要一個絕對完美的世界，但絕對的完美是不存在的。

對於棘手的問題，你根本不應該指望有個徹底的解決方案。你最多只能追求控制它。垃圾，是不好的東西，但是我們眞的不可能徹底消滅垃圾，這就好像你不可能完全消除犯罪、不可能完全消除疾病一樣。

當前中國眞正的垃圾問題，是怎麼更好地收集和控制垃圾，不要讓人到處亂扔。而複雜的垃圾分類，搞不好還會迫使人們亂扔垃圾。

那你說，像日本的垃圾分類不就做得很好嗎？那可能不是經驗，而是教訓。日本人本來可以過更輕鬆的生活，是日本政府刷存在感，逼著老百姓搞垃圾分類的行爲藝術。我們爲什麼不吸取教訓呢？

說到底，垃圾並不是什麼無法直視的壞東西——垃圾也是原子組成的物質，就來自我們身邊，只是角色變了。垃圾不是無情物，化作掩埋物，也能發揮支撐地球表面的作用。

正確型人才和優異型人才

我們社會對「人才」這種東西有很多互相矛盾的看法。有時候我們覺得眞的有天才，有時候我們覺得高手都是培養出來的。高手愛強調練好基本功，高手又說「功夫在詩外」。我們一方面讚美巨星靈機一動的神來之筆，一方面讓中國國家足球隊的隊員接受軍訓。有的人說，想培養科學大師，應該讓孩子從小學習音樂；有的人說，想出球星，就得在大學入學考加考足球。

先別著急說你支持哪個觀點。有很多爭論是因爲大家說的不是同一個東西。人們常常用水準高低或學科來把人才分類，比如有「天才」，有「理工人才」，有「藝術人才」，有「複合型人才」等等。在我看來，想要研究人才的培養、成長和管理，我們需要另一個分類視角。

人才可以分成兩類：一類叫「正確型人才」，一類叫「優異型人才」。這兩個名詞是我發明的，也可以使用別的詞，比如「對的人才」和「好的人才」，我沒找到完美的詞語，但這個意思是明確的。

正確型人才，專注於怎麼把事情做「對」；優異型人才，專注於怎麼把事情做「好」。對，是有標準的；好，沒有標準。

拿美女來打個比方。在各種重大場合，比如什麼典禮或儀式上，通常都會有禮儀小姐。她們都很美，身材、長相、舉止、表情都很好。你一看就知道她們不是一般人，可以說都是挑了又挑、選了又選的人才。

她們是正確型人才。她們穿統一的服裝，她們高矮胖瘦都是一樣的。她們都接受過專業的禮儀訓練，動作整齊劃一，連倒個水都要列隊成直線。她們的訓練項目甚至包括微笑時嘴角的弧度。她們面對意外能夠處變不驚，她們跟你說的話永遠都是正確的。

有時候我們讚美禮儀小姐，說你就像大明星一樣漂亮，但眞正的明星可不是這樣的。明星得風情萬種。明星不穿跟別人一樣的服裝。明星的長相可以五花八門。明星沒有「正確」的動作，只有各種臨場發揮。明星甚至無視組織和紀律。我們對明星的期待是有特點、有個性——明星，是優異型人才。

這兩種人才的區別並不是誰比誰優秀——一個不紅的女演員的收入也許不如空姐高，甚至在親友聚會上，臨時演個節目都不如空姐演得好，但她選擇的是不一樣的路線。正確型人才和優異型人才的訓練方法、行爲模式和管理方式，截然不同。

我們對「人才」這個東西的認識的一切矛盾，也許都源自沒有區分正確型人才和優異型人才。

比如你想學寫作，你可能去上一堂寫作訓練班，買一些教寫作的書。但是你想過這個問題沒有，你學的是哪種寫作？

正確型的寫作是寫「對」。你可以買一本史迪芬．平克的《寫作風格的意識》[26]。他會告訴你「基本的句法規則」「適當爲句子加標點」「不要過多使用僵屍名詞」，甚至從認知科學的角度解釋「什麼是知識的詛咒」。掌握這些技能，你不管是寫論文、寫公文、寫信、爲高層準備講稿，都可以寫得很流暢、通俗易懂，你甚至還可以偶爾在報刊發表一些小文章。

但平克不能把你訓練成作家。作家是靠寫作謀生的人。他們謀生靠的是另外的寫作技巧，他們必須能從眾多的正確型寫作者中跳出來，被讀者識別才行。爲此，他們必須有「正確」以外的東西。他們每個人的風格都不一樣，他們有本事讓你只讀一小段、甚至一句話，就能發現他們的與眾不同。作家是優異型人才。

正確型人才有範本，優異型人才沒有。我們看團體操，整齊劃一，非常好看，但是像NBA球星，每個人的技術特點都不一樣，哪怕是最基本的投籃或罰球，動作都不一樣。正確型人才是容易替代的，可是在職業體育比賽中，要換個人，整個打法就都要變。什麼樣的演員是喜劇演員？沒有標準。趙本山、陳佩斯、黃渤、郭德綱，他們每個人都定義了喜劇演員。

像文藝和職業體育這樣的行業，只有優異型人才才能生存，而其他行業同時存在這兩種人才。

我們對正確型人才的期待是可靠性，不能出錯。正確型人才的價值由「弱點」決定。跟範本對比，如果你有一處不足，那你就不標準，關鍵時刻就指望不上。

而優異型人才的價值則由「強項」決定。你有多少缺點，那是你的事，只要有一招鮮就行——而這一招，必須是出類拔萃的，最好是絕無僅有的。可替換性是優異型人才的噩夢。既生瑜，何生亮？每個優異型人才都必須占領並且守住一個只屬於自己的地盤。

正確型人才講套路，優異型人才講發揮。一個正確型人才總結成功經驗，可以說這是因爲我做對了什麼，我沒犯什麼錯。而一個優異型人才常常說不清上一次怎麼就成功了，就好像是夢幻一樣的表現，也可能是運氣好，也可能因爲喝酒了，也可能那天狀態就是不一般，他不知道怎麼複製。

正確型人才講穩定、講專業、講標準，優異型人才講風險、講創新、講藝術。正確型人才關心自己有什麼，希望履歷完整，最好各項技能點都加滿，追求「我有」；優異型人才關心自己是什麼，希望獨樹一幟，在江湖中建立自己的人設，追求「我是」。正確型人才要對團隊有可靠的輸出，優異型人才則要引領團隊的變革。

世界的大趨勢是越來越同質化，昨天的風格可能是今天的標準。但是作爲個體，你想脫穎而出，就必須異質化，找到自己那一點點與眾不同。

訓練正確型人才，主要用負回饋。這個動作不對，教練馬上糾正，你馬上改。教練非常清楚什麼是對的。發現錯誤，你才能提升。你需要開誠布公的批評。

現在，美國有很多公司嘗試把負回饋融入日常管理，積極開展批評和自我批評。比如像瑞·達利歐在《原則》這本書裡說，橋水公司實行「激進的事實」和「激進的透明」，要求必須互相批評，還弄了個APP互相評分。

但是兩個管理學家，馬克斯·巴金漢和艾希利·古德，對這種做法提出了質疑[27]。他們認爲，負回饋有效，那是建立在三個假設之上：

一、別人比我們更了解我們自己。
二、學知識就好像往一個瓶子裡倒水一樣，不管什麼東西，直接加進去就行。
三、高水準像範本一樣，是可以直接模仿的。

而對現代美國公司來說，這三條都不適用。關鍵在於，現在只有一些初級的工作才講「對不對」。比如護士打針，最好的方法大概只有一種，分幾步，你最好按照標準操作。但高水準工作都不是標準化操作的，而是像NBA球星一樣，根據每個人自身的特點和偏好，形成不同的風格，不能直接互相模仿。

他們說的這種其實就是優異型人才。優異型人才需要用正回饋的方式訓練——是看你哪方面強，就加強哪方面的訓練。巴金漢和古德甚至認爲這樣的技能並不是灌輸給你的，而是你自己摸索著表現出來，教練或主管在你身上發現的。他們建議的訓練方法是，看見哪個手下或學生有突出的表現，立即叫暫停，然後告訴他這是好的表現，下次還要繼續這麼做。

批評只能讓人標準化，不能突顯特長。優異型人才不是從錯誤中提升的。巴金漢和古德說，如果你專門檢視錯誤，你可能會說，作爲領導者不應該有太強的「自我」，因爲那些最差的領導者常常都有很強的自我——可是殊不知，那些最好的領導者也都有很強的自我。如果你檢視錯誤，你會認爲業務員不應該對訂單感情用事，應該平常心——表現差的業務員的確愛感情用事，可是殊不知，那些最好的業務員也感情用事。

成功的反義詞不是失敗，而是平庸。優異型人才和失敗的人才有很多相似之處。

橋水是非常成功的華爾街公司，但橋水是講「原則」的公司，是演算法公司，是集體主義公司，是士兵公司，是螺絲釘公司。橋水的每一個人都是可替換的，連執行長和財務長都分別有三個替補。達利歐很愛說創新和演化，但是從橋水的管理方式來看，他更需要的是正確型人才。一般公司不是這麼幹的。

理解了這兩種人才的區別，很多問題就變得簡單了。

傳統中式教育，培養的是正確型人才。什麼東西都有正確答案，主要使用負回饋，學生有標準化的榜樣，講求意志力、組織性和紀律性。

這套方法是如此根深柢固，以至於如果中國足球隊表現不好，我們想到的方法是讓他們去軍訓！

我們也希望球員能盡情揮灑個性，我們也感慨標準化教育培養不出大師，可是我們不知道，不標準的教育應該是什麼樣的。

如果追求「對」是不對的，那難道應該追求「不對」嗎？現在教育改革的問題所在，就是放鬆了對「對」的要求，可是又不知道怎麼搞「素質教育」。難道素質教育就是琴棋書畫什麼都學嗎？

優異型人才的特點，恰恰不是素質教育說的什麼「全面發展」，而是在某一方面極致發展。只不過這個方面未必是學校裡教的那些主流學科而已。

揮灑個性的本質不是獲得全面發展的心理素質，而是透過長期的正回饋訓練，收穫強烈的自信。

教育改革的正確方向不是簽訂停火協定，更不是取消奧林匹克數學競賽，而是給資優生提供更多的上升通道。

正確型人才是管出來的，優異型人才是「慣」出來的。

第六章

邏輯講硬道理

邏輯自己就能照顧自己，我們要做的，只是去看一看它是怎麼做的。

——路德維希・維根斯坦

學點邏輯思維

我們在生活中經常說「你這話沒邏輯」「你犯了邏輯錯誤」等等。什麼是邏輯呢？

你可能學過難度很高的數學，但很可能沒有正式學過邏輯學。邏輯似乎是不需要正式學習的，其實你已經會了，只是不知道而已。舉個例子，一提邏輯學，人們首先會想起亞里斯多德著名的「三段論」，也就是大前提、小前提和結論。

大前提：人都要吃飯。

小前提：中國人是人。

結論：中國人要吃飯。

這不是廢話嗎？這還要專門學嗎？這種學問有什麼意義呢？現代邏輯學比這個三段論要複雜得多。不過確實，一般人專門學邏輯學沒什麼用。以我之見，大多數人犯邏輯錯誤，並不是因爲不懂邏輯。你只要耐心地講理、謹愼地審視自己的思考過程，單憑直覺也可以避免邏輯錯誤。

但是，「我會，只不過我不知道」和「我會，而且我知道」是兩種非常不同的境界。英文世界形容一個人聰明，有個很酷的詞叫「sharp」——思維像刀一樣鋒利。多一個邏輯學的眼光，有意識地運用邏輯，你的思維會非常sharp。

理解邏輯之前，我們先來講講數學和邏輯的關係。

數學和邏輯

我總是說「這個宇宙是數學的」。這主要表現在宇宙中的物理現象，無比精確地、簡直是不可思議地符合數學方程式。但更底層的道理是，這個宇宙是講理的。

你給小孩一顆蘋果，然後再給他一個顆蘋果，那他手裡一定拿著兩顆蘋果——除非他吃了或扔了一顆。一加一，一定等於二。不管你在哪個國家、哪種文明、哪個星球，1＋1＝2這個事實不會變，否則就是不講理。

這就是數學。數學是絕對正確的。亞里斯多德研究的那一套自然科學，今天幾乎全都過時了。但是兩千三百多年前的歐幾里得幾何學，今天仍然完全正確。當然今天有「非歐幾何」，但是請注意，非歐幾何可不是否定歐幾里得幾何學，而是在換一個前提的情況下，推導出另外一套幾何來。

爲什麼科學知識可以是錯的，數學定理卻絕對是對的呢？

因爲大部分科學知識來自經驗，是一種所謂的「歸納法」思維。比如說，你今天看到太陽從東邊升起，明天看到太陽從東邊升起，那你可以把這個經驗歸納成一條知識——太陽從東方升起。這個知識很可靠，但事情沒有理由總是這樣。也許哪天我們要實施「流浪地球」計畫，太陽就不會從東方升起。

科學講證據，但證據是永遠也搜集不全的，所以你不可能保證科學知識絕對正確。而數學，卻是純邏輯的操作。我給你舉個例子。

如果你上過大學，那你就上過學。

這就是一個邏輯推導。我們可以把它寫成下面這個樣子：

上過大學⇓上過學

其中的「⇓」讀作「如果……那麼……」，代表邏輯推導。只要你對「大學」和「上學」的定義跟我一樣，那你就不得不承認，這個推導是絕對正確的，因爲大學也是一種學校。數學大廈就是用這種絕對正確的推導，一步一步構建出來的，所以數學永遠都不會錯。

再比如畢氏定理，直角三角形兩個直角邊的平方和等於斜邊的平方。這聽起來一點都不顯然，但這個不顯然的結論可以透過一步一步顯然的推導構建出來，比如圖6-1就是一個證明[1]。

證明過程中的每一步，都是像：

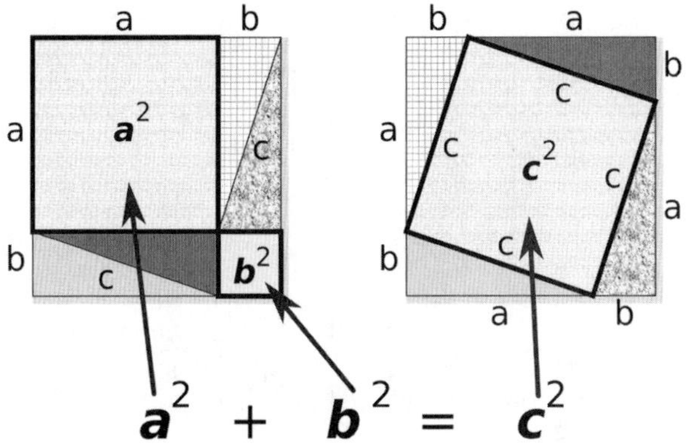

圖 6-1 畢氏定理證明

一個邊長爲a的正方形 $\Downarrow$ 它的面積是a^2

這顯然是正確的推導。邏輯推導適用於古今中外、東南西北所有的人，包括外星人。如果你承認什麼是直角三角形、什麼是正方形，你承認什麼叫面積，你終將承認畢氏定理。古希臘哲學家蘇格拉底據此認爲，每個人天生都有知識，學習只不過是回憶。蘇格拉底曾經隨便找了一個奴隸小孩，當場輔導他學會解幾何題。只要你講理，邏輯絕對不會排斥你。

我們爲什麼必須承認邏輯？從更深的層次上來說，是因爲邏輯推導並不增加任何新的資訊，它只是讓你換一個角度看待這件事。你上過大學，換個角度說，你上過學。這句話並沒有提供新資訊，但是說了和沒說是不一樣的。

你既然承認這些，那麼，你就得承認那些。這就是邏輯。數學家就用這麼簡單的邏輯，從幾個最基本的前提出發，推導出了讓人眼花繚亂的數學大廈。你承認最簡單的數學，就得承認整個數學大廈。

三月十四日是圓周率日，那天，有個朋友問了我一個很有意思的問題。他說：既然圓周率是個無限不循環的小數，我們並不知道圓周率的所有數字，那圓的周長和面積是不確定的嗎？

是確定的。不知道≠不確定。圓周率的每一個數字都已經存在於數學王國，你無法改變它。我們在原則上可以把圓周率計算到任何一位，只是還沒有算而已，將來不管誰去算，結果都是一樣的。數學知識只能發現，不能創造。

正因爲這樣，邏輯推導的結果才是永遠正確的。邏輯最大的好處，就是能夠告訴我們什麼是絕對的對錯。不管你是中國人、印度人，還是外星人，只要你講理，你推導出來的結果就必定跟我是一樣的。

你犯私人生活錯誤，最多就是對不起家庭；你犯政治錯誤，最多就是背叛國家。但一個人要是明目張膽地犯邏輯錯誤，那就是睜著眼睛說瞎話，就是自絕於人類文明，我們就沒法談了。

邏輯，是最硬的講理。

抽象思維的好處

其實嚴格地說，數學之所以絕對正確，是因爲它研究的並不是眞實世界裡的東西。數字「一」並不存在於眞實世界。眞實世界裡有一顆蘋果、一顆橘子、一個人，但是沒有抽象的數字「一」。數學世界是抽象的世界，是「邏輯世界」。

數學，是用邏輯方法研究邏輯事物的學問。

我們可以對眞實世界裡的東西做各種解讀，但只有抽象世界裡的東西才是絕對的。那我們爲什麼不停留在眞實世界，非得用抽象世界的事兒說話呢？

首先，抽象思維能讓你認識到事物的本質。

比如說，下面這三件事，你能不能看出來它們的共同點？

一、我們應該增加社會福利的支出，去救助窮苦的人。就算福利制度有漏洞，養了一些懶漢，那也是必須付出的代價。

二、有人調查發現，人在臨死的時候，一般不會後悔自己做了什麼事情，後悔的都是想做卻沒有做的事情。

三、寧可錯殺一千，不可放過一人。

表面上看，這是三個不同領域的事，但它們說的其實都是兩個數學概念，叫「假陰性」和「假陽性」。假陰性是，明明它是，你把它當作了不是。假陽性是，明明它不是，你把它當作了是。這三件事說的都是在假陰性和假陽性之間的取捨。

普通人善於發現事物之間的不同點，而高手，要善於發現各種看似不一樣的事物背後的共同點。

其次，**抽象思維還能讓你舉一反三。看清了事物的本質邏輯，你就可以把這個邏輯用在其他地方。**

比如你學習賽局理論，學了「囚徒困境」，那麼你會發現，社會中的很多現象都能用囚徒困境來解釋，然後你就可以用解決囚徒困境的方法去解決它們。抽象思維能讓你類比和推廣。

抽象思維的最後一個好處是，它能消除歧義，幫助我們對各種問題達成一致意見。邏輯推導是完全客觀的，誰來操作都一樣。

比如說中醫。中醫有時候的確能治好一些疑難雜症，但中醫的問題在於它是一個神祕的、非邏輯的系統。到底什麼叫「上火」？什麼叫「寒」？它沒有一個像數學一樣的準確定義。就算一位老中醫憑自己的經驗和手感把病人治好，他也說不清是怎麼治好的。而現代醫學則是邏輯化的操作，原理A、B、C，步驟一、二、三，明明白白，童叟無欺，可以隨時拿過來講理。

所以，就算中醫眞的有用，因爲它不夠客觀，無法進行邏輯操作，它就無法推廣開來，擴大使用，很容易敗給現代醫學。

以我之見，能適應抽象思維，能使用邏輯推導，是現代人上學最應該學的能力。

邏輯怎麼用？

最基本的邏輯推導就是：

A⇒B

意思是，如果A成立，那麼B就成立。這個推導是可以傳遞的，A⇒B，B⇒C，C⇒D，那麼就有A⇒D。亞里斯多德的三段論，其實就是一個邏輯推導的傳遞。

是中國人⇒是人
是人⇒要吃飯
所以，是中國人⇒要吃飯

任何數學定理的證明都是這樣一步一步推導出來的，我們中學時都學過這種推導。簡單吧？可是，人們日常犯的邏輯錯誤，恰恰就是這樣簡單的邏輯錯誤。

看一個高級的例子，這個例子來自英國數學家鄭樂雋的《邏輯的藝術》[2]一書。請看下面這兩句話，你能得出什麼結論呢？

一、如果你認為女性是一種低等的存在，你就是在侮辱女性。

二、如果你認為「哈！這人怎麼像個女人似的」是對男性的一種侮辱性說法，那你就是認為女性是一種低等的存在。

顯然，根據邏輯推導的傳遞，如果你認為「像女人」是侮辱男性，你就是在侮辱女性。而且我們還可以更進一步，如果你本身就是女性，你這麼說就是在侮辱你自己。所以說話眞得嚴謹啊。有了這種清晰的表述方式，如果兩個人對一件事有爭議，我們就可以讓他們把各自的邏輯推導列出來，看看他們的分歧到底在哪裡。分歧可以發生在推導的出發點，也可以發生在中間過程。

邏輯推導的出發點，是我們對這件事的前提和假設，以及我們對各種事物的定義。如果我認為應該人人平等，而你認為有些人就應該高人一等，那咱倆的前提假設就可能不一樣。我心目中的「人才」是有能力的人，你心目中的「人才」是有潛力的人，那咱倆的定義就不一樣。

比如說，咱倆對政府的健保政策有分歧，那我們可以分析一下分歧點到底在哪裡。如果我認爲凡是公民都應該享有健保，而你認爲只有給健保基金繳過錢的人才應該享有健保，這可能是咱倆的價值觀不一樣。這是邏輯推導的出發點不一樣，咱倆可以暫時各自保留意見，不好說誰對誰錯。

但是如果咱倆都同意每個公民都應該享有醫保，只是對怎麼實現這一點有分歧，那就可能是咱倆中間的推理過程有分歧。我們就應該一步一步地比對各自的邏輯推導，看看是不是誰在哪個地方犯了邏輯錯誤。

兩個眞誠的人應該用這個方法解決爭論，否則就是各說各話，爭得臉紅脖子粗也沒用。

三個常見的邏輯錯誤

日常生活中的邏輯都是比較簡單的。別人犯了邏輯錯誤，只要你好好講理，他其實會明白。邏輯有點像交通規則，我們理解交通規則，知道開車不應該闖紅燈，過馬路不應該跨越交通護欄，但我們總是會忍不住想逾越規則。

就算沒出事，看看監視器拍到那些違反交通規則的行爲，也會覺得很難看。一旦出了事，違反交通規則的一方就得接受懲罰。邏輯也是這樣，如果你在正式的場合，情急之下說出了有邏輯錯誤的話，不管有沒有造成嚴重後果，事後回顧，應該都會感到無地自容。

這一節，來說說三個最常見的邏輯錯誤。這些知識可以幫助你避免邏輯錯誤，也可以當武器用。學會識別一些常見的邏輯錯誤，你就能夠隨時抓住「對方辯友」的漏洞了。

逆命題

最基本的邏輯推導是：

A⇓B

我們稱之爲「命題」。注意，命題是有方向的。如果命題A⇓B成立，我們說A是B的「充分條件」，B是A的「必要條件」。

調轉方向，命題A⇓B的「逆命題」是：

B⇓A

我敢打賭，這些說法你在學校都學過。這裡要強調的是，命題和逆命題是完全不同的兩碼事，一個命題成立，不能代表它的逆命題也成立。

舉個例子，國際足球總會規定，一個國家的國家隊隊員必須是該國公民。那麼我們可以說下面這個命題是成立的：

入選中國隊⇓是中國公民

它的逆命題則是：

是中國公民⇓入選中國隊

這就顯然不成立了。是，現在有很多外援因爲沒有中國公民資格而無法入選中國隊，中國公民資格對他們來說很重要。但是，你是中國公民，不代表你就一定能入選中國隊。中國公民是入選中國隊的必要條件，而入選中國隊則是中國公民的充分條件。

這個道理很簡單，但人們就是會在這裡犯錯。比如，有位女權主義者發微博說「所有女性都經歷過性別歧視」，用邏輯語言，這個命題就是：

你是女性⇓你經歷過性別歧視

微博上有人反對她的意見，說不對啊，我是男的，我也經歷過性別歧視！這個反對是無效的。這個反對者眞正在反對的，其實是那個命題的逆命題：

你經歷過性別歧視⇓你是女性

他說的跟人家說的完全是兩碼事。這位反對者強烈地想說話，可是說不到點上。他有反駁的意願，但是沒有反駁的能力，他只是在發表圍觀群眾的感言而已。

那到底應該怎樣合理地否定一個命題呢？

否命題

如果我說「橘子比蘋果好吃」，你應該怎麼否定我這句話呢？

從直覺上來說，可能很多人的答案是「蘋果比橘子好吃」——這個答案是錯的。正確的否定是「橘子不比蘋果好吃」，因爲哪怕橘子和蘋果一樣好吃，我說的命題也錯了。「橘子不比蘋果好吃」，這是邏輯否定。如果你說「蘋果比橘子好吃」，那就是極端否定。人們在日常生活中經常喜歡用極端否定，但那是不合邏輯的，你應該使用邏輯否定。

再舉幾個例子：

命題：小張是好演員。

極端否定：小張是壞演員。

邏輯否定：小張不是好演員。小張可能是平庸的演員，但不等於他是壞演員。

命題：全球暖化絕對是眞的。

極端否定：全球暖化是假的。

邏輯否定：全球暖化可能是眞的。也許是眞的，也許是假的，我們現在還沒有充分的證據。

命題：吃保健品對你的身體有好處。

極端否定：吃保健品對你的身體有壞處。

邏輯否定：吃保健品對你的身體沒有好處。沒有好處，不一定就有壞處。也可能保健品對身體沒什麼影響，吃不吃都無所謂。

命題：小王是男的。

極端否定：小王是女的。

邏輯否定：小王不是男的。不是男的，不一定就是女的。有一種說法認爲有一．七％的人是雙性人。

命題：歐巴馬是黑人。

極端否定：歐巴馬是白人。

邏輯否定：歐巴馬不是黑人。事實上，歐巴馬的爸爸是黑人，媽媽是白人，所以歐巴馬是混血兒。

命題：所有女性都經歷過性別歧視。

極端否定：根本就沒有性別歧視，女性地位比男性高。

邏輯否定：有些女性沒有經歷過性別歧視。

這個道理非常簡單。要否定黑，不一定非要說它是白的不可，灰色足以否定黑，但灰色不太符合我們的思維習慣。

不論是中文還是英文中所謂的「反義詞」，其實都是不合邏輯的。黑的反義詞是白嗎？什麼黑對白、上對下、左對右，你要寫對聯還行，但是從邏輯角度來講，要否定黑，不一定是白，它可以是灰；要否定左，不一定是右，它可以是中間地帶。

但是人們實在太喜歡使用極端否定了，就好像邏輯否定還不過癮似的。上級說這個官員是好官，要提拔他，你的邏輯否定應該是他不是好官，不應該提拔，他可能是庸官。但老百姓不願意這麼看問題，老百姓更願意看到他不但不是好官，而且還是壞官，他不但不應該升職，而且還應該下臺。

這可能是因爲我們在感情上覺得不出手則已，一旦出手就應該往死裡打，「矯枉必須過正」。殊不知，你這個出手如果不合邏輯，它就是脆弱的，它就會遭到合理的反擊。

二〇一九年，網路上有個熱議話題是，有所中學的家長指責學校給孩子吃變質食品。家長在網路上貼出一些照片，可是有人說，那些照片是家長擺拍的。眞相究竟如何我也不知道，所以我們乾脆假想一個場景：某個學校有些食品確實是過期了，但是家長們覺得光這麼說不夠震撼，所以就人爲製造了一些過期食品的照片發到網路上，希望引起更大規模的輿論關注。

這個做法對嗎？這個做法是脆弱的。我們需要用謊言打擊那些說謊的人嗎？事實還不夠有力嗎？

我們爲什麼需要用極端否定呢？難道邏輯否定還不夠有力嗎？

應該指責誰？

另一個常犯的錯誤是「與」和「或」。鄭樂雋有個例子是出事之後應該指責誰。

小明這次考試不及格，家長指責小明不好好學習，小明說這是因爲老師不負責任，沒好好教課。家長又說：那爲什麼別的同學能考好呢？如果你努力學習，就算老師不好，你也應該能考好。

小明的學習這事兒，其實是一個「與」（and）邏輯。我們設想這需要兩個因素：A、小明努力；B、老師好好教。A和B同時發揮作用，才能導致C，小明考試及格。這個局面是：

A and B ⇓ C

現在小明考試不及格，也就是C被否定了，邏輯上就需要「非（A and B）」，而從邏輯上來說：

非（C）＝非（A and B）＝非（A）or 非（B）

「or」，也就是「或者」。比如我說「小張是個青年女性」，這句話是說「小張是個青年」and「小張是個女性」。要否定這一點，就是小張或者不是青年，或者不是女性，或者既不是青年也不是女性[3]。

這個道理是，如果一件事是幾個原因綜合促成的話，只要其中任何一個原因不成立，這件事就可以不發生。也就是說，從邏輯上講，你可以指責任何一方，但如果你單獨指責其中某一方，那就是不合邏輯的。所以家長不應該指責小明。

小明完全可以非常有邏輯地這麼反駁家長：我考試不及格這件事可以有各種原因——也許是我不努力，也許是老師沒好好教，也許是這次考試太難了，也許是我生病了，也許我國的教育體制逼著我這樣的文藝青年去死記硬背那種考試知識，根本是個錯誤，也許各方都有問題，整個系統都不對。

那家長又該怎麼辦呢？遇到這種多因素聯合作用的事情，我們該怎麼判斷其中到底是哪個因素出了問題呢？嚴格來說，絕對意義上的因果關係是不存在的，但是我們可以在機率意義上做判斷。這要用到哲學家大衛．休謨的「but-for」判據。茱迪亞．珀爾在《因果革命》[4]一書中還使用了「充分機率」和「必要機率」的計算，這裡我們就不展開來講了。

但是日常的判斷完全可以很簡單，又很符合邏輯。比如你的眼鏡掉在地上摔碎了，這難道應該怪地太硬嗎？肯定要怪你自己不小心。

再比如，當年里皮要執教中國國家足球隊，虎撲論壇上有人說：這回我們終於能破解中國足球的一個重大謎團了——中國隊不行，到底是球員不行，還是教練不行？因為在此之前，每一個中國隊主教練都被球迷說不行，而我們公認里皮是絕對行的。當然，里皮不能解決我們所有的疑惑，比如我們還可以說是足協、俱樂部老闆或者球迷不行。

人們犯邏輯錯誤，或是因爲被某種強烈的情緒所刺激，或是出於某種目的，想要跳過邏輯，提出很激烈的說法。而邏輯，總是要求你穩一點、慢一點，說得淺一點。邏輯要求我們不被感情挾持，保持理性的克制。這麼做絕不是軟弱，講邏輯才是最硬的，能確保自己不受攻擊。

以前毛澤東頭腦特別清醒，他曾經提出「對蔣鬥爭三原則」——有理、有利、有節。在我看來，這比「矯枉必須過正」高明許多。講邏輯就是有理。不犯邏輯錯誤，首先保全自己不受打擊，才可能有利。不搞極端否定，堅持邏輯否定，就是有節。

講邏輯，有理、有利、有節，你在任何爭論中都會立於不敗之地。

愚蠢爭論的根源

你說的明明是A，他非得給你總結成B，然後據此展開推導。這個邏輯錯誤，可以說是大多數愚蠢爭論的根源。

稻草人攻擊

你在生活中肯定遇過這種情況。很多朋友一起吃飯，你吃了一會兒，感覺不能再吃了，就說了一句：「我不能再吃了，再吃就胖了。」你完全沒有別的意思，可是在座中有個人突然就生氣了。他說：「你爲什麼貶低長得胖的人？」

你肯定會非常委屈。你說的只不過是自己怕胖，絕對不是對胖子有意見。也許世界上有的人覺得胖點挺好，你也覺得有很多人胖乎乎的挺可愛，只不過你恰好不喜歡自己胖而已。這只是個人喜好問題。

這就叫作「稻草人攻擊」。你說的明明是 A，他卻把你說的等效成 B。然後因爲 B 不好，所以他說你說的不好，由此引發爭論。他攻擊的不是原本的你，而是他想像出來的一個稻草人。

這個場景實在是太常見了。你對中國的某個問題提出了批評，網路上立刻就有人說：哈！你不愛國！你只是不喜歡中國的某些事情，絕對不等於你不喜歡中國，更不能說你不愛國。

多倫多大學心理學教授喬登·彼得森，因爲出版了《生存的12條法則》[5]一書和他保守主義的立場，成了近年西方世界的名人。彼得森講話非常犀利，他靠清晰的邏輯打敗了很多自由主義者。

二〇一八年的一個電視節目裡，彼得森接受主持人凱西·紐曼的訪問[6]，整個對話簡直是教科書般的稻草人攻擊。

紐曼發動稻草人攻擊的標誌是她說：「so you are saying…」（所以你就是說……）整

個對話中，兩人出現了很多很多次如下的模式：

彼得森發表言論。（A）

紐曼：所以你就是說……（B）

彼得森：不是啊！我的意思是……

比如，兩人談到男女同工不同酬的現象，爲什麼女性的收入普遍比男性要低一些。紐曼想說這是社會對女性的偏見，是不公平的。彼得森想說其實還有很多別的因素，一些跟性別偏見沒關係的因素。

彼得森：有個性格特質叫「親和性」。親和性高的人，得到的薪資通常比不親和的人低。而女性的親和性比男性高。

紐曼：你看，這又是一個極大的誇張。有些女性的親和性就不如男性。

彼得森：對。有些女性賺得比男性多。

紐曼：所以你就是說，女性基本上是因爲太親和了，才拿不到應得的加薪。

彼得森：不是，我是說親和性是影響薪資的多個因素中的一個，大約占五%的作用，可能還有其他十八個因素。所謂社會對女性的偏見，作用其實沒有女權主義者聲稱的那麼大。

類似地，彼得森說哪怕讓男女完全自由選擇，選擇當護士的女性也會比男性多，選擇當工程師的男性也會比女性多，不會是男女完全一樣的。紐曼就說：「所以你就是說，凡是相信男女應該平等的人就都應該放棄嗎？」

彼得森說社會階級是一個根深柢固的東西，我們的大腦中血清素和地位聯繫的機制，跟龍蝦很像。紐曼就說：「所以你就是說，我們就好像龍蝦一樣，男女就應該固定做各自該做的事，誰也改變不了。」

彼得森如果會說中文的話，他心裡肯定在大喊：「這什麼跟什麼啊！」他每說一件事，紐曼都要給他變出一個稻草人來。節目一播出，紐曼和「so you are saying」這句話就火了，被人到處改編，下面這段是網友的發揮：

彼得森：我早餐吃培根和雞蛋。
紐曼：所以你就是說，應該殺死所有素食主義者。

根源

你明明說的是A，他爲什麼非得犯邏輯錯誤，把你的話理解成B呢？我總結大概有三方面的原因：

第一個原因是**對方和你處於敵對的陣營**。

現在大家的評論是彼得森在訪談中大獲全勝，主持人紐曼完敗。可是我們要知道，紐曼是自由主義陣營的人，她這個節目的目的就是跟彼得森戰鬥。如果說著說著，兩人達成共識，握手言歡，那才是真正的失敗。那就等於紐曼斷送了自己的職業生涯。

這就提醒我們，如果你參加的是一場戰爭，你一定得保證邏輯的嚴謹，讓對方抓不到漏洞。你沒有邏輯漏洞，對方就只能對你進行非邏輯攻擊，這時候你就已經贏了，觀眾對這個還是能看出來的。

第二個原因是**感情**。

喜歡講邏輯的人，常常看不起感情用事的人，殊不知感情是最真實的東西。如果一個人感覺自己受到傷害了，那他就是真的受到傷害了——你的本意是不是要傷害他，根本不重要。受傷害的感覺，對他來說無比真實，所以他一定要反擊。

你說的是怕自己變胖，但是你這句話使他想起了他比較胖，而這個正好是他的痛點。所以中國有句話叫「當著矬人不說短話」。有經驗的人說每一句話都會斟酌再三，生怕誤傷。

鄭樂雋在《邏輯的藝術》中有一句話，堪稱金句：「如果一個人在邏輯世界裡生活了太長時間，他和人打交道就會有困難。而如果一個人在感情世界裡生活了太長時間，他和世界打交道就會有困難。」

我們講邏輯也不必排斥感情，感情是一個特別有用的武器，邏輯和感情並不是互斥關係。你如果能既懂邏輯又懂感情，還會使用類比之類的手段去贏得別人的同情，爭取別人的支持，那不是更好嗎？

話說回來，如果缺少感情認知的人需要反思自己，那麼缺少邏輯認知的人就應該有一點知識焦慮。

第三個原因是一**般人的邏輯敏感度太低**。

以我之見，一般人犯低級邏輯錯誤的根本原因，是不能理解自身眼界之外的東西。或者說得再嚴重一點，是不承認自身眼界之外還有別的東西。

比如主管在會議上誇獎了幾個員工和幾個部門，但沒提到老王，也沒提老王的部門。老王就會想：是不是主管對自己有意見呢？而如果主管當著老王的面批評另一個人，老王又會想：這是不是在說給我聽呢？

老王只能看到自己這點事兒，老王不接受「跟你沒關係」這個解釋。

允許一個裸露鏡頭播出，並不等於縱容色情文化。這個邏輯非常簡單，但是要把它「內化」，眞的不多想、不動感情，你必須見識過很多電影才行。

爲什麼現代社會要講「多元化」，要講「包容性」呢？因爲多元認知和包容心態眞的是高姿態。當然，什麼姿態過分了都不對，包容不能是無條件的，但包容是現代人在社會立身的第一步，因爲這是一個講邏輯的姿態。

我們假想一個場景。孩子從學校回來，說今天有兩個同學在說話，還看他，還邊說邊笑，好像是在罵他。

面對這個情況，認知水準比較低的家長，可能會跟孩子說：你當時爲什麼不罵回去？他怕孩子吃虧，希望孩子是個強大的人。

但認知水準高的家長知道什麼是眞正的強大。他的第一反應是：孩子你可能誤會了，你的推測在邏輯上是不嚴謹、不正確的，我們千萬不要隨便誤會別人。你們平時不是在一起玩得很開心嗎？再說，就算他們說你幾句，那又如何呢？明天你們就都忘了。

你猜哪個孩子將來更可能成爲大人物？容人之量來自邏輯，邏輯來自認知。用不講邏輯的方式去攻擊別人，那個形象是很難看的，等於自殺式攻擊。講邏輯不僅僅關乎辯論的成敗，也不僅僅關乎決策的對錯，更關乎你有沒有一個健全的人格。

灰度認知和黑白決策

「灰度認知，黑白決策」是最近流行的一句話，我最早是聽羅振宇說的，也不知發明人是誰。這句話非常有道理。我們知道世界不是非黑即白的，其中有很多灰色地帶，所以我們必須有灰度認知。可是，如果要做事的話，卻不能是灰色的。

比如，天氣預報說今天下雨的機率是四〇％，那意思就是可能下雨，也可能不下雨，這就是灰度認知。可是在行動上，你要麼帶傘，要麼不帶傘，你不可能帶一把四〇％的傘，這就是黑白決策。

其實這個說法以前就有。毛澤東曾稱讚鄧小平：「思圓行方，既有原則性，又有高度的靈活性。」[7]

「思圓行方」，思維是圓的，行動是方的，這不就是灰度認知、黑白決策嗎？達到這個境界的人，才可以託付大事。那到底怎麼思圓行方，怎麼把握原則性和靈活性呢？這裡面有邏輯。

在講靈活性之前，你得先學會原則性。並不是所有認知都是灰度的。

為什麼要講原則

世界上有的人講原則，有的人沒原則，他們的人格高度有雲泥之別。講原則過了頭，可能有缺點，比如做事太過死板，有點迂腐，甚至有點「愣」；但是不講原則，就沒有優點。

講原則，你才能講邏輯，你才是講理的，你說的話才值得聽，你的行爲才是可預期的，別人才會和你合作。如果一個人沒原則，什麼事情都幹得出來，那就絕對不能讓他承擔任何重要責任，這樣的人很難在社會上立足。

講原則，最符合邏輯的做法，是效法數學。數學講「公理」，也就是無須證明的事實，是邏輯推導的起點。比如歐幾里得，就是從五條最基本的公理出發，推導出整個平面幾何學。數學家鄭樂雋認爲人生原則也應該構成一個合理的邏輯體系，最好能從幾條基本原則出發，推導出整個行動指南。

怎麼找到自己的原則呢？最好的辦法就是不停地追問自己：我爲什麼這麼認爲？一直追問到沒有爲什麼、我就相信這個爲止——那就是你的原則。

比如說，有的人認爲政府應該透過社會福利專案，救助窮苦人；有的人認爲每個人都應該自立自強，別指望別人。那你要問，你爲什麼這麼認爲呢？如果一個人的回答是：政府本來就應該這麼幹，我就這麼認爲。那層次就有點低了。

高水準的回答得像這樣：人不是孤立的動物，人與人之間充滿了聯繫。窮苦人的生活得到改善，不僅僅對他們自己有好處，他的親友、他周圍的人都會受益，整個社會環境變好了，對繳稅的人也有好處。幫助別人，其實就是幫助自己。

這個答案提供了一個更底層的邏輯，一個更基本的原則。我們現在特別愛說「底層邏輯」「第一原理」這些詞，其實就是在追問你這套邏輯體系的公理是什麼——也就是你的原則。

兩個講原則的人哪怕有矛盾，也可以談，講一講各自相信什麼，也許就能在某一層原則上達成共識。你是國民黨，我是共產黨，咱倆政治理念不同，但是抗日救國你得贊成吧？那現在我的部隊是去打日本人的，你怎麼就不能給個方便呢？這就叫求同存異。

效法數學的精神，原則應該是分層的，越深層的原則越少、越簡單、越不容違反。反過來說，如果一個人把什麼東西都當作原則，只知道說我喜歡這個、不喜歡那個，不知道爲什麼喜歡、爲什麼不喜歡，那其實只剩下任性。

從最底層的幾個原則出發，隨時審視和判斷自己的決策，你的行事就會非常篤定。別人看你特別靠譜，你自己看自己也有一種榮譽感。

但是話說回來，我們能不能用原則指導我們的一切行爲，讓每一個決策都那麼有邏輯呢？答案是不能。

灰度認知

所謂灰度認知，就是眞實世界有些事並不是非黑即白的邏輯。我要保持健康，所以我重視食品安全，所以我不吃過期的食物，這很符合邏輯。如果有一瓶牛奶，上頭寫著三月二十六日過期，而現在是三月二十五日深夜，我爲了不浪費，是不是應該趁零點還沒到，趕緊喝掉呢？

過期時間不可能是精確科學的。牛奶的性質不會在半夜十一點五十九分五十九秒到零點這一秒鐘之內發生急劇變化。實在不想浪費的話，等到明天早上再喝也沒什麼大問題。世界是有灰度的。

再比如你決心戒酒。今天是中學畢業三十週年聚會，三十年沒見的老師說要跟你喝一杯，你能不喝嗎？酒喝多了有害，但是不喝與喝多之間，存在灰度。哪怕從純邏輯來講，這裡面也沒有明確的分界線。

鄭樂雋舉了一個美好的例子，是珍．奧斯汀的小說《傲慢與偏見》的一個情節。伊莉莎白問達西先生是什麼時候愛上她的，達西先生回答說：「我不知道是在哪一個時刻、哪一個地點，或者是你的哪一個形象、哪一句話讓我愛上你。那是在很長時間之前，在我意識到愛上你之前，我就已經愛上你了。」

你看，愛上一個人也不是非黑即白，從完全沒愛到確定愛上，是一個連續過渡的過程。這種灰色地帶特別不好決策。

比如你爲了減肥，決心要少吃餅乾，但是你真的喜歡吃餅乾。你想，只吃一小口餅乾，難道還能影響減肥大業嗎？肯定不會。那再吃一口呢？應該也沒事。符合邏輯的結論是，不管今天你已經吃了多少餅乾，再多吃一小口也不會有本質上的區別。那你到底應該吃幾口呢？

再比如，前一段時間熱議的「Me Too」話題。到底什麼行爲構成性騷擾？握手肯定沒事，那碰一下肩膀算不算呢？

要畫線，邏輯上不支援絕對的畫線。不畫線，就有了得寸進尺的機會。吃一小口餅乾沒事，再吃一小口也沒事，吃著吃著你就胖了。如果握個手沒事，碰一下肩膀也沒事，最

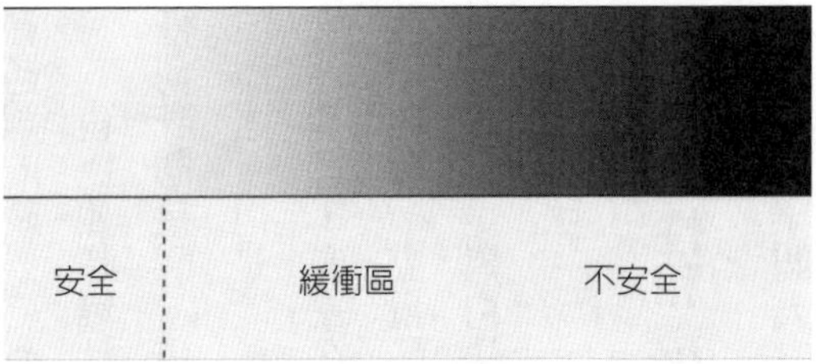

圖 6-2 預留緩衝區

後你可能就被性騷擾了。那這條線到底應該怎麼畫呢？

黑白決策

所謂黑白決策，就是哪怕不符合邏輯，也要畫線。考大學有錄取分數線，六百七十九分就能上清華，六百七十八分就不能。兩個同學只差一分，這一分之差完全可以用偶然來解釋，也許六百七十八分那個同學平時的水準更高。這不符合邏輯，但是沒辦法，大學只能錄取這麼多人，就只能有這麼一條線。

而像吃餅乾、喝酒、性騷擾這些事情，並沒有嚴格的外界要求，都是自己對自己的約束，這怎麼辦呢？這個關鍵思想叫作「緩衝區」。你畫線要預留緩衝區，如圖6-2所示。

左邊是白，右邊是黑，中間是灰。你的線要畫在非常靠左的位置，過線之後的很大一塊灰色區域仍然是比較白的——那塊區域就是緩衝區。過了緩衝區，灰色才變得比較黑。

把線畫在這裡，有了緩衝區，你就有足夠的安全感。哪怕稍微越線一點，你仍然是安全的。你的堅持、你的原則、你的紀律，應該在緩衝區之外。

比如吃餅乾，如果每天吃三塊太多了，吃兩塊在模稜兩可之間，那你就應該規定自己每天吃一塊。吃一塊餅乾是絕對安全的，偶爾越線其實問題不大，但這條線的存在會讓你在越線的時候感到很內疚。

再比如職場性騷擾，我們可以這麼畫線，除了女方主動握手之外，男女之間應該沒有任何身體接觸。這條線有點嚴厲，但是非常安全。輕微的越線行爲，不會給女性帶來巨大的傷害，但是能給男性帶來很大的警醒。

其實，商家在設定食品過期時間的時候，就已經留了一定的緩衝區。寧可過分安全，也不能有一點危險。考慮到這一點，我們不應該過分在意過期時間。

這就是黑白決策。黑白決策保證了原則性。接下來我們要說的就比較高級了，來說說「靈活性」。

原則性和靈活性

如果一個人完全沒有靈活性，畫了線就寸土不讓，那似乎也不能叫灰度認知、黑白決策，因爲這跟黑白認知、黑白決策沒有區別。

孔子有句話：「不得中行而與之，必也狂狷乎！狂者進取，狷者有所不爲也。」我理解的意思是，如果做不到中庸的話，那狂、狷這兩種人才也還行——而這個「狷」，這個

「有所不爲」，就是原則性特別強的人。但是，我們從孔子這段話也能看出來，原則性特別強，並不是最高級的人才。中行，也就是中庸，才是最高級人才。

很多人把「中庸」理解成堅持原則，那其實是把中庸和「狷」給混淆了。以我之見，中庸的意思是「既有原則性，又有高度的靈活性」。簡單地說，中庸，就是有灰度認知，就是在原則的基礎上，可以討價還價。

比如我認爲應該增加社會福利，你認爲應該避免濫發福利。表面上看來，咱倆針鋒相對，但是坐下來談之後，我發現雖然你反對濫發福利，但其實也贊同提供一部分福利——最起碼，如果士兵在戰場上受傷、殘疾了，國家不能不管吧？

這麼說來，咱倆的分歧就不是本質的問題，而是怎麼把握「度」的問題。這個度，就是你和我之間灰色區域中的某一條線。認識到這一點，我們就有了討價還價的可能性，就不至於勢同水火。

明朝的基本國策是絕對不跟外族侵略者妥協，什麼和親、割地，絕對沒有。成祖朱棣把首都放在北京，直面北方威脅，天子守國門，就是明確不妥協這條線。但是請注意，當初的人畫這條線，未嘗沒有設定緩衝區的意思——就算北京遭到重大威脅，至少南方大好江山還在。這是灰度認知之下的黑白決策。可是到了朱由檢這一代，就只剩下黑白決策，灰度認知已經沒有了。和談不能提，撤退不能議，一點靈活性都沒有。這不是自己給自己挖坑嗎？

有原則，但爲了更高的原則，可以跟你討價還價，那仍然是有原則。首都放北京，這就是有原則。那跟沒原則的區別在哪呢？有本質上的區別，但的確不好把握。這裡面沒有統一的演算法，只能自己斟酌，要不怎麼說中庸那麼難呢？

供給側的邏輯使用者

有個笑話是這樣的。三個邏輯學家走進酒吧，酒保問他們：「三位是都喝啤酒嗎？」

第一個邏輯學家說：「我不知道。」

第二個邏輯學家說：「我不知道。」

第三個邏輯學家說：「是的。」

這個笑話有點冷，需要一點邏輯才能欣賞。想否定「三位都是喝啤酒」，只要有一個人知道自己不喝就行了。前兩個邏輯學家說不知道，代表他們自己想喝，只是不知道別人喝不喝。第三個人一看前兩個人都說不知道，確定這兩個人都要喝，而他自己也想喝，他就可以判斷三人都想喝啤酒。他們的回答有點怪，但是非常準確。

完全符合邏輯的言行就是會有點怪異。你可能會覺得，人有必要這樣說話嗎？我們學邏輯，並不是爲了變成一個迂腐的人。這一節要說的是，你應該嘗試做一個「供給側的邏輯使用者」。

邏輯與抬槓

前面我們說了一些常見的邏輯錯誤，其實，還有一種更常見的邏輯錯誤，但是因爲實在太常見了，已經不好說這到底算不算錯誤。這個錯誤叫作「籠統陳述」。

比如有個女性，經歷過幾次不成功的戀愛，她說「男人沒一個好東西」，這就是籠統陳述。這顯然是邏輯錯誤，全天下這麼多男人，怎麼可能一個好的都沒有呢？

再比如夫妻吵架。

妻子說：「你從來都不打掃房間！」

丈夫說：「胡說！上個月五號我就打掃過！」

妻子說：「你總是把廚房弄得一團糟！」

丈夫說：「我剛去廚房倒了一杯水，就這麼一個動作，現在廚房是一團糟嗎？」

當然你可以說丈夫是在抬槓，但妻子這種籠統陳述確實有問題。你打擊的是一大片，我只要舉出一個反例來，就反駁了你的命題。

我們在正式場合也能看到籠統陳述，比如女權人士在演講中說：「每一個女性都是性別歧視的受害人。」可是難道我們就眞的找不出一個沒受過性別歧視的女性嗎？犯這種錯誤是授人以柄，遇到抬槓的，就等於吵邏輯架，吵來吵去沒有新資訊。

要避免籠統陳述，你說話的時候就需要加一些限定語，縮小陳述的範圍。不要說「男人沒一個好東西」，你應該說：「就我近期接觸過的幾個男性看來，大部分人的表現似乎不怎麼樣。」

「我自己的經驗」「近期」「大部分」「似乎」，這些就是限定語。有了限定語，你的話就精確了。類似的限定語還有「以我之見」「有時候」「可能」「大多數情況下」「看起來」「至少」等等。這個精神是有一說一，別說二和三，別擴大範圍。

我以前聽過一個笑話是這樣的。一個工程師、一個物理學家和一個數學家，三人坐火車在蘇格蘭旅行，他們看見窗外有一隻黑色的羊。

工程師說：「哈！蘇格蘭的羊是黑色的！」

然後物理學家說：「不能這麼說，你只能說蘇格蘭有些羊是黑色的。」

這時候數學家說：「蘇格蘭至少有一個地方，其中至少存在這麼一隻羊，牠至少有一面是黑色的。」這就是限定語的精確性。如果你覺得這些太麻煩，鄭樂雋提供了一句幾乎萬能的限定語，叫作「在某種意義上」。

比如說：「在某種意義上，趙本山是最偉大的人。」對此別人很難從邏輯上反駁，因爲他不知道你說的某種意義是哪種意義。也許在趙本山的女兒還是個三歲小孩的時候，對她來說，趙本山就是最偉大的人。

「在某種意義上」，能讓你的言論立於不敗之地。既然精確的說法這麼好，爲什麼人們在日常生活中不這麼說話呢？

邏輯與表達

那是因爲我們想表達強烈的資訊。當你妻子說你「從來都不打掃房間」的時候，她是在對你表達不滿。她這句話有邏輯缺陷，但是她提供了一個資訊，很可能你就是不怎麼做家事。你不能因爲這句話有邏輯缺陷，就認爲這句話完全沒意義。

誇張，是常見的修辭手法。傳說甲骨文前執行長賴瑞・艾利森到耶魯大學做過一次演講——其實這個事兒不存在[8]——這篇演講非常著名。

艾利森說的大意是：

> 請你看一眼你左邊的同學，這是一個失敗者。你再看一眼你右邊的同學，他也是一個失敗者。那你想想你自己是什麼人呢？當然也是個失敗者——因爲你們沒有退學。我是世界第二富有的人，我是個退學生。第一富有的比爾・蓋茲是個退學生。第三富有的保羅・艾倫是個退學生。我們這些人退學創業，所以才獲得成功，你們這些好學生不退學，所以你們將來只能給我們打工。

這裡面每一句話都有邏輯問題。可是你不能不承認，他說得很有意思，他傳達了一個讓你無法忘懷的資訊。

有時候，不講邏輯是一種表達方式。不講邏輯，可以傳遞強烈的感情。那如果別人跟你講感情，你是不是一定要跟他講邏輯呢？

邏輯與情境

相對於精確的邏輯表達，感情表達之所以容易引起誤解，是因爲說話的人和聽話的人所處的思維情境不同。他預設和你處於同一頻道，你應該能理解他的意思，但是你不在這個頻道。

鄭樂雋在《邏輯的藝術》這本書中有個重要例子。在美國，白人男性相對於少數族裔和女性來說有一定的優勢。比如公司招人，會不自覺地優先錄用白人男性。我們可以說，白人男性在美國是有特權的。

可是如果你在公開演講中說這句話，馬上就會有人站出來反駁你：「我是就個白人男性，可是我的收入很低，日子過得很難，很多女性、黑人和墨西哥人的收入比我高很多，哪有什麼白人男性特權？」

這個人顯然犯了邏輯錯誤。白人男性特權的意思，並不是說任何一個白人男性的境遇都好於其他所有人，而是說在其他各方面條件都一樣的情況下，如果這個人是白人男性，他會受到額外的優待。這個優待也許並不明顯，只是一個因素而已，而人生的境遇畢竟是由多種因素決定的。一個白人男性境遇差，並不能說明不存在白人男性特權。

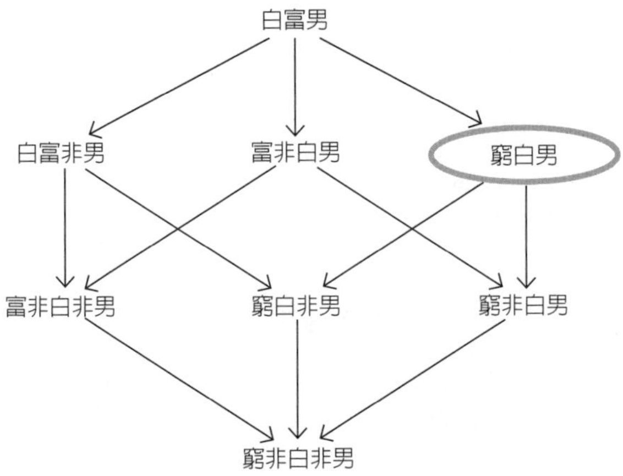

圖 6-3 第一種視角

那你能說這個人沒邏輯，就否定他，然後就乾脆忽略他嗎？

我們學邏輯不是爲了打擊別人，我們應該使用邏輯分析，去理解對方到底想表達什麼意思，看看我們的分歧到底在哪裡。很多情況下，是因爲大家處在不同的情境，看問題的視角不同。

從你的視角來看，可以考察三種特權：富人特權，白人特權，男性特權。我們把這些特權的擁有者分成三層，如圖6-3所示。

最頂層的是白富男，三個特權都有。第二層是三個特權中占了兩項，第三層是三個特權中占了一項，最底下是什麼特權都沒有。那麼，在你這個分類邏輯中，一個窮白男雖然窮，但仍然擁有白、男兩項特權，身處第二層，可以說是很高的地位。

但窮白男本人可不是這麼看的，他認爲

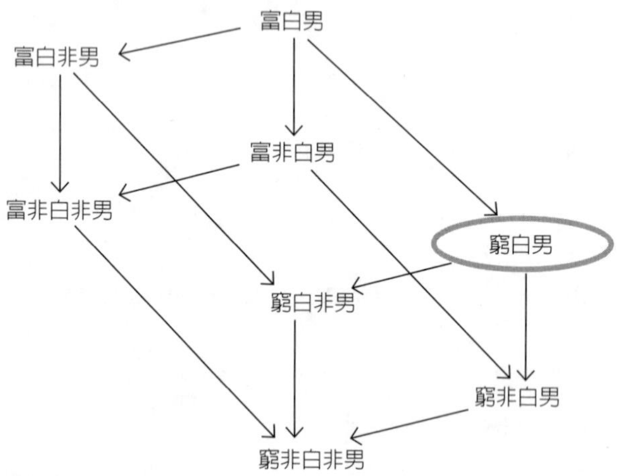

圖 6-4　第二種視角

自己的地位很低。你們倆說的其實是兩回事。你的邏輯模型平等對待三項特權，可是在他看來，富這一項的作用實在是太大了，遠遠超過白和男。

考慮到這一點，你應該做的不是否定他的看法，而是優化自己的邏輯模型。考慮到富的作用遠遠大於白和男，你的模型應該是像圖6-4。

圖中窮白男的地位就大大降低了。他仍然列於所有窮人之首（這符合你的「特權邏輯」），同時又列於所有富人之後（這符合他的切身感受）。

這才是使用邏輯的正途。**邏輯只是對眞實世界的一個抽象描述，不符合你邏輯的東西，不一定就是錯的，很可能只是你們抽象的方式不同。**

邏輯思維的供給側改革

所以我發明了一個詞，叫作「供給側的邏輯使用者」。需求側的人是把邏輯當成了攻防手段，把辯論當成了文字遊戲。供給側的邏輯使用者，應該主動改變這個各說各話的局面，我們應該發揮自己邏輯分析的特長，爲別人提供邏輯服務。

假想這麼一個場景。你過年回家，遇到你的表弟和你的舅媽正在爭執。

表弟說：「那些保健品根本沒有科學根據！」

舅媽說：「不對，我吃了保健品，明顯感覺身體好多了！」

這時候你應該怎麼辦呢？

需求側的邏輯使用者會說舅媽不懂邏輯，竟然用自己的個例質疑科學結論。這話是沒錯，但這麼說不能解決問題。供給側的邏輯使用者，應該分析他們兩人的分歧點在哪裡。

事實上，表弟和舅媽說的是兩回事。表弟說的是保健品在統計上沒有顯著的療效——但這並不等於對誰都沒有療效，只不過有效的人數不夠多，不能排除是安慰劑效應而已。舅媽說的是自己的親身體會——她不是在睜眼說瞎話，只不過她這個體會不能作爲科學結論而已。

你應該和舅媽講講，她感覺身體變好，可能是碰巧，不一定是保健品的作用，也可能是安慰劑效應。然後你再給表弟講講，所謂科學結論是怎麼來的，統計顯著性有一定的標準，沒有大規模隨機試驗的結論也未必靠譜。你把話說明白了，爭議可能就解決了。智者，應該幫人們互相理解。

生活中有很多爭議，都是因爲大家說的不是一回事兒，或者不在一個情感頻道上。「在某種意義上」，可能每個說法都有道理，我們要做的是體察他說的到底是哪種意義。

鄭樂雋反覆提到一個詞，叫「pedant」，意思是「炫學者」——炫耀自己有學問的人。炫學者說話會加一大堆邏輯限定語，他們不犯邏輯錯誤，發表觀點之前都會有「防槓聲明」，但是他們不接地氣。

我們學邏輯，是爲了看清事物的本質，是爲了發現分歧，促進理解，不是爲了做一個炫學者。

……啊不對，請允許我重新表述一遍。以我個人謙卑的觀點看來，我們中的多數人，學習邏輯，似乎，不應該，是爲了做一個炫學者。

在某種意義上，這幾節基本上就是本書關於邏輯學的全部內容。

第七章

數學給你最佳解

我忠告我的學生們，當他們作出不再選數學課的決定時，在那一刻仔細傾聽。他們也許能聽到門關上了的聲音。

——詹姆斯・卡瓦列羅

排序不等式

來說一個簡單數學決定的道理。如果你在中學時代參加過奧林匹克數學競賽，你可能聽過「排序不等式」。要是沒聽過也沒關係，這是一個非常簡單的不等式，中學生都能明白。我建議你了解一下排序不等式，它能告訴你「效率」和「公平」的本質關係。

比如你開一家商場，平時客流量少，週末客流量多，我們把平時和週末的流量設為x_1和x_2，x_1小於x_2。你經營商場有兩種方法，一個是常規方法，效果一般，設為y_1；一個是辦促銷活動，效果會好很多，設為y_2，y_1小於y_2。我們知道商店的收入是由流量和經營方法共同決定的，相當於是x乘以y。那請問，辦促銷活動這個手段，你是用在平時呢，還是週末呢？

答案當然是週末。好鋼得用在刀刃上，你關心的是總銷量，而不是特定某一天的銷量。總銷量而論，$x_1y_1 + x_2y_2 > x_1y_2 + x_2y_1$，也就是大數乘大數加小數乘小數，大於大數乘小數加小數乘大數，這就叫排序不等式。一般來說，如果有兩組數字，你先把它們各自排好序，$x_1 \le x_2 \le \cdots\cdots \le x_n$，$y_1 \le y_2 \le \cdots\cdots \le y_n$，那麼它們交叉相乘的結果，滿足下面這個不等式：$x_1y_1 + \cdots\cdots + x_ny_n \ge x_{\sigma(1)}y_1 + \cdots\cdots + x_{\sigma(n)}y_n \ge x_ny_1 + \cdots\cdots + x_1y_n$。$x_\sigma$代表客觀流量x序列的任意一種排列方式。

簡單說，就是按照從小到大的順序相乘的和最大；按照相反順序，也就是逆序相乘的和最小；混亂順序則處於二者之間。再說得簡單點，就是讓最大的和最大的結合、最小的和最小的結合，總的效果總是好於讓大的和小的結合。

排序不等式的證明很簡單。把排序不等式玩熟了，在數學競賽裡可以有眼花繚亂、出神入化的應用。我們熟悉的那些不等式，比如「算數平均值大於幾何平均值」「柯西不等式」「柴比雪夫不等式」，都可以從排序不等式推導出來。但我要說的不是這些，我要說的是一個生活中的道理。

排序不等式，是最底層的「不平等關係」。

正是因為這個邏輯，「效率」和「公平」本質上是矛盾的。

比如你是政府官員，你手裡有個大型專案，放在哪個地區都能提升當地的經濟發展。那請問，你是把它放在經濟發達地區呢，還是邊遠落後地區呢？

只要你關心的是經濟總量的提升，想透過這個專案為中央政府創造更多的稅收，就應該堅決投入發達地區。同樣是提升一%，發達地區的乘數要大得多。

誰都喜歡大數，大數最能讓大數發揮作用。世界上很多合作不是加法，而是乘法關係。資源和人才往往不是一個加數，而是一個因數。把這個因數擴大一點點，整體都能按比例放大。所以，最好的資源應該用在最賺錢的地方；最厲害的人員應該放在最關鍵的崗位；最好的電影應該乘以最好的導演，再乘以最好的演員，然後給最多的院線排期。

這就是爲什麼好東西總愛聚在一起，有志向的年輕人非得去大城市不可。這也是爲什麼會有馬太效應，爲什麼人人都想跟最好的合作。這也是爲什麼市場總是讓財富分布不平等。

排序不等式，是資源配置的「零階道理」，也就是最基本的道理。

當然，世界是複雜的，事物的發展常常是非線性的，任何東西太多了，都會發生邊際效應遞減。也許這個專案在發達地區的發展空間已經飽和；也許那個地區暫時落後，以後的發展潛力很大；也許大城市生活成本太高；也許最優秀的導演不會重視你這個劇本，應該找最合適的。但那些都是對零階道理的一階或高階修正，零階道理仍然是零階道理。我們做決策必須先考慮零階道理，只有證實了零階道理在這裡不行的情況下，才應該考慮那些修正。

有幾種情況，會讓排序不等式起不了作用。

教育系統有重點大學、重點中學，同一所學校裡還會有重點班，重點班的老師是全校最好的。這完全符合排序不等式，教育系統希望培養高水準人才。但是你注意到沒有，在任何一個班級裡，老師重點關注的，往往不是最好的學生。這是爲什麼呢？

因爲學習成績有上限，你分數再高，也不能比滿分還高。第一名有時候考九十七分，有時候考一百分，滿分附近都是隨機波動，對全班總成績幾乎沒有影響。如果老師花點功夫，把某個同學的成績從六十分提高到七十五分，那可是顯著的提高。社會需要優秀人才，但是對老師提高全班總成績來說，在好學生身上花功夫沒有意義。

很多系統對組成部分的要求是有上限的。你建一座大橋，不會重點打造其中一個橋墩，如果別的地方出問題，這個橋墩再好也沒用。汽車上的零件也不是越「好」越好，最理想的情況是，所有難以更換的零件磨損壽命是一樣的。

還有一種系統，比如福利系統，則要求各個相加項的大小有一個下限。在貧困山區建設通信基地臺，效率確實不高，但是貧困山區需要通信基地臺。福利系統解決的是公平問題。這種系統有時候會把最好的官員派到最貧困的地區去，並不指望他們創造什麼效益，只是希望提高那些地區的下限。既然是爲了公平，那就必然犧牲了效率。

安全系統也強調下限。只要是防守，我們最關心的一定是最弱的地方，要把最好的資源和人手放在那個地方。

個人只能做一個乘法因數，管理者要的卻是相乘再相加。如果你是一個系統的營運者，你必須清楚判斷這是一個不設限系統，還是一個有上限或下限的系統。

公司在乎的是總收入，本質上是不設限系統。排序不等式告訴我們，這樣的系統應該狠抓強項，因爲強項最能提高總量。有下限的系統最關心的是弱點，而有上限的系統最希望每個因數都差不多。

作爲個體，如果你認爲自己是個大數因數，那你最好不要待在有上限的系統中。教育系統搞數學競賽什麼的，也算是給好學生一個出路。

這個道理很清楚，但是我感覺人們對它貫徹得還不夠。我們受到了「公平」這個直覺過多的影響，總想把什麼東西都弄均勻一點，這其實是思維偏誤。

假設你的工廠有兩條生產線，每條生產線需要兩個人配合，共同完成一件產品。現在你有四個工人，老張和老李的良品率都是九五%，小張和小李的良品率都是七五%。那請問，你應該將這四個人怎麼分組呢？

直覺的分法，是讓老張和小張一組，老李和小李一組，這樣兩組的良品率是一樣的，都是七一・二五%。你可能覺得這樣分組還能讓高手帶一帶低手，發揮引領作用。

我不知道高手帶動低手的效應能有多大，但是我知道，排序不等式要求你讓老張和老李一組，小張和小李一組。你的高手組良品率將是九〇・二五%，低手良品率將是五六・二五%，總良品率是兩組的平均值，也就是七三・二五%——高於高低搭配分組的七一・二五%。

排序不等式要求你讓高手跟高手搭配，弄一個特種部隊。雖然這會降低其他組的效率，但你的總效率是最高的。而且你也不用太擔心少了引領作用，高手跟高手在一起互相激發，也許還能進一步提高效率。

也就是說，哪怕在這個只是追求良品率、高手沒有太多發揮空間的局面中，根本談不上什麼突破性的成長，我們也應該搞強強聯手。

那我們再回過頭想想，老師之所以不重視好學生，不僅僅因爲好學生成績有上限，還因爲好學生不用老師管，自己就能好好學。如果每個學生的成績都跟老師在他身上花的功夫是乘法關係，老師還是得最重視好學生。

只要是涉及這種需要密切配合、乘法關係的局面，就應該抽調最強的人馬，組成特種部隊。哪怕所有人做的事本質上都一樣，也應該讓高手跟高手搭配。

搞平均，符合直覺，但是違反數學。

我們個人的生活和學習不也是這樣嗎？直覺上，你可能認爲應該把每一件事都做好，每個學科都學好，其實不是。數學要求你關注強項，你應該把最好的精力、最多的時間，用在最能體現你價值的項目上。

設重點、偏科、不均勻、走極端，這才是自然之道。

支援平靜生活的物理定律

有很多人宣稱自己喜歡過平靜的生活，追求穩定、規律，早睡早起，歲月靜好。也有一些人對平靜不以爲然，認爲人生在於折騰，應該製造一些不確定性。

這一節，我們從物理學的角度來考察一下這個問題。這裡面有個通用的、跨領域的道理，可以說是大自然的零階道理。

我們先進入物理學思維，把這個道理看清楚了，然後再回到生活中，你會活得更明白。

這個物理定律叫作「漲落耗散定理」。你可能沒聽過這個詞，但它的應用極爲廣泛，在熱力學、電磁學、統計物理、生物學、化學、金融、經濟、社會方方面面都有涉及。而且這個理論還出身名門，它最早的起源，正是愛因斯坦在一九〇五年這個「奇蹟年」發表的六篇論文中的一篇。

那六篇論文中，有一篇提出狹義相對論，有一篇推導出 $E = mc^2$，這個可能是所有科學知識裡最著名的公式。有一篇提出光是一種量子，開啓了量子力學，並且爲愛因斯坦帶來了諾貝爾獎。但是我們要說的這一篇，卻是引用次數最多、應用範圍最廣的一篇，這篇論文叫〈熱分子運動論所要求的靜止液體中懸浮粒子的運動〉。我們從頭說起。

一八二七年，英國植物學家羅伯特．布朗發現了一個看似平淡、實則有點「細思極恐」的現象。他把幾個非常微小的花粉顆粒——注意不是花粉本身，花粉太大了，是從花粉中提取出來的小顆粒——放在培養皿的水裡，然後用顯微鏡觀察。他發現這幾個花粉顆粒一直在水面上跑來跑去，永遠都不會停下來。

這很奇怪。水面不是靜止的嗎？花粉顆粒的動力是從哪來的呢？難道它們自己就會動嗎？這個發現一開始讓布朗很激動。當時人們還不知道生命到底是怎麼回事（其實現在也不完全知道）。有的人認爲生命之所以是生命，其中必定有一種「生命素」之類的東西，一種自然的「活物」。布朗還以爲自己發現了生命素，不過他懂科學方法，馬上用沒有生命的物質做同樣的觀察，比如用銅粉微粒，發現也是在水面上一直這麼動。這個運動被命名爲「布朗運動」。當時沒有人能解釋布朗運動。

一直到將近八十年之後，愛因斯坦出手了。愛因斯坦在一九〇五年的這篇論文中說，花粉顆粒之所以一直在動，是因爲周圍的水分子推著它動。

這可是神級的論斷。爲什麼呢？請注意，當時物理學家還不能確定有「分子」或「原子」這些東西存在。確實，古希臘人很早就提出了物質是原子組成的，但那只是假說，因爲原子、分子都太小了，你用顯微鏡都看不見。布朗運動其實是原子存在的第一個可靠證據。愛因斯坦這篇論文，是物理學家證明「物質是由原子組成」的里程碑。

那愛因斯坦說了，別人憑什麼就相信呢？因爲愛因斯坦有公式，有定量計算結果，你可以拿這個結果跟實際觀測作比較。

愛因斯坦假設水是由水分子組成，水分子們每時每刻都在做「熱運動」，也就是隨機的、永不停歇的運動。其實這個熱運動才是溫度的本質。熱水爲什麼燙手？因爲水分子的運動速度太快，速度快的分子撞在你的手上，你當然會感到疼痛。

所以花粉顆粒每時每刻都被它周圍的水分子們撞來撞去。那水分子既然比花粉顆粒小得多，數量又比花粉顆粒多得多，它們撞在花粉顆粒上的力量應該互相抵消才對啊？不對。隨機≠均勻。花粉顆粒畢竟不算大，在每一個時刻，要麼這個方向，要麼那個方向，在某一方向上它感受到的水分子合力會比其他方向大一點，於是它就被撞動了，然後到下一個位置，它又被撞向另一個方向。

這樣被撞來撞去，花粉顆粒在水面上的運動，就體現爲「隨機漫步」。

隨機漫步也是講理的！愛因斯坦用一個精妙的數學方法證明，一段時間之後，花粉顆粒離出發點的直線距離，平均而言，跟時間的平方根成正比。

你看不見水分子，但是你能看見花粉顆粒。你只要測量一下花粉顆粒們的運動，就能驗證愛因斯坦的公式。花粉顆粒的運動，體現了分子的存在。

隨機漫步在自然界和人類生活中都是常見現象。比如股票市場，因爲有眾多的賽局力量，基本上是個有效市場，那麼股價的微觀走法，在很大程度上就是隨機漫步，也可以用愛因斯坦的公式做量化分析。

現在不管水分子，咱們單說花粉顆粒。花粉顆粒的這種運動，有時候這個方向受力大，有時候那個方向受力大，東一下西一下，這在物理學上叫「漲落」。你可以把漲落理解成波動，只不過這個波動沒有固定的週期和振幅，只是隨機地來回變動。

如果我們把花粉顆粒比喻成人生，隨機漫步就相當於隨波逐流、沒有目的、沒有方向、沒有主動性，完全被周圍外力推著走的一種運動。愛因斯坦告訴我們，隨機漫步也能讓你走得很遠。可能你原本沒有什麼志向，只是一系列的機緣巧合之下，就被推著走了那麼遠，再回首已是百年身。但是，這種走法還是太慢了。

有方向的行走，距離跟時間成正比，而布朗運動這個隨機漫步，走出來的直線距離是跟時間的平方根成正比。別人走一百公尺，你才走十公尺；別人走一萬公尺，你才走一百公尺。所以人生要走得夠遠，最好有個方向，別做布朗運動。但這並不是我們這一節要說的道理。

我要說的道理是，就算你有一個方向，布朗運動也會困擾你。我們設想花粉顆粒自己有動力，它說：我要往前走！它希望走直線，但是它走不了直線。前方、左右兩側的水分子仍然會撞過來，有時候讓它滯留一下，有時候讓它偏轉方向，它的路線仍然充滿漲落。

這個微觀的漲落，就是「摩擦力」的本質。摩擦力是物體在前進方向上，因爲撞上了介質的分子而產生的阻力。輪胎在路面上摩擦，冰刀在冰面上摩擦，船在水面上摩擦，道理是一樣的。這個阻力會消耗物體前進的動能——這就叫「耗散」。漲落越大，動能的耗散就越多。物體耗散掉的動能，會變成周圍分子的熱能，這就是爲什麼摩擦會生熱，這叫作漲落導致耗散。能量耗散越快，周圍分子的運動也會越快，這叫作耗散導致漲落。

微觀的運動漲落，必定導致宏觀的能量耗散，而宏觀的能量耗散，也必定帶來微觀的漲落運動，這就是「漲落耗散定理」。

布朗運動是漲落耗散定理的一個特殊情況。類似的現象還有電流流過電阻，導致電阻發熱，這是耗散；電阻發熱，讓其中電子和原子的熱運動加劇，這是漲落。光打在物體上並沒有完全反射，有些光子被物體吸收了，這是耗散；物體吸收光子發熱，會讓自己也發射出去一些光子，這是漲落。

有漲落必有耗散，有耗散必有漲落。生活中也是這樣[1]。

爲什麼注意力不集中的時候，往往花了很多時間，卻沒做成什麼事？因爲你的漲落太大了。隨便一個什麼干擾都能吸引你，你一會兒看手機，一會兒跟人聊天，一會兒喝水，一會兒發呆，你幾乎就是布朗運動。

但就算你注意力很集中，一心想做好一件事，也不可能完全避免漲落。物理學給我們的一個智慧是，並不是花粉顆粒主動吸引水分子，是水分子自動來撞它。所以做任何事都會有阻力，正如再好的道路也有摩擦力一樣。阻力不是有人故意跟你作對，而是自然現象。

你早上起床能量滿滿，說我今天上午一定要完成這件事！可是左一個小事、右一個小事總來找你，其中很多事情又是你不能不管的。這些小事讓你的行動充滿漲落，早上好不容易攢出來的能量，就這樣慢慢被小事耗散了。

小事耗散能量，這就是我們不喜歡小事的原因。你可以用一些心法應對小事，你的應對方式很重要[2]。這個底層原理是，**眞正耗散能量的不是小事本身，而是你爲了應對小事而不得不做出的「漲落」**。

你希望把自己反應出來的漲落，降到最低。

減少漲落，首先就是沒事別找事。別今天惹這個、明天惹那個，出了問題得賠償，得罪人得安撫，一邊點火就得一邊滅火。老百姓說這個人怎麼那麼多戲呢？物理學家說這就叫漲落。老百姓說你看他無端消耗了時間、精力和金錢，物理學家說這全都是耗散。

有些人不愛惹事，但是容易發脾氣，一點就炸，那也是增加漲落。很多時候，忍讓不是因爲害怕，純粹是爲了避免耗散。

所以物理定律提倡的養生之道，必然是過平靜的生活。幹什麼事都穩穩當當，不反應過度，不左一下右一下，不折騰，漲落振幅非常小，這樣能量耗散就小。你看那些能長期運轉的機器，肯定雜音小，可能還要定期加點潤滑油，減少摩擦。

平靜≠靜止。爲什麼走同樣的距離，在高速公路上開車比在市區裡開車省油？因爲在高速公路上，你的速度基本是恆定的，非常平穩，你的漲落小。而在市區裡，剛踩完油門，又得踩剎車，速度變來變去，這麼大的漲落，把能量都白白耗散了。做事集中注意力，就如同在高速公路上開車，不集中注意力，就如同在市區裡開車。

我們說要養成好習慣，生活要有規律，一日三餐、行動坐臥，最好都在固定的時刻，這就是降低漲落。沒有規律的生活會增加壓力，導致耗散。

我感覺很多人說「熵增」的時候，他們其實想要表達的是漲落和耗散，只是他們不知道這個定理。熵增不見得是壞事。經營企業，你會希望製造熵增。眞正危害系統運行效率的，是漲落和耗散。

但漲落也不見得就一定是壞事。漲落會耗散能量，可我們的存在並不是爲了節約能量。有很多事情值得花費能量。比如搞創造，就需要一定的混亂，有時候，折騰折騰才能發現機會。而且漲落耗散定理這個規律是雙向的，你耗散出去的能量並沒有白白消失，都變成了某種漲落。也許有些漲落，對你反而是好事。

有些事情值得花費能量。但如果你想節能，你應該盡量避免無謂的耗散。

傅立葉轉換的智慧

傅立葉轉換[3]是相當常用的數學工具，你很可能已經在大學學過，但我想專門講講。傅立葉轉換是構建現代科技的一個基礎方法，可以說無處不在。而我認爲，這個操作背後有個簡單智慧，值得每個人深思。

就算你沒正式學過，你也很可能聽過這個詞。電腦上的聲音和圖像信號、工程上的任何波動資訊、數學上的解微分方程、天文學上對遙遠星體的觀測，到處都要用到傅立葉轉換。你用手機播放MP3音樂、看圖片、語音辨識，這些都是傅立葉轉換的日常應用。

什麼是傅立葉轉換呢？維基百科的說法是，「一種線性積分變換，用於信號在時域（或空域）和頻域之間的變換」。這句話恐怕比較難懂，而且懂這句話的人也未必理解傅立葉轉換的本質。這一節，我們忽略所有的數學細節，一個公式都不用，直奔思想。

以我之見，從本質上來說，傅立葉轉換，是把一個複雜事物，拆解成一堆標準化簡單事物的方法。

咱們用聲音舉個例子[4]。注意，聲波只是應用傅立葉轉換的一個例子，傅立葉轉換既不必是關於聲音的，也不必是關於波動的。

先說什麼是「簡單事物」。聲音其實就是空氣的振動。你撥動一下琴弦，耳邊會傳來一個純淨的、而且短時間內持續的聲音。像一個A音符，大約每秒振動四百四十次。所以除非是重低音，你通常不一定能感覺到振動，但你能感覺到音量和音調——音量就是振動的幅度，音調就是振動的頻率。

圖7-1表現了一個簡單的聲音。橫軸是時間，縱軸是振動的幅度，這個聲音呈現完美的

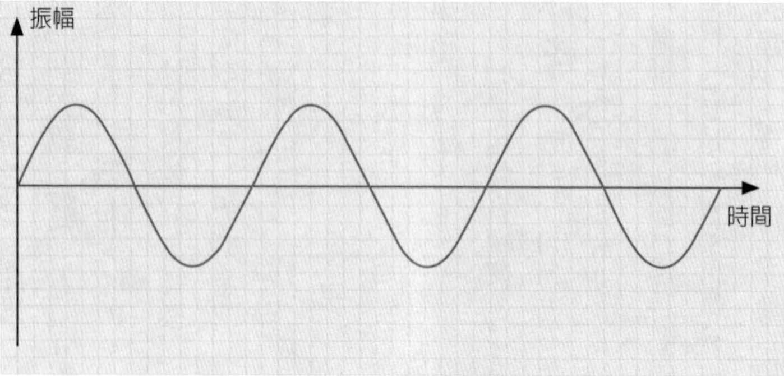

圖 7-1 簡單的聲音

週期性變化，說明它的頻率是固定的，它有一個單純的音調。這個曲線的形狀是「正弦波」，也就是高中學過的正弦曲線的樣子。

這就是一個簡單事物。但眞實世界中絕大多數聲音都不是簡單的，比如我們說話的聲音就明顯不是一個純淨的音調。放大了細看，複雜的聲音是像圖 7-2 這樣雜亂的振動。

好，現在關鍵的洞見來了：複雜的振動，可以看作是一系列簡單振動的疊加。

比如這條看似複雜的曲線，其實是三個簡單波動相加而成，如圖 7-3。

你可以把圖中最下面的複雜曲線，當成你在一天之中感受到的溫度變化。表面看來，你感受到的溫度變化很複雜，但實際上，你知道你是在同時經歷三件事情：圖中的曲線 c 相當於大自然溫度的變化，曲線 a 相當於你在室內還是室外，曲線 b 代表你是穿上還是脫下外套。

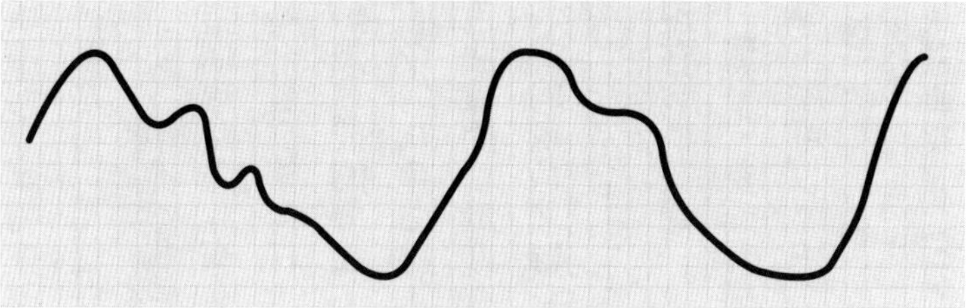

圖 7-2 複雜的聲音

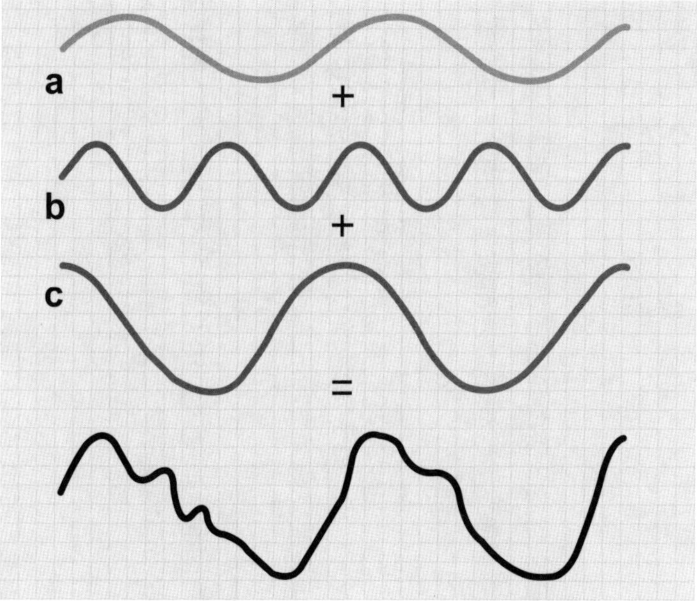

圖 7-3 複雜的振動，是一系列簡單振動的疊加

把一件複雜的事情拆解成三件簡單的事情，你就完全能看明白它到底是怎麼回事了。

所謂傅立葉轉換就是說，如果我們先規定好一系列的簡單波動，那麼任何一個複雜的波動，就都可以用這些簡單波動拆解。

比如，我們看圖7-4這個波形。

這個形狀看起來有點怪，但似乎又有一種整齊的規律，那到底是什麼規律呢？傅立葉轉換是一套數學操作，能把任何形狀的曲線，拆解成一系列簡單波形的疊加。這個波形，其實是幾種波的疊加，如圖7-5。

圖中的灰色曲線，就是一系列簡單波動。傅立葉轉換能告訴我們圖中每一個簡單波動對黑色曲線的貢獻度有多大，比如說：黑色曲線＝頻率一〇〇的灰色曲線×〇．五＋頻率二〇〇的灰色曲線×〇．二＋頻率三〇〇的灰色曲線×〇．一＋頻率四〇〇的灰色曲線×〇．〇八＋……

現在我們設想一下，如果那些各種頻率的灰色曲線，都是大家約定俗成的標準化簡單事物，那麼，要描寫那個看似複雜的黑色曲線，我們只需要報出組成它的各種灰色曲線的「成分」就可以了！

黑色曲線＝（0.5, 0.2, 0.1, 0.08, ……）

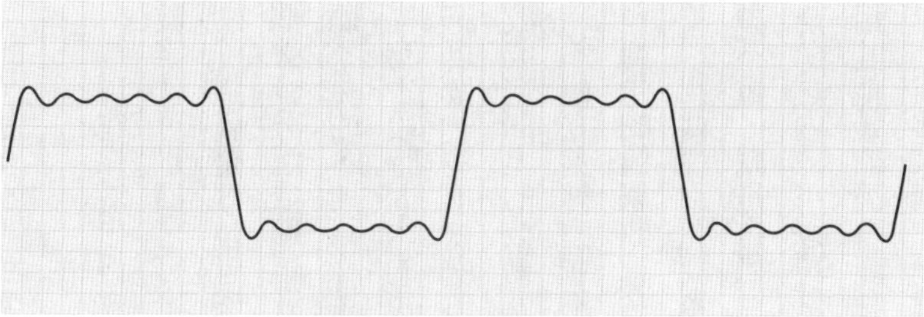

圖 7-4　奇怪的波形

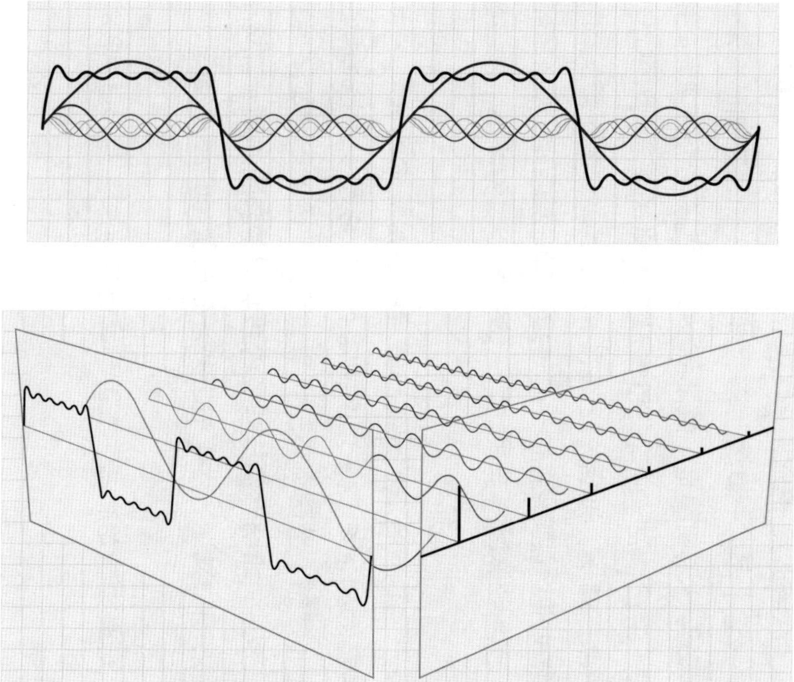

圖 7-5　波的疊加

這就是傅立葉轉換。

現在你看出傅立葉轉換的好處了嗎？明明是一條複雜的曲線，可是我們只需要用幾個數字就可以描寫它！

這就是數位音樂的原理。那些標準化簡單音調都是大家約定好的，所以只需要記錄一個聲音分解成簡單音調的成分值就行。而且因爲特別高頻和特別低頻的聲音，人的耳朵是聽不見的，所以標準化簡單音調並沒有無限多個。我們只需要用很有限的一組數字，就能描寫一段時間內的複雜聲音。這就是最基本的WAVE音訊格式。把WAVE檔裡的資訊再做一些壓縮處理，就是MP3。JPG圖像的原理也是類似，只要把時間上的波動改成空間上的波動就行。

傅立葉轉換並不要求你記錄的這一段資訊具有週期性，任何形狀的線條都可以用那些標準化的簡單曲線合成出來，哪怕只有一個週期也可以做，是不是「波動」並不重要。

那些標準化簡單音調都是如何選取的呢？這其中有一些講究，要求「不重不漏」。所謂不重，就是它們互相之間不能有重疊；所謂不漏，就是它們組合在一起必須在一定的分辨率之內，可以覆蓋耳朵能聽見的所有頻率。比如，你不能說這一個簡單灰色曲線又可以用其他幾個簡單灰色曲線合成出來——那樣的話，傅立葉轉換的解就不是唯一的了。

這些標準化簡單事物是傅立葉轉換的一個基石，你可以把它們想像成「維度」。複雜事物就好像是由那一大堆簡單事物構成的多維空間中的一點，每一種簡單事物的成分就構成了這個複雜事物的坐標。爲了保證坐標系統的清爽，各個維度之間應該是互相垂直（數學語言叫「正交」）的關係，就是誰也不能覆蓋和取代誰。

數學概念就說到這裡，下面說意義。

你每一次照著食譜做菜，都是在做傅立葉轉換。

食譜說，用這個、這個和這個食材，什麼時候加多少鹽，什麼時候放多少水。那些食材、鹽和水，就是傅立葉轉換中的「標準化簡單事物」。

食譜無須告訴你牛肉是什麼東西，青花菜是什麼東西，鹽和水又是什麼東西，大家約定俗成地都知道它們是什麼。食譜只需要把成分告訴你就行。

這說明什麼呢？說明如果一個社會有一套大家約定俗成的、標準化的簡單事物話語體系，我們交流就會非常方便。這也說明，想讓交流方便和高效，你得有一套約定俗成的、標準化的簡單事物話語體系。

比如古代行軍打仗有最原始的密碼系統。事先約定二十個字，每個字代表一個意思，通信的時候寫一首詩，比如其中一句是「大漠孤煙直」，收信人一看「大」字上蓋了個章，而事先約定「大」的意思是要求增兵，收信人就知道對方想說什麼了。

沒有這個標準化的約定，我們就無法有效交流。請問誰能用語言精確描寫前面圖中的曲線呢？了解一個領域，就得了解這個領域的話語體系。

現實中使用的傅立葉轉換，總是失眞的。理論上有無限個標準化簡單音調，但現實中我們只用有限個數字描寫一個聲音。這是因爲那些不易分辨的，或者振幅特別低的音調都被省略了。所以對數位化聲音來說，你得知道你面臨下面這幾個限制：

一、你發不出不能用我們選取的那幾個標準化音調描寫的聲音。
二、你聲音的特別細微之處，將會被忽略。
三、所有能傳播的聲音都是規定好的單純聲音的排列組合而已。

所以傅柯說：「人類的一切知識都是透過『話語』獲得的，任何脫離『話語』的東西都是不存在的。」

這就意味著，在傅立葉轉換的視角下，這個世界沒有什麼新鮮事。

比如有一天，你做了一個夢，你覺得這個夢太精彩了，就把它寫成一部小說。你認爲這要是拍成電影，肯定能大賣，就興沖沖地拿給一個編劇朋友看。結果他說：你這不就是《羅生門》×〇．五＋《哈姆雷特》×〇．二＋《侏羅紀公園》×〇．嗎？他給你的劇情做了傅立葉轉換。

現在的情況是，凡是能想到的劇情，可能都已經被拍過了。我以前寫文章介紹過，TV Tropes 這個網站列舉了所有的劇情橋段。

你所謂的創造，通常只不過是已知的、標準化的簡單事物的排列組合而已。這就是爲什麼在成熟的領域裡搞「純創新」那麼難。如果這個領域已經形成了自己特有的話語體系——也就是說都用上傅立葉轉換了——你首先要做的，大概是學習這個話語體系。

不過好在，眞實世界並不一定是完全可以數位化的封閉系統，也許傅立葉轉換終究不能把整個世界標準化。

伯克森悖論

有一個不怎麼著名、但是應用場景很廣的統計學現象，叫「伯克森悖論」。你可能沒聽過這個名詞，但是你肯定聽過下面這樣的說法：

關蓉蓉是個年輕女性，有過幾次戀愛經歷，但是都沒結果。有一天，朋友介紹了一個各方面條件都很好的男子，可是關蓉蓉一看照片就拒絕了。關蓉蓉說：「我想清楚了，我要找一個性格好的暖男，這個人太帥了。以我自己的經驗和對周圍人的觀察而論，長得帥的男人，性格都很差。」

秦奮是研究所裡的優秀研究員，能力一流，但是有點木訥。這一次，所裡要評職稱，秦奮作了一場報告，但發揮得不是很好。所長說：「我們用人要看強項，不能因爲報告沒講好，就讓秦奮落選。以我這麼多年的經驗而論，不善言辭恰恰是智商高的特徵。」

大學生鄧豫突然對文學產生了興趣，決心發奮讀書，透過經歷虛構的故事，迅速領悟人生智慧。他向一位老師請教應該讀哪些人的作品。老師說：「你應該多讀一些小眾的作家。以我讀過這麼多書的經驗而論，像村上春樹這種特別流行的都沒什麼深度。」

伯克森悖論是說，哪怕上面這些人的親身經驗都是真的，他們從經驗中總結出來的結論，也很可能是錯的。

理解這個悖論，能消除你的一些偏見。先說幾個常見的，再說一個高級的應用。

我們要借助「相關性」這個統計概念。圖7-6呈現不同的相關性[5]。

經濟學家曾經做過很多次的統計，長得漂亮的人收入會更高一些。那麼我們可以說，「漂亮」和「收入高」這兩個特性之間存在「正相關」。相關性只是一種大致的關係，有些長得不漂亮的人收入也很高，但是在統計意義上，以社會總體而論，有這麼一個趨勢。

像智商和學習成績、性格外向和受到關注，這些都是正相關。反過來說，身高和體操之間可能存在「負相關」，因爲太高的人不容易做出高難度的體操動作。

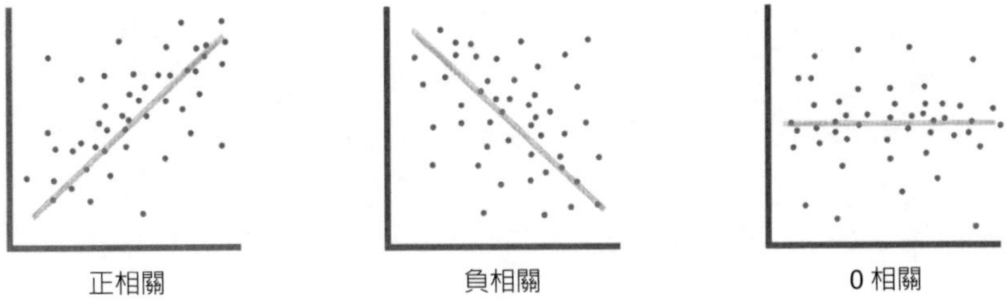

圖 7-6 相關性

那麼關蓉蓉說的就是，「長得帥」和「性格好」之間，存在負相關。你在直覺上可能認爲她說的有道理。你可能設想，長得帥的男子從小被寵著，肯定被慣壞了；而長得不帥的男子從小受打擊，有利於磨練好性格。

但是你這個設想沒道理。

我們乾脆假設，長得帥不帥跟性格好不好完全沒關係。你看看在這樣的世界裡，關蓉蓉會觀察到什麼。

圖7-7的橫軸代表長相，縱軸代表性格[6]，圖中每個點代表一個年輕男子，這些點的位置完全沒有任何規律，相關係數＝0。

如果關蓉蓉考察所有這些男子，她一定不會認爲長得帥的人性格差。但關蓉蓉看到的不是這張圖，因爲長得特別醜或性格特別差的人，根本不會進入她的視野。關蓉蓉考慮的對象、關注的案例，都是長相和性格至少有一定水準的人，也就是：長相＋性格＞某個閾值。

所以關蓉蓉看到的，只是圖中右上角那個三角區中的男

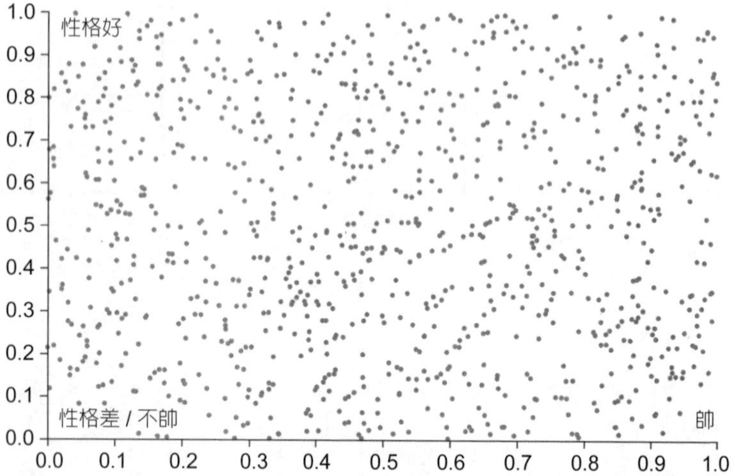

圖 7-7　相關係數＝ 0

子，如圖7-8。

這些人突然有了個三角形的趨勢。因爲三角形斜邊兩個角的存在，長得越帥的人似乎越容易性格差，性格越好的人似乎越容易長得不帥。性格和長相之間出現了取捨，這是負相關。

因爲關蓉蓉只能看到這個三角形，所以她據此推測，一定有一種力量在摧毀帥哥的性格，也許他們從小被慣壞了。

可是這些點都是我們設計的！你一開始已經知道，這些點代表的性格和長相沒關係。我們根本沒安排什麼摧毀性格的神祕力量。

關蓉蓉之所以得出錯誤的結論，是因爲她的統計不全面。想進入關蓉蓉的法眼，長相和性格都不能太差。有些人長相只能算得過去，但是性格特別好，也入選

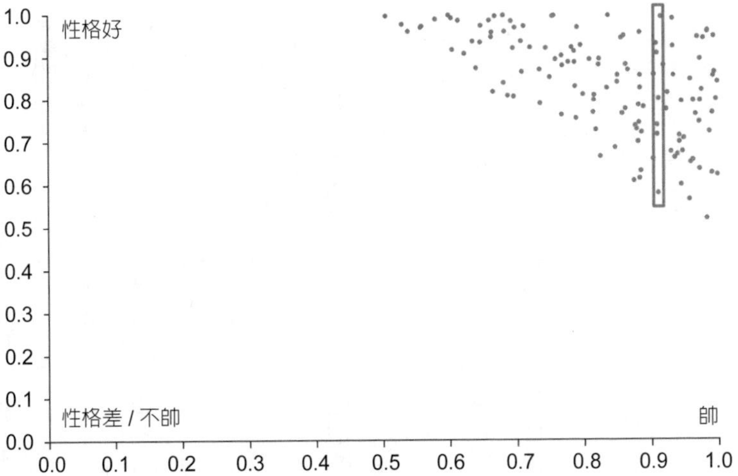

圖 7-8 關蓉蓉的視野

了；有些人性格勉強還行，主要是憑長相入選。因爲這兩種人的存在，使得關蓉蓉感覺長相好的人性格都很差，決心遠離長相好的人。

可是事實上，如果你選定圖中長相高分的一列點——比如只看長相＝〇・九的人——你會發現，性格出現在灰色框中任何一點的可能性是完全一樣的。看到別人長得帥就認爲他性格不好，就會錯過長得又帥、性格又好的人。

當然，我們設計的這些點並不能代表眞實世界。眞實世界中也許眞的有「長得帥的人被慣壞了」這個可能性，也許沒有。但是我們證明了，關蓉蓉的觀測並不足以推出那樣的結論，關蓉蓉對帥哥的歧視沒道理。

伯克森悖論的常見形式，就是如果你對兩個特性有一個總體的閾值要求——這兩個特性哪怕沒關係，甚至哪怕原本可能是正相關——在你考察的範圍內，也會讓你感覺它們有負相關性。

爲什麼很多人覺得學術水準高的人都不善言辭？跟關蓉蓉選男朋友是同樣的道理。一個人想進入學術界，學術能力和說話能力都得有才行，而且這兩個能力可以互相彌補。既然已經進入了研究所，那就必然有的人學術水準高而不善言辭，有的人能說但學術水準不算高。但你不能說既然這個人說話能力一般，他學術水準就肯定極高，也可能他兩項加起來只是勉強過線而已。

一個作家要爲人所知，要麼他的作品特別有深度，讓評論家喜歡；要麼他的作品特別通俗，讓大眾喜歡。但這並不意味著流行的就肯定沒深度，更不意味著作家只要降低深度就能流行。事實上，有很多號稱是嚴肅文學的作品，雖然不流行，但是也沒深度。

像這樣的例子有很多。很多人認爲漂亮的女生都不聰明，顏値高的演員都沒演技，有特長的人必定有明顯缺點，家裡條件好的大學生必定不用功，這些都是伯克森悖論導致的偏見。

伯克森悖論和人們熟悉的「倖存者偏差」都屬於選擇偏誤，出錯的根本原因都是你統計的資料不夠全面。在統計研究中，你稍不小心，就會犯伯克森悖論的錯誤。

有一個眞實的例子是這樣的[7]。有人統計出車禍而被送進醫院急診室的機車騎士，發現戴安全帽的人受的傷，反而比不戴安全帽的人更重。難道說，因爲戴安全帽的人騎車更大膽，所以更容易受重傷嗎？不一定。

事實是，很多戴安全帽的人因爲安全帽的保護而只受了輕傷，根本無須進急診室。你考察的其實是「身體受到的保護」和「身體受到的傷害」這兩個因素——保護必須足夠小，傷害必須足夠大，才會讓這個人進急診室——這跟關蓉蓉關注的「長相＋性格」是一個道理，所以你看到了不戴安全帽和受重傷的假負相關。

我聽到一個有意思的例子來自中國的金融業[8]。如果你在銀行貸款資訊中比較國營企業和民營企業，你會發現，民營企業的效率比國營企業高。有學者就把這個結論當眞了。但事實上，「能拿到銀行貸款」是個很強的閾值，企業的「效率」和「風險擔保」這兩個因素必須都很好才行。國營企業有國家的隱性擔保，而民營企業沒有，所以民營企業的效率必須得高才能拿到貸款——那個學者沒有統計那些拿不到貸款的民營企業。

最後，再說一個有點不容易看出來的例子——高分低能。

Google 是一家非常善於使用統計方法的公司，經常搞機器學習之類的東西。大概是二〇一五年，Google 把機器學習用在了自己身上，想看看從哪些因素能判斷一個員工是不是能幹的好員工。Google 經常招聘一些各大程式設計競賽的獲獎者，而機器學習發現，

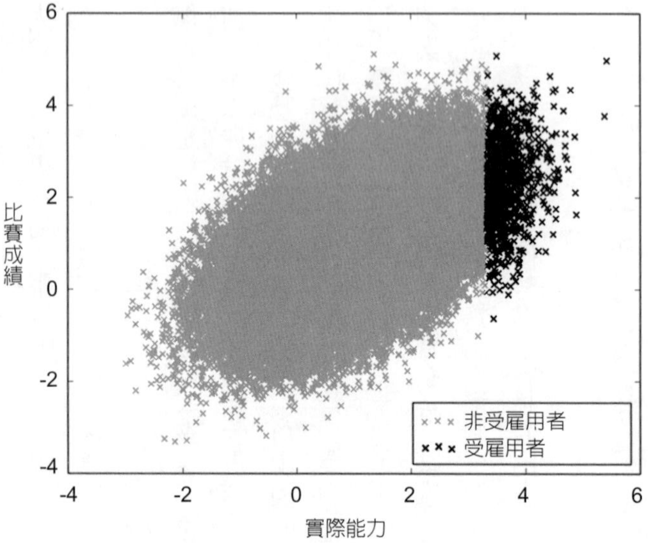

圖 7-9　受雇用者相關性 0.1936

在競賽中得過獎，恰恰是說明這個員工工作能力不行的因素。

這不就是咱們中國人常說的「高分低能」嗎？Google 自己也沒想明白這是爲什麼[9]，它猜測可能是因爲競賽優勝者更善於快速解決問題，未必適合長期的專案。

但是伯克森悖論可以完美解釋這個現象，高分低能很可能只是錯覺。

一名科技部落客，艾瑞克·伯恩哈德森是這麼分析的[10]。如果你考察世界上所有的人，顯然程式設計競賽成績和實際程式設計能力是絕對的正相關，能在比賽中獲勝，說明你必定是個程式設計高手。理想情況下，Google 用人應該只看實

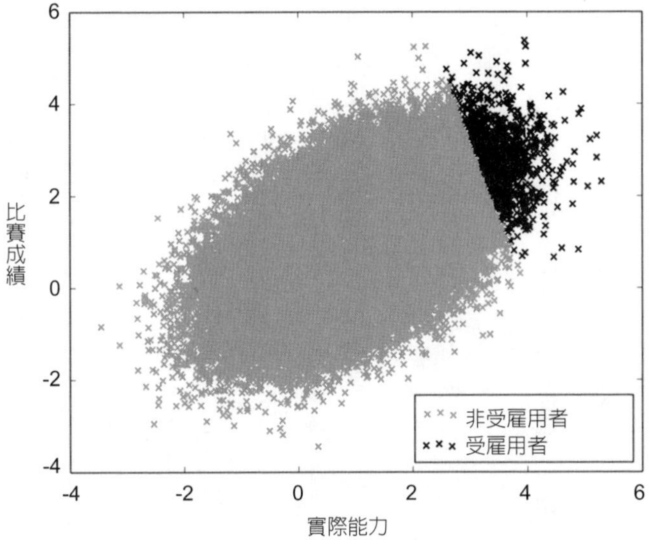

圖 7-10　受雇用者相關性 -0.3264

際能力，而不管這個人是不是獲獎者，那麼它招到的人應該是圖7-9中那些黑色點。

圖中橫軸代表實際能力，縱軸代表比賽成績，每一個點代表一名工程師。Google的理想招聘法，是在實際能力的某個閾值上切一刀，只要右邊那些點。對這些黑色點來說，比賽成績和實際能力仍然是正相關。你不看比賽成績招人，也能招到很多比賽成績好的人，因爲比賽眞的能反映水準，這沒問題。

那爲什麼Google招到的人中，比賽成績和實際能力是負相關的呢？因爲Google在招聘一個人之前沒有辦法精確知道這個人的實際能力，它不得不把比賽成績作爲一項重要參考指標，所以它招人其實是像圖7-10這樣招的。

就好像關蓉蓉考察潛在交往對象一樣，Google選擇的是分布圖中右上角那些人。而對那些人來說，比賽成績和實際能力有假的負相關——典型的伯克森悖論。

出現這個現象的根本原因是能進Google的都是優秀工程師。你拿優秀的人和優秀的人比，因爲其中有些人是靠比賽成績突出而顯得優秀，所以你會產生比賽成績好，反而能力弱的感覺。其實就算根本沒有「比賽能力會削弱實際能力」的機制，僅僅是統計分布，就足以讓你產生這個感覺了。

所以，有「高分低能」這樣的感覺很正常，但這是個偏見。面對一個成績特別出色的人才時，你不應該假設他實際能力不行。

了解了伯克森悖論，下一次再聽到涉及能力、人品、長相、運氣的各種負相關論斷，你都應該保持戒心。

生活中有很多這樣的民間智慧，比如什麼「寒門出貴子」，什麼「爲富不仁」，什麼「仗義每從屠狗輩，負心多是讀書人」，什麼「殺人放火金腰帶，修橋鋪路無屍骸」，都十分可疑。

平庸的寒門子弟、遵紀守法的富人、沒有英雄壯舉的屠狗輩、忠誠的讀書人和安享晚年的好心人，他們的新聞閾値太低，他們的事蹟沒有四海傳揚。你必須把這些人都納入統

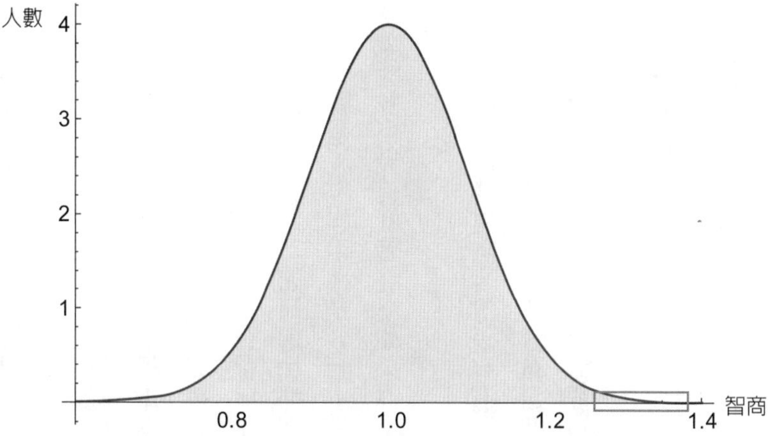

圖 7-11　常態分布曲線

計，才能得出正確的結論。

怎樣增加優異數

世界上很多事物都符合常態分布，包括人的身高和智商、產品的品質等等。圖7-11描寫了一個平均值是一，標準差是○·一，總數量也是一的常態分布曲線。以智商爲例，圖中橫軸代表智商高低，越往右側，代表智商越高；縱軸代表人數，越往上，代表人數越多。曲線下方的陰影區域面積就是總人數。

請注意，這三個數值的大小都是可變的，針對具體的問題，可以按比例放大或縮小。比如智商的平均值是一○○，標準差是一五，那麼圖中橫軸的一·○對應的就是智商一○○；一·二對應的就是兩個標準差之外，也就是智商一三〇；如果你要研究的總人數是一百萬人，那麼陰影區域的總面積就是一百萬。

現在我們最感興趣的，是我用灰色框標出來的那個區域，稱爲「優異區」，它出現在分布曲線右側大約兩到三個標準差之外的尾巴上，代表統計中最出類拔萃的樣本。如果你研究的是人的智商，這個區域就代表智商最高的一群人，他們的智商都在一四〇以上。如果你研究的是一個詩人的作品，這個區域就代表他最高水準的產出。

我們的問題是：如何增加那個區域的面積？

也就是說，如果你是老師，怎樣讓你的學生中多出幾個聰明人呢？如果你是詩人，怎樣才能多寫幾首好詩呢？如果你是企業家或投資者，怎樣才能多抓住幾個出類拔萃的好案子呢？

怎樣增加優異數，這是有進取心的人最關心的問題。光憑直覺說：我要努力！奮鬥！那種思維太落後了。常態分布這個數學模型，可以幫你理清思路。

根據常態分布，你可以影響的其實就是三個變數：總量、平均值和標準差。

提高總量

提高總量是個直觀的辦法：如果我們把總數增加一倍，優異區的數量自然也會增加一倍。

比如作爲一名專欄作家，我寫的文章可能有的你感興趣，有的你不感興趣，但是我什麼都寫。只要我寫的東西夠多，總會有你感興趣的內容。學生多的老師，自然更容易遇到好學生；讀書多的人，更容易有眞知灼見。

多年以前，中國製造的水準不像現在這麼高，經常有品質問題。我記得有人提出過一個很有意思的問題，說中國航太的水準非常可靠，發射衛星很少失敗，可是中國製造的汽車品質卻不行。對比之下，日本製造的汽車品質很好，可是日本航太的水準卻不如中國，經常因爲技術問題，導致發射任務失敗，這是爲什麼呢？

答案就在這個優異區之中。中國搞航太，是舉全國之力幹這一件事，可以每種零件都讓不同的廠家生產很多個，然後從中挑選最好的一個，這就是以總量取勝。總量多了，總能挑出幾個好的來。

用提高總量來獲得優異數，這是用戰略勤奮彌補能力不足的方法。但是生產汽車可不能這麼幹，得保證每輛車的品質都可靠才行。

提高總量，是個低效率的笨辦法。

提升平均値

提升平均値才是解決問題的根本辦法。想要理解這一點，請你思考一下：爲什麼中國有超過十四億人，都找不出十一個足球天才呢？爲什麼冰島只有三十多萬人，足球水準卻

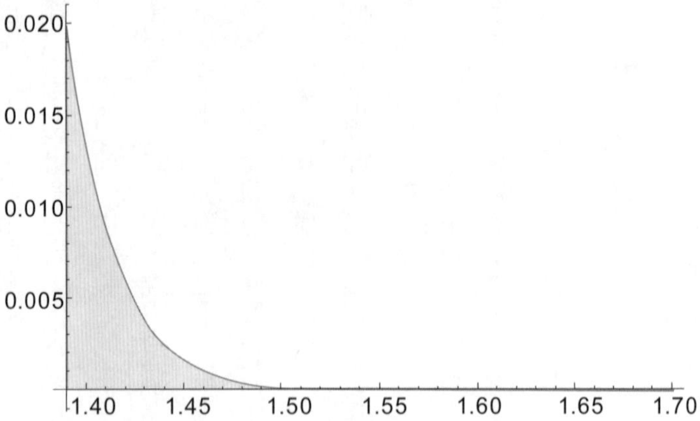

圖 7-12　常態分布曲線的尾部

比中國隊強那麼多呢？

有個寫數學部落格的外國友人[11]替中國足球操心，說答案就在常態分布曲線的這個形狀之中。進入優異區之後，曲線下降的速度非常快。比如開頭說的這個分布曲線尾部的情況，請看圖7-12。

從四個標準差到四．五個標準差，再到五個標準差，曲線縱坐標的落差是以數量級的方式下降。也就是說，越是天才就越罕見，而且罕見的程度急劇下降。哪怕你有超過十四億人口，真到了代表天才的尾部區域，也沒幾個人。如果天才總共就沒幾個人，你就算把人口再增加一倍，也多不了幾個人。

真正有效增加天才的辦法，是提高平均值。我們看看，如果把全中國人民踢足球的平均水準提高五％，標準差和人口總量都不變，會是什麼情形，請看圖7-13。

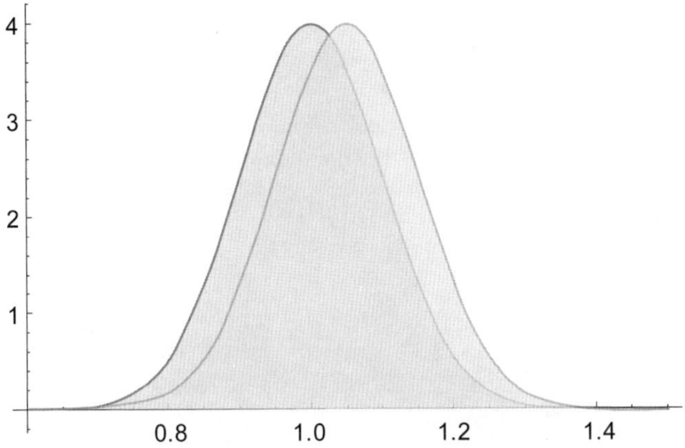

圖 7-13　提高平均值

這相當於你把鐘形曲線往右側挪動了一點。而這一點，體現在優異區上，就是巨大的差異！咱們把優異區放大了再看，請看圖 7-14。

四．五個標準差之外，面積會有幾十倍的差距。平均值對優異區的效果，比總量的效果要厲害得多。

冰島人口是比中國少得多，但冰島人踢足球的平均水準可是比中國高了遠遠不止五%。所以冰島的球星數量比我們多，這難道不是應該的嗎？

這名數學部落客還舉了一個很有意思的例子。單論成年男子的總數，印度有六億五千萬，挪威只有兩百五十萬；印度成年男子的平均身高是一百六十五公分，挪威則是一百八十公分。那請問，身高一百九十五公分以上的成年男子，是印度人多，還是挪威人多呢？

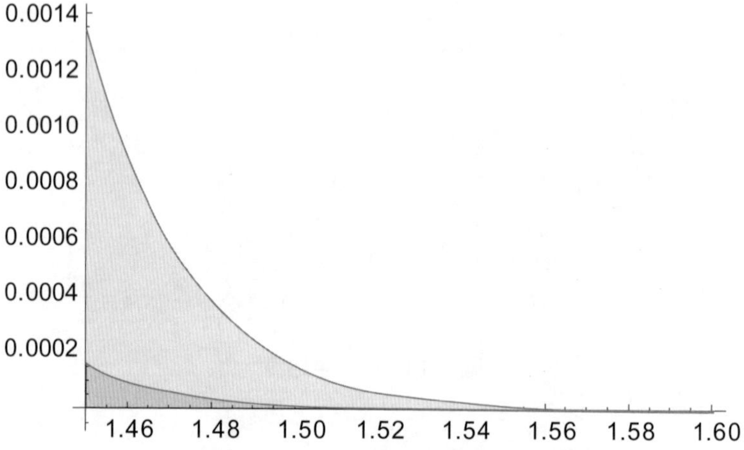

圖 7-14 提高平均值之後的優異區

圖7-15這張常態分布曲線尾部的圖告訴你答案。

挪威身高一百九十五公分以上的成年男子數量，是印度的一百倍。總人口多沒什麼用，優異區曲線下降速度實在太快了，你必須用提升平均值的方法，把曲線往右邊挪動，才能得到更大的優異區。

如果你水準就是不行，產量高是沒用的。據說乾隆皇帝弘曆一生寫了四萬首詩，可是現在流傳開來的，一首都沒有。中國有句話叫「勤能補拙」，如果你的勤奮是用於提高平均值，那可以；但如果你的勤奮都用在了低水準的高產出上，那勤補不了拙。

據說愛因斯坦有句名言是這麼

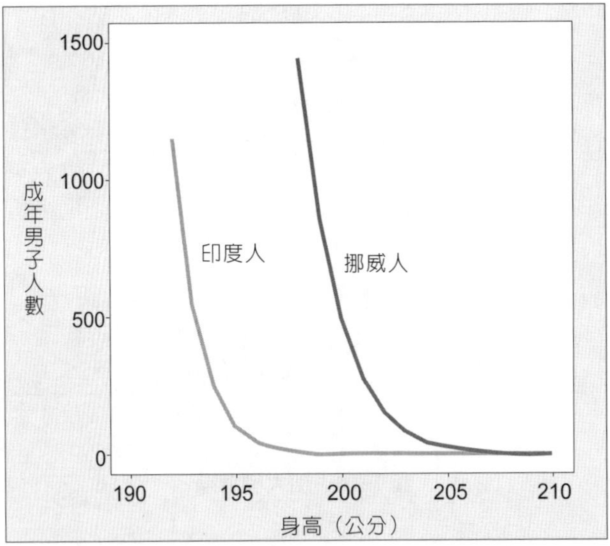

圖 7-15　印度與挪威，身高 195 公分以上的男子人數

說的：所謂精神病，就是翻來覆去做同一件事，卻期待能有不同的結果[12]。

加大標準差

抬高尾部曲線的第三個辦法，是加大這個分布的標準差。我們把標準差提高一〇%，從〇．一變成〇．一一，就成了圖 7-16 這個情形。

中間普通區的人數變少了一點，優異區的人數明顯增加，如圖 7-17。

對個人來說，擴大標準差，意味著你要嘗試一些更極端的事情。比如一個人的工作能力一般，在一個旱澇保收的公司幹著，錢不多，但是很穩定。如果他水準不變，又想獲得更高的收入，那麼冒險加入

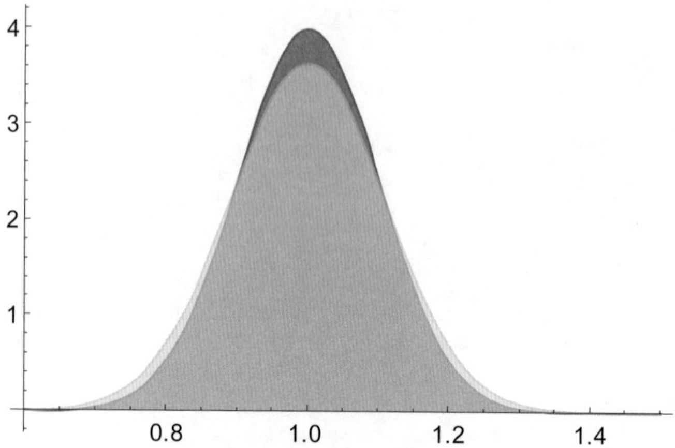

圖 7-16　加大標準差

一家新創公司，是一個辦法。當然這麼做的缺點是，一旦創業不成，就會落入曲線左邊的尾巴，進入失敗區。

對一群人來說，標準差大，意味著這群人水準參差不齊，有的特別高，有的特別低。這裡有個著名的學術典故。二〇〇五年，時任哈佛大學校長勞倫斯·薩默斯，就爲什麼女性科學家的人數比男性科學家少這個問題，發表了他的個人看法[13]。薩默斯說，這並不是因爲女性的平均智商比男性低，而是因爲女性智商分布的標準差比男性小。

他說的恰恰就是我講的這個道理。男性的標準差大，所以在優異區有更多男性。這並不是說男性整體優於女性，因爲在曲線另一側的尾巴，也是男性多。男性中特別笨的人，也比女性多。

這純粹是一個數學性質，但很多人認爲

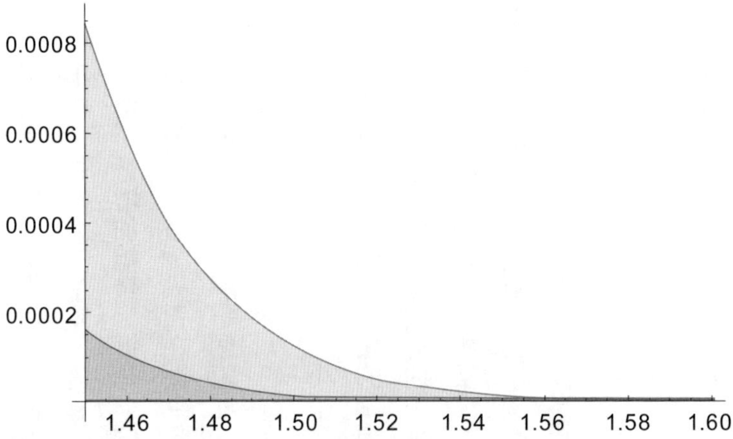

圖 7-17　加大標準差之後的優異區性

薩默斯這番言論是性別歧視，結果薩默斯就因此被迫從哈佛校長的位置上辭職了。

我在這裡假設人的能力都是常態分布，這個假設不一定對。我們的模型能解釋爲什麼中國人多，可是中國國家足球隊的水準不行，但解釋不了爲什麼中國沒有那麼多舉世聞名的數學家——要知道，中國人的平均數學水準可是很高的。

我猜測，到了特別高的水準，人的能力其實是冪律分布的：那些能力強的人，會有更大的機會和意願進一步提升自己的能力，這裡面有個馬太效應。這麼說的話，什麼「在大學入學考加考足球」的辦法，其實根本提升不了國家隊的水準。

但那只是技術細節。我這裡的結論其實對長尾的冪律分布，大體上也是成立的。

總結來說，想增加優異區中的數量：

上策，是提升平均値。這個方法對優異區的提升非常快，而且沒有風險。

中策，是擴大標準差。這意味著你要冒險做一些極端的事情。

下策，是增加總量。這是一個笨辦法，效果很差。

只要想想有多少人還在問「爲什麼超過十四億中國人都找不到十一個會踢球的」，就知道並非所有人都理解這個道理。

以數量取勝非常符合人的直覺。有些年輕人以上大學之前就讀完《二十四史》爲榮，有些家長對孩子的期待是上小學之前認識幾千個漢字，有些人四處積累「人脈」，他們都犯了和愛新覺羅·弘曆一樣的錯誤，以爲一隻猴子只要不停地打字，終有一日能打出莎士比亞名句來——他們大大低估了常態分布曲線尾部下降的速度。

高手貴精而不貴多。如果你的輸出很多，而水準還是以前那樣，說明你從未探索過新領域，你缺的不是運氣。

但是，當你的平均値已經高到無法再高，當你能冒的險都冒了以後，數量就是你唯一可以掌控的東西。巴拉巴西在《成功竟然有公式》[14]這本書中提出的最後一個定律，恰恰就是要放量。一個人的科學研究水準，二十多歲的時候就已經到頂了，而成功科學家和一般科學家的最大區別是，成功科學家一輩子都特別勤奮。

水準夠了，才比誰敢冒險。水準夠了，又敢冒險，那就只能比誰勤奮了。

實用者、改進者、競爭者和終結者

我曾經聽到有人說，理工科的知識，在生活中幾乎都用不上。我理解他的意思是，我們平時也就買個菜、算個帳，用一點小學數學，最多再算算理財和保險。像微積分、量子力學這些東西，根本用不上。一個證據是，文科生不懂那些，日子過得也不錯。

我反對這個說法。理工科知識帶給我們的不僅僅是具體的方法應用，更是一種思維模式，能幫助我們清醒思考生活中遇到的問題。而且有些理工科知識就是可以用於日常生活的，比如電腦演算法，就可以對生活進行指導。如果一個人學了一大堆科學知識，日子卻過得很糊塗，做出很多錯誤的決策，那只能說明這個人並不是眞的懂科學。

不過我們也得承認，日常生活中的事，如果你只想做到普通水準，確實，大多用不上特別高級的知識。以我之見，這是因爲要解決同樣一個問題，不同應用級別，要求的實現水準不一樣——只有高要求，才需要高級工具。

這一節，講一個電腦科學的著名難題，來看看應該怎麼應對難題。

難題

當電腦科學家說「難題」的時候，他說的是眞正的難題。

老百姓說的難題，通常只有老百姓認爲難。比如你讓小學生解一道高中數學題，他會說這是難題——但這個難度是相對而言的，換個數學家來，高中數學題根本不叫事兒。老百姓愛說「難者不會，會者不難」，其實說的都不是真的難題。

眞正的難題，得是絕對意義上的難。哪怕有一道題，現在活著的所有人都不會解，你也很難說將來會不會有人找到一個巧妙的解法，他一說那個解法，大家都覺得很簡單，那還不能算「絕對意義上的難」。

而電腦科學家找到了一種絕對意義上的難題，術語叫「NP困難」，如果再強行翻譯一下，大約叫「非確定性多項式困難」。不過你不必在意這個術語，你只需要知道，凡是NP困難問題，都是絕對的難題。

爲了理解這一點，咱們先看看什麼是簡單問題。

比如現在給你一份學生名單，讓你找一找，其中有沒有一個叫「王小二」的學生，這就是一個簡單問題。簡單體現在計算時間短，你只需要把名單上的名字看過一遍就行。對電腦來說，這是最簡單的搜尋。我們很容易理解，如果名單上有N個名字，那麼搜尋時間將和N成正比。

再看第二個問題。還是N個學生，現在讓你按照考試分數排名。如果你手動，先挑最高分的，再挑第二高分的，那你就太慢了。如果你對電腦演算法有一定的了解，你大概知道有一些特別聰明的排序演算法。其中最快的排序演算法所需要的執行時間，大約和NlogN成正比。排序比搜尋要慢一些，但這個時間也還可以，我們仍然可以說這是一個簡

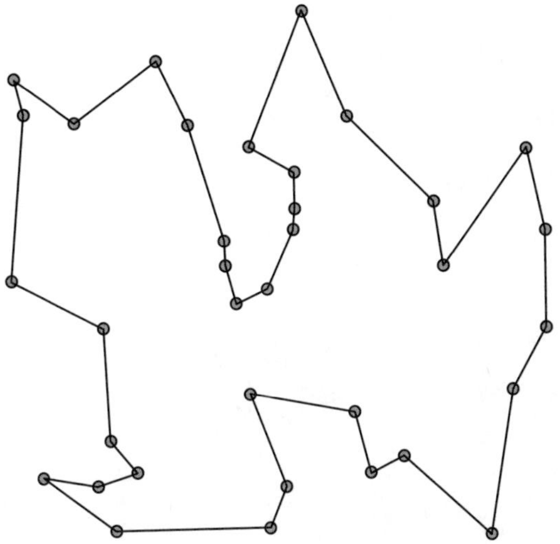

圖 7-18 旅行業務員問題

單問題。

那什麼叫「困難問題」呢？請看第三題。

在一張地圖上有N個城市，想像你是一名業務員，你能不能找到一條最短的路線，不重不漏地經過所有這些城市去推銷產品，然後回到起點，比如圖 7-18 這條路線[15]。

這個問題聽起來很直覺，好像挺簡單，這不就是快遞員每天都在面對的問題嗎？但是，這是非常難的問題。圖中就是一條看起來不錯的路線，但你怎麼知道它是不是所有可能路線中最短的一條呢？

這個問題就叫作「旅行業務員問題」，是最著名的組合優化問題，屬於NP困難問題。

解決這個問題沒有什麼特別聰明的電腦演算法——你幾乎只能把這些城市的所有排列組合都計算一遍，看看其中哪個最短。你所需要的計算時間，不是跟N成正比，也不是跟N的平方成正比，也不是跟N的幾次方成正比，而是跟（N-1）的階乘（(N-1)!）成正比。

如果是十個城市，你得嘗試超過三十六萬種路線。如果是十五個城市，你得嘗試超過八百七十一億種路線[16]！

這才叫難題。難題的意思，就是換誰來也沒用，根本沒有巧妙的解法，只能老老實實這麼算，而計算它所要消耗的時間是你無法忍受的。

一九七〇年代，電腦科學家發展了一套「計算複雜性」理論，NP困難這個概念就是那時候提出來的。一九七二年，加州大學柏克萊分校的理察·卡普，證明旅行業務員問題是NP困難問題。也就是說，不但現在沒有好的解法，而且我們在理論上證明，這個問題幾乎不可能存在什麼好的解法。

我為什麼要說「幾乎」呢？因為這裡面涉及一個數學猜想，叫「P＝NP」，也就是說，也許還有存在簡單演算法的一線希望，不過多數電腦科學家不相信那個猜想。

總而言之，NP困難是真正的困難，連電腦都認為它是個難題。那我們應該如何面對這樣的難題呢？這取決於你是實用者、改進者，還是競爭者。

啓發式演算法

說到這裡，也許你對旅行業務員問題有個不吐不快的想法：爲什麼非得追求「最短」路線呢？我們日常生活中，如果要連續去幾個地方，有誰會精心計算各種排列組合呢？我們都是找一條看起來差不多的路線就可以了！

沒錯。這就是「實用者」的態度。電腦科學家非常理解這個立場。事實上，面對NP困難問題，最方便的做法，就是找個差不多的解。

這就引出了「啓發式演算法」，也就是使用看起來比較聰明的套路，尋求一個差不多的解。

對旅行業務員問題來說，有個簡單的啓發式演算法叫「最近鄰居法」：從任何一個城市開始，每次造訪的下一個城市，都是距離當前城市最近、同時又尚未造訪過的城市。

比如圖7-19這個局面[17]。

左邊路線是我從A點出發，用最近鄰居法找到的一條路線；右邊路線是理論上的最短路線。我們看到，我選的路線只比理論最短路線長那麼一點點。誰會在乎這點差異呢？

這個最近鄰居法的計算速度非常快，而且一般的經驗，它得到的結果，平均而言，大概也就比眞正的最短路線長二五％，對實用主義者來說，這是完全可以接受的。

類似這樣的例子非常多，可以說是計算複雜性理論界的一個常識。對於NP困難問

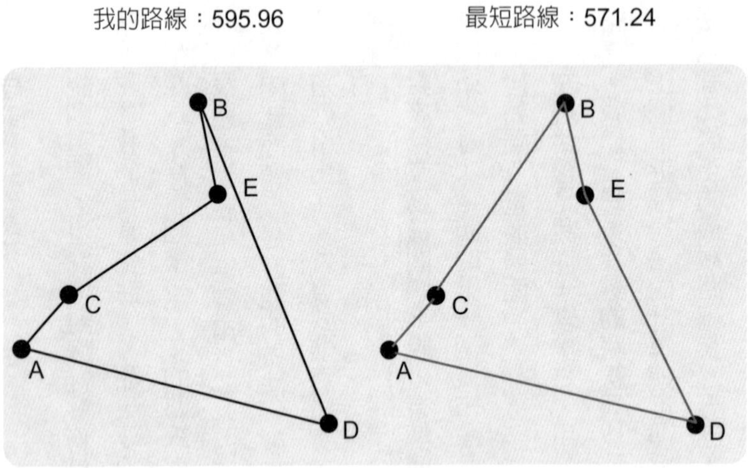

圖 7-19　最近鄰居法與最短路線

題，通常都可以用啓發式演算法得到差不多、過得去的答案。你將來在江湖上行走，如果有人跟你說「NP困難」，你的第一反應就應該是「啓發式演算法」。啓發式演算法是如此的省時省力，而且得到的答案常常令人驚奇地接近最佳答案。

大衛．威爾森在《生命視角》[18]這本書裡也提到了旅行業務員問題，他認爲演化就是一種啓發式演算法。生命演化不一定能確保找到最佳解，但一定能給你一個不錯的解。

對實用者來說，這眞是愉快的認知。如果你非得尋求理論上的最佳解不可，你就成了「終結者」，你想要終極答案，終結這個問題。何必費那麼大的勁呢？差不多就行了，眞實生活哪裡需要終結呢？

但是有些人並不滿足於此。

改進者和競爭者

我們說了，旅行業務員問題其實是快遞員每天都在面對的問題。而一家眞正的快遞公司，美國UPS，就對這個問題非常感興趣，他們不滿足於最近鄰居演算法，他們想要更好的啓發式演算法。

因爲UPS在這個問題上不是一般的老百姓，他們有五萬五千名快遞司機，每天要前往一千六百萬個投遞地址。哪怕是能讓每個快遞員每天少走一英里，UPS每年就能省下三千萬美元。

UPS是改進者。幾年前，我看到一則報導[19]，UPS開發了自己的路線規畫系統，叫**ORION**。**ORION**並不能終結旅行業務員問題，它也是一個啓發式演算法，但它能給出更好的答案。如果你面對的是價值幾千萬美元的問題，爲改進下功夫就是值得的。

而電腦科學家還從另一個角度改進了演算法。我們知道，最近鄰居演算法能得到大概比理論最短路徑長二五%左右的路徑，但這並不是絕對的，只是一般的經驗而已。有時候最近鄰居演算法給的答案不但不是最短的，還可能是最長的。那有沒有一個演算法，能確保給一個「肯定不壞」的答案呢？

一九七六年，倫敦帝國學院的尼科斯．克里斯托菲德斯教授提出一個演算法，能保證它給出的路線，比理論最短路線最多長五〇%。他的方法非常數學化，我也不會講，你也不用問，我想說的是這件事有多厲害。

此後幾十年，一直有人想打破這個紀錄，都沒有成功。直到二〇一一年，史丹佛大學和麥基爾大學的一個聯合團隊，才打破了這個紀錄[20]，轟動一時。那他們創造的新紀錄是多少呢？

是四九．九九九六％——小數點後面有四十九個九。

你可能會說，搞這樣的改進值得嗎？值得。因為他們不僅僅是改進者。

他們是競爭者。

日常問題和精英解法

我鄰居家有個小女孩剛上高中，有一次，她父母跟我們聊天，不經意告訴我們，說女兒在學校裡踢足球——不是一般地踢足球，是踢「競爭性」足球。

我一聽就肅然起敬，這不是業餘愛好，不是陶冶情操，不是鍛鍊品格，這是衝著正式比賽和國家隊去的。**競爭，能讓人捨得發揮最大潛能**。

為什麼我們在日常生活中用不上特別高級的技能呢？因為我們通常都是實用者。實用者的態度是夠用就行，而「夠用」很容易。

這輛車的造型可能沒有那輛車那麼酷，但是安全、越野、油耗各方面性能其實都不差，而且價格便宜了一半，那就買這輛吧。實用者追求以最小的投入獲得較高的產出。

人們經常說什麼「精益求精」、什麼「追求卓越」，其實實用者不需要那些。比如你寫報告，需要做很多調查研究，請問你應該做到什麼程度？答案是夠用就行。在這個時代，搜集資訊是沒有止境的，你必須學會適可而止。調查研究是個邊際效應遞減的事——如果調查研究帶來的好處，已經比不上調查研究本身的成本，你就應該停止。沒有這個實用態度，你將寸步難行。

可是你不能什麼時候都「只選對的，不選貴的」。有時候對的就是貴的，像UPS改進路線演算法，那個邊際效應很難減下來，你就得捨得投入，用上高級手段。

對競爭者來說，「邊際效應」幾乎是沒有意義的概念。面對贏者全拿的局面，贏了就贏得一切，輸了就什麼也沒有，那你就得眞的全力以赴。也許賽車性能提高五%，價格要提高五倍，你也得花這個錢。競爭者不能計較性價比。

如果一個人過慣了普通日子，可能看什麼問題都是實用者心理。比如，有人說大學入學考爲什麼要考那麼難的數學呢？我們根本用不上啊！殊不知考大學是個競爭項目，那麼難的數學就是爲了把問這種問題的人淘汰掉的。

再比如，以前中國很多工廠，廠房都是髒、亂、差，一點都不規範。你要說應該規範化，工廠老闆可能會說規範很貴啊，應付應付差不多就行了。這種實用者會對自己的小精明沾沾自喜。

比如有個段子說，怎麼判斷生產線上肥皂盒裡有沒有裝肥皂呢？高級手段又是微電子又是X光，而鄉鎮企業的一個小工想了個辦法：用電風扇吹！空盒子自動會被吹走[21]。過日子也許眞的可以這麼幹，但是想在國際競爭中占據一席之地，這種應付的辦法可是不行的。你需要更強的安全性和可靠性，你會對生產環境有極端的要求。陶醉於實用主義小精明的人，對高級知識的力量一無所知。

面對難題，弱者的思維方式是從實用者開始，在現實中被迫改進。而強者的思維方式是從終結者開始，實在解決不了，退而求其次才尋求改進。

怎樣優化懸念和意外

你被人「劇透」過嗎？「劇透」是在一個人想看一部影視劇、但是還沒看時，提前告訴他關鍵劇情，使他在看片過程中失去懸念。現代人越來越重視對過程的體驗，被劇透的痛苦越來越強烈。

讀偵探小說的樂趣在於跟著主人公一起破案，你不想太早知道殺人兇手是誰。看體育比賽，必須看現場直播才刺激。看電影《靈異第六感》，你絕對不能提前知道布魯斯·威利斯扮演的兒童心理學家其實一開始就已經死了。

如果你還沒看過《靈異第六感》，請原諒我的劇透。但是咱們想一想，反對劇透這事情挺有意思。你讀一本書，學習一個知識，你關心的是資訊本身，只要能得到全部資訊就行，資訊的具體順序並不重要。畢竟知識對你的意義是長期的，獲得知識的過程只是一瞬間而已。可是，讀小說、看電影、看體育比賽，獲得資訊的順序卻無比重要。

資訊順序能爲我們製造刺激感。既然刺激感非常難得，那就是一種稀缺的東西。既然是稀缺的東西，那就是經濟學問題。眞的有經濟學家研究了這個問題。

到底怎麼安排資訊，才能把讀者和觀眾的刺激感最大化呢？美國西北大學和芝加哥大學的三位經濟學家專門爲此寫了一篇論文[22]，第一作者是西北大學的傑佛瑞．伊利教授。如果你對怎麼製造刺激感有興趣，你應該了解一下這項研究。

懸念和意外

這三位經濟學家認爲，刺激感不是單一的變數，它有兩個維度：一個是「懸念」，一個是「意外」。而我們在欣賞一個作品時感受到的懸念和意外，都是由我們對某個事情的「信念」的走勢變化決定的。

比如看一場體育比賽，如果你非常確信有一方能贏，也就是說你的信念非常強烈，而且那一方果然贏了，這場比賽對你就沒什麼意思，一點都不刺激。

刺激的比賽應該跌宕起伏，一開始你感覺誰有可能贏，但你不確定，所以你很願意看。比賽過程中，你的信念忽上忽下，感覺贏定了的時候，又被對手趕上，還反超，你

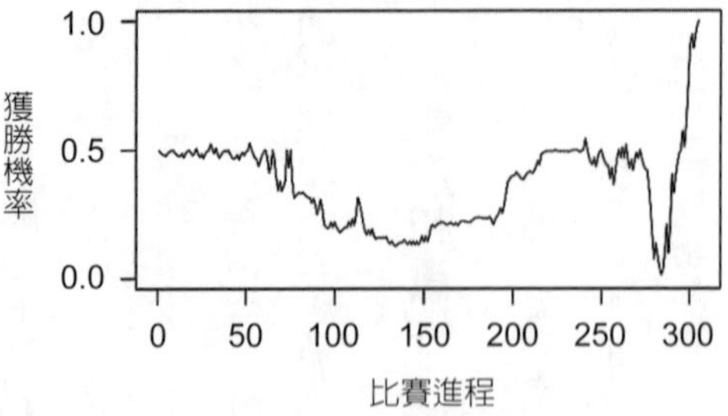

圖 7-20　喬科維奇打敗費德勒的可能性

都絕望了，結果最後來個驚天大逆轉，你支持的選手贏了——這樣的比賽過程就比穩穩當當地贏要刺激得多。

圖7-20描述的是二〇一一年美國網球公開賽中，喬科維奇對費德勒的一場比賽。曲線表現的是觀眾對喬科維奇獲勝的信念，它是從〇到一之間的機率值。

兩人水準差不多，一開始的信念值是〇．五，隨著比賽進行，喬科維奇比分落後，信念值降到〇．二左右。接下來，喬科維奇奮起直追，信念值又回到〇．五。可是就在這時候，費德勒連續打出好球，把比分拉開，觀眾感覺喬科維奇幾乎輸定了，信念值降到〇．一以下。最後階段，喬科維奇突然爆發，上演驚天逆轉，喬科維奇獲勝！

哪怕你不是喬科維奇的球迷，也會認爲這是一場非常刺激的比賽。

對比之下，圖7-21穆雷對納達爾的比賽就不夠刺激了。納達爾很快就取得領先優勢，而且一直維持優勢到最後勝利。

信念值曲線對懸念和意外都有影響。

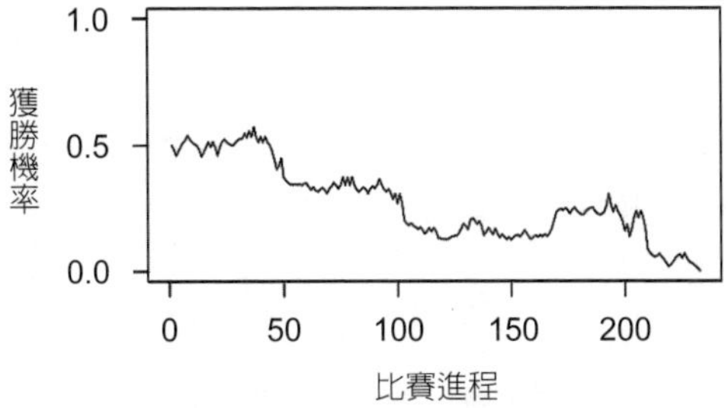

圖 7-21 穆雷打敗納達爾的可能性

所謂懸念，是你無法預測比賽結果的那種感覺。可能現在你的信念值是○．五，你知道這個信念值會隨著比賽進行發生變化，但你不知道它會怎麼變。懸念，是對不確定性的感受。

所謂意外，則是比賽過程中突然發生了一件你意想不到的大事，導致你的信念值發生巨變。現在中國隊零比一落後伊朗，而比賽已經進行到第八十五分鐘，留給中國隊的時間不多了。本來你以爲這場輸定了，可是中國隊五分鐘之內連進兩球，居然贏了，這就叫意外。

懸念是在大事發生之前的感受，意外是在大事發生之後的感受。我打個不精確的比方，懸念就好像是「灰犀牛」——你知道這件事可能發生，但你不知道它到底會不會眞的發生，你也不知道它什麼時候發生。意外則有點像「黑天鵝」——你連想都沒想到，它居然就發生了。

從維護穩定的角度，我們既要警惕「黑天鵝」，又要防範「灰犀牛」。但是從吃瓜群眾「看熱鬧不怕事兒大」的角度，我們希望戲裡有懸念和意外。

優化

有多少懸念和意外，完全取決於信念值的走勢。籃球比賽得分多，如果不是勢均力敵的話，雙方很快就能拉開差距，弱隊很難逆轉，比賽到後期往往會進入「垃圾時間」，所以懸念不足。

足球比賽得分低，強隊和弱隊比，常常就是一、兩球的差距，所以比賽中的懸念能保留很長時間。雖然不常進球，觀眾也得盯著比賽看，生怕稍微離開，就錯過了進球。但也因爲進球少，一場足球比賽中的意外通常不多。

像乒乓球和排球這樣搞分局的賽制，就算這一局大比分輸了，下一局還可以重新開始，用五局三勝的方法決勝負，落後者一直都有機會反轉，可以說是把懸念保留到了最後，比賽沒有垃圾時間。

那如果讓你來設計一個比賽的規則，或者讓你寫一本驚險小說，你應該怎麼安排資訊順序，才能讓懸念和意外最大化呢？

三位經濟學家說，想讓懸念最大化，你必須一直保留「劇情反轉」的可能性。如果一方已經贏定了，或者讀者早早就知道某人肯定是凶手，懸念也就不存在了。

考慮到這一點，足球比賽遠遠不如《哈利波特》裡面魁地奇比賽的懸念強。

在魁地奇比賽中，尋常的進球可以得十分，但是只要哪一方最後抓住金色飛球，立即

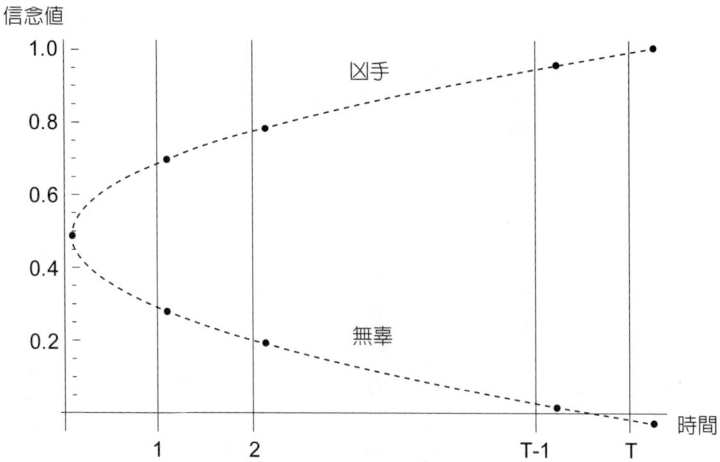

圖 7-22 最優化的劇情進程

就能得到一百五十分。弱隊可以單憑一個厲害的搜捕手逆轉比賽，懸念一直保留到最後。

但是，僅僅保留逆轉的可能性還不行。懸念是有了，可誰都能逆轉，觀眾會覺得不夠意外。

想讓意外也最大化，你必須讓每一次反轉發生的可能性越來越小才行。這個人明明快要輸了，結果居然贏了，這樣才刺激！

研究者提出，最優化的劇情進程，應該像圖7-22這樣。

圖中橫軸是時間，縱軸是信念值，上下兩條曲線代表兩種可能的結局，比如說，上面的曲線代表這個人是凶手，下面的曲線代表他是無辜的。最佳劇情，應該在兩條曲線之間來回跳躍，一會兒走上面曲線，一會兒走下面曲線，每一次跳躍代表一次反轉。

比如，一開始證據顯示這個人有很大嫌疑，劇情走上面曲線。到了時間1的地方，新證據又證明他是無辜的，那麼從時間1開始就走下面曲線。在時間1發生的跳躍很突然，讀者感到了意外。

沿著下面曲線繼續往前走，讀者感覺這個人很可能眞的是無辜的，哪知在時間2的地方又發生了一次反轉。這一次反轉跳躍的幅度更大，意外感更強，新的證據顯示他就是凶手。

而且越來越多的新證據都說明這個人是凶手。讀者這時候覺得不太可能再反轉了，因爲證據太強了。結果故事快結束的時候，居然又來了一次反轉！

因爲讀者預期可能有反轉，所以才有懸念。因爲每一次反轉都比前一次難，所以反轉的發生才有意外。這簡直是完美的劇情節奏。

但是請注意，反轉可不是越多越好。

反轉

三個經濟學家在論文裡沒說反轉幾次好，但他們在《紐約時報》發表了一篇介紹這個研究的文章[23]，其中提到，一部小說劇情的最佳反轉次數是三次。

這個道理是，反轉要稀有一點，懸念和意外的效果才好。如果劇情一會兒一個反轉，讀者和觀眾就見怪不怪，甚至覺得你這個劇情根本不靠譜。我們應該把觀眾的意外感當作一種稀缺資源。你一次只能給他們製造這麼多意外，意外太多就不叫意外了——三次正好。

而且也不應該所有作品都追求懸念和意外。在經濟學播客節目「蘋果橘子經濟學」的一次訪談中，這幾個經濟學家甚至提出，現在好萊塢有點濫用劇情反轉，人們都能猜到一般的劇情套路[24]。可能觀眾一看你這是懸疑片，就預期劇情會發生反轉，你越證明這個人是好人，觀眾就越相信他一定是壞人。這種觀影心態就不太好，明明是煽情的故事，搞成了智力遊戲。

觀眾的這個心態，是所有懸念小說和電影共同培養出來的。這有點像是公地悲劇——每個作家都想讓自己的作品裡帶點懸念和意外，結果卻弄得觀眾對懸念和意外不敏感了。這個最優配置僅僅是在優化作品的刺激性，而我們欣賞任何作品都不單純是爲了追求刺激。

如果純粹是要把比賽懸念和意外最大化，研究者建議足球比賽應該修改兩條規則：第一，不看進球數，而是看哪隊踢進最後一球，就算哪隊取勝。這樣比賽一直到最後都有懸念。

第二，隨著比賽進行，雙方的球門要變得越來越小。這樣能讓進球越來越難，增加每次進球帶來的意外。

可是你願意看這樣的足球比賽嗎？任何一方進球之後，必定會全面轉爲防守，這樣的比賽還好看嗎？

所以好看不等於刺激。眞正的難處不在於怎麼安排劇情反轉的節奏，而在於怎麼讓每一次反轉都顯得眞實和自然。

這就是本書關於數學的全部內容。

……但是請注意，反轉三次不是絕對的。懸念來自不確定性，如果你都固定反轉三次，劇情就沒有懸念了。眞正的好辦法，是在反轉兩次到四次之間隨機選擇。

咱們再反轉一次，下一章講一個有意思的、系統性的、高級的數學應用。

第八章

選擇權思維

君子對青天而懼，聞雷霆而不驚；履平地而恐，涉風波不疑。

——陸紹珩

只是權利，不是義務

作爲數學和邏輯思維的一個高級應用，我們最後來講講「選擇權」的智慧。

選擇權本來是一個金融概念，不過我們講選擇權，並不是研究怎麼做選擇權的投資或投機，而是用選擇權思維研究做事的方法。選擇權思維並不僅僅屬於金融市場，你在生活中也可以使用。選擇權思維的本質是掌握對風險的主動權。一般人談風險都是說要防範風險，是被動的；選擇權思維則是積極主動的，要利用風險，特別是，它能讓你識別和抓住機遇。

有句話叫「機遇只偏愛有準備的頭腦」，但據我觀察，現實世界中有準備的頭腦太多，而機遇太少。所以**對機遇光有思想準備不行，你得有動作才行。選擇權，就是我們鎖定機遇的動作**。

這一節我們先說說選擇權的基本知識。

什麼是選擇權

「選擇權」這個詞聽起來很有專業味道，並不是日常用語，但是在英文中，它其實是很簡單的詞，叫「option」，直譯就是「可選項」。可選項的意思，不是像選擇題那樣給你四個選項，你必須從中選出一個。可選項是，你可以選，也可以不選——它是你的權利，而不是義務。

如果沒有選擇權思維，你不一定能意識到可選項這個權利有多麼寶貴。

舉個例子，比如你有失眠的毛病，每天晚上躺下都擔心睡不著，可是越擔心就越睡不著。有一天，你得到一種安眠藥，這藥非常有效，任何情況下吃了都能睡著。你吃過幾次，效果良好。

這個安眠藥，就是你的可選項。你並不是每天都吃，有時候不吃藥也睡得挺好。但家裡擺著藥，你就有種踏實的感覺，你就完全不用擔心失眠。可以用，但是不一定用，這個權利，你說好不好？這就相當於參加大學入學考之前，已經有一所很好的大學提前錄取你，給你保底了，那你還擔心考試失常嗎？

權利常常伴隨著義務。比如你生在古代大戶人家，家裡已經給你訂下一門親事，對方條件不錯——這樁親事固然是你的權利，但同時也是義務。協議已經簽了，你悔婚，就會受到社會的譴責，這就不叫可選項。而今天一個女神，如果身邊有個備胎，隨時願意跟她結婚，但是女神也可以選擇別人，這才叫可選項。

你可能說：生活中哪有那麼好的事？只講權利不講義務？有的。只不過，有時候得花錢買。最常見的，就是股票選擇權。

圖8-1就是二〇一九年五月二十四日這天，蘋果公司的一個股票選擇權。

這是一個「call」，也就是「買權」。它的意思是，允許你在二〇一九年八月十六日

蘋果　2019 年 8 月　買權 180.000

選擇權報價 - 延遲選擇權報價　美元

9.95 -1.15 (-10.36%)

截至美國東部時間下午 3:59 開市

圖 8-1　蘋果公司的股票選擇權

這天，以每股一百八十美元的價格，買入蘋果的股票。

這就是一項權利，而不是義務。如果八月十六日那天，蘋果的股價高於一百八十美元，哪怕它漲到五百美元，你也有權以一百八十美元的價格買入——多出來的差價都是你賺的。反過來說，如果到時候股價不到一百八十美元，那你什麼都不用做。

當然，這個權利不是白給你的。五月二十四日這天，這個買權的價格是九．九五美元——你花這筆錢，去買那個權利。如果到時候的股價是兩百美元一股，這個買權就值近二十美元，你實際上淨賺了差不多十美元。

還有一種選擇權叫「put」，中文叫「賣權」，意思是，到時候你有權以固定的價格賣出一檔股票。我覺得英文的說法更形象，買權，是你有權利把它拿過來；賣權，是你有權利把它放出去。

現在很多上市公司會把選擇權作爲給員工，特別是給管理層的激勵。比如你們公司現在股價是九十美元，董事會決定，給你一個選擇權，允許你在兩年後以一百美元的價格買

蘋果　2019 年 8 月　**買權** 185.000
選擇權報價 - 延遲選擇權報價　美元
7.55 -0.84 (-10.01%)
截至美國東部時間下午 3:59 開市

圖 8-2　買權

入公司的十萬股股票。如果到時候股價是一百一十美元，你這個選擇權就值一百萬美元！而如果那時候股價不到一百美元，你這個選擇權就沒有用了。

對你來說，這是一個很好的激勵，你會全力以赴，把股價拚上去。對董事會來說，這是一個廉價的許諾：股價真上去了，董事們也跟著賺錢；股價要是沒上去，董事們在你身上什麼錢也沒花。

所以選擇權真是好東西啊。

選擇權投機

還有更刺激的玩法，選擇權可以用來投機。

比如，現在蘋果股價是一百七十九美元，而你相信它會在八月十六日之前漲一〇%，達到近一百九十七美元。但是你投入的資金只有五萬美元，全買蘋果股票，就算真漲了一〇%，你也就賺五千美元，這好像沒什麼意思，不刺激。

怎樣才能讓回報配得上你的野心呢？你可以買蘋果的買權。

蘋果 2019 年 8 月 180.000 **賣權**
選擇權報價 - 延遲選擇權報價 美元

10.65 -0.15 (-1.39%)

截至美國東部時間下午 3:59 開市

圖 8-3 賣權

像圖8-2這個八月十六日交割，一百八十五美元的買權，現在價格是七．五五美元。如果到時候股價漲到一百九十七美元，這個買權就值十二美元，是現在的約一．六倍——你的五萬美元可以變成近八萬美元。如果股價能漲到兩百零一美元，你投入的資金就直接翻倍。在投機的意義上，選擇權是一個槓桿。

更好的是，選擇權還允許你做空。比如你非常不看好蘋果，認爲它現在一百七十九美元的股價太高了。如果是在中國股市，你手裡現在沒有蘋果股票，你什麼都做不了。但是在美股，你有兩個辦法可以用這個見識掙錢。

一個辦法是直接「賣空」。美股允許你先借，比如說一千股蘋果，你把它賣了，等股價跌下來之後，你再買回來還給人家。這個做法能讓你先拿到錢，但是非常危險，因爲如果蘋果不跌反漲，你就不得不花很多的錢買回來，而且因爲漲價無上限，你的損失也是上不封頂。

而用選擇權就好辦了，你可以買蘋果的賣權。

圖8-3這個賣權，允許你在八月十六日以一百八十美元的

價格賣出，它目前值十．六五美元。如果到時候股價跌到一百六十美元，它就值二十美元，你相當於賺了差不多一倍。

股價的上下浮動也就一〇%左右，可是你的收益卻是成倍的，這就是槓桿的作用。但是請注意，如果你判斷錯了，那些選擇權到時候就會一文不值。手裡拿的如果是股票，就算股價跌下來了，你還可以死等漲上去的一天；可如果是選擇權，到期就可能清零了。我本人曾經有過慘痛的教訓，這個就不說了。

選擇權是一種保險

其實股票選擇權這個東西，不是給你當槓桿，去投機用的。老實厚道的人應該怎麼用選擇權呢？對投資者——而不是投機者——來說，選擇權其實是一種保險。

比如，現在你手裡有一檔股票，你長期看好它，所以想一直持有。然而，最近宏觀形勢不太好，感覺有下跌的風險，但是你又不想賣，那你怎麼辦呢？

你可以買它的賣權。如果這檔股票真的跌的話，因為你有賣權，哪怕它跌得再慘，都跟你沒關係，你可以以一個固定的價格把它賣出，你的損失最多也就是當初買進賣權的那點錢。你的損失有了上限。

同樣道理，如果你手裡這檔股票有點太熱了，可能是個高點，你還可以賣一個交割價格比當前價格略高一點的買權。如果股票真的下跌，你賣掉的買權就變得不值錢，買你買權的人就不會行使他的權利，你等於白賺了買權的錢。如果這檔股票反而漲上去了，你將不得不把股票賣出去——不過，那是一個比當初更高的高點，再加上你賣掉買權收到的錢，你還是賺了一筆。

具體是買進賣權好，還是賣掉買權好，這些技術細節不是我們在這裡討論的範圍，我主要想說的是，選擇權是一個對沖風險的手段。你可以一邊持有一檔股票，一邊賣掉買權；也可以一邊賣空一檔股票，一邊買進買權。這使得你在冒險的同時，把損失控制在一個限度；在觀望的同時，提前鎖定一筆盈利。

所以對手裡拿著很多股票的人來說，選擇權是一個保險。大戶操作保險，這件事非常符合邏輯。反過來說，如果你手裡的資金太少，不持有股票，而去裸買選擇權，你就等於以一個小戶的身分去給大戶提供保險，這不荒唐嗎？

人家說：我有保險，所以我不在乎股價波動。而你呢？你就是那個波動。這不可悲嗎？

總而言之，我們講這些，不是爲了說明選擇權應該怎麼操作，更不是鼓勵你去投機，我們是想說明「可選項」的價值。選擇權，是對從未來的風險和機遇中受益的權利的提前鎖定。爲此，你會付出一點點代價，但這常常是值得的。

金融市場上的選擇權交易，可以說已經把「可選項」玩到極致了。各方都非常理解可選項的價值，一點兒都沒浪費。我認爲，成熟的金融市場大體上是均衡的，選擇權值多少錢，已經反映在它的交易價格之中，一般散戶沒什麼必勝的機會。

但生活中有很多可選項，卻不是充分交易的。因爲缺少選擇權思維的意識，很多可選項的價值被低估了。

比如，有個開發商在一個重畫區蓋房子，現在一切都還在規畫，一年後才能蓋好。你可以跟開發商先簽約，談好價格，一年後再買入。爲了確保你不違約，開發商會要求你交一筆抵押金。這些操作很正常吧？

如果你有選擇權思維，你就應該馬上意識到，這相當於用抵押金買了一個買權。如果一年後房子升值，你有權以當初的低價買入房子；如果房價跌了，你大可違約，無非就是損失那一點抵押金而已。這不就是買權嗎？

考慮到這一點，你正確的操作是多簽幾份合約。等房子升值，你可以把這些合約轉賣出去。我不知道在中國允不允許這麼做，但是在美國，我聽說有人是這麼做的。

因爲買房的手續麻煩，這個選擇權很可能是個不充分的市場，簽約抵押金很可能沒有反映選擇權的眞實價值。所以遇到這樣的事情，你應該果斷簽約。

要怎麼發現這樣的機會呢？關鍵在於，如何合理評估一個可選項的價值。

如果你有特權，你應該喜歡什麼

選擇權就是可選項，可選項是個很寶貴的東西，因爲你只有權利，而無須承擔義務。股票選擇權和實質選擇權都是非常成熟的東西，因爲交易頻繁，可以說，市場基本上是均衡的。再考慮到很多人用選擇權投機，這些選擇權的價值已經體現在價格上，而且可能還被高估了，並不適合非專業人士裸買。

但是如果你有選擇權思維，你會發現有很多可選項的價值被低估了，沒有被充分交易。很多時候，人們不一定能意識到那是一個選擇權。

中國球員武磊曾經一度在西班牙足球甲級聯賽表現非常好，身價達到了五百萬歐元。但是你可能不知道，武磊的第一次轉會，是徐根寶把武磊買到上海崇明島訓練基地，才花了四萬元人民幣[1]——因爲當時武磊只有十二歲。

買成年球星，相當於買股票，你得支付巨額的轉會費，還得提供一份豐厚、有保障的合約。如果他來了以後表現沒達到球隊預期，你會損失很多錢。

但是職業俱樂部簽一個青少年球員，則是買選擇權，你用很低的價格就可以把他鎖定。如果他將來踢出成績，你有優先簽約權，到時候可以把他變成股票，而且可能連轉會費都省了。如果他不是球星的料，你最多損失一點青訓的錢，那和巨額轉會費相比是微不足道的。

那好，現在我問你一個問題：假設有兩個小球員，他們的表現平均下來差不多。第一個小球員發揮不穩定，有時候感覺特別厲害，能得全場最高分，但有時候會失常，而且脾氣不好。第二個小球員的發揮則一直很穩定。那請問，你優先選哪一個呢？

這就涉及選擇權定價的問題。

選擇權的價格

選擇權其實是很古老的東西。用訂金鎖定未來的交易價格，這種行爲早在古希臘就已經存在。選擇權在近代股票市場上也是很早就出現了。但是選擇權到底應該如何定價，這個問題直到一九七〇年代才被解決，而且還受到一九九七年諾貝爾經濟學獎的關注。

大家公認的選擇權定價模型叫「布萊克—休斯模型」。這是一個複雜的公式，我們沒必要講它的任何細節，而且你也用不上。其實眞正的選擇權交易員也不怎麼用這個公式，不是拿公式計算一個選擇權「應該」值多少錢，發現低估了就買進——因爲這個公式本身包含了說不清的不確定性。

納西姆．塔雷伯在《反脆弱》[2]這本書中提到，他當年在華頓商學院聽老師講過選擇權。那個教授講了布萊克—休斯模型，但是塔雷伯認爲教授並不懂那個公式意味著什麼，也不知道選擇權定價原理有什麼普遍性的意義。

不過選擇權定價公式能給我們一些做判斷的直覺。影響選擇權價格的因素主要有五個：股票當前的價格、選擇權的到期時間、選擇權規定的股票履約價格、固定的銀行利率，以及股票的波動性。我們不考慮銀行利率，其他幾個因素的影響都是可以理解的。

簡單起見，咱們研究一個買權——它允許你在一定時間之內，以固定的履約價格，買入一檔股票。

首先，這個選擇權的到期時間越長，它的價值肯定越大。時間越長，股價就越有機會漲上去，你的等待餘地就越大。

其次，相對來說，這檔股票的當前價格越高越好，選擇權規定的履約價格越低越好。如果你有權在三個月之內以七十元的價格買入，過了還不到兩個月，這檔股票已經是一百二十元了，那你說這個選擇權豈不是非常值錢嗎？

時間和價格這些都是常識判斷，對所有股票都一樣，談不上什麼學問。真正能反映一檔股票自身特點的變數，是一個有點說不清的不確定因素，也是決定選擇權價值的關鍵所在——那就是波動性[3]。

這檔股票的波動性越大，選擇權的價格就越高。

選擇權喜歡波動性

爲什麼波動性越大，選擇權的價格就越高呢？我們來講講這個公式意味著什麼。

我們考慮一檔股票A，它當前的價格是一百元。股票A的表現一直都非常穩定，好的時候能到一百零五或一百零六元，不好的時候也就跌到九十四或九十三元。在這種情況下，你花五元買個履約價是一百一十元的買權有意義嗎？沒有。它漲到一百一十元元的可能性很低。

而另一檔股票B，當前價格也是一百元，但是它的波動性很大，好的時候能達到一百二十五元，不好的時候能跌到六十五元。它下行的風險其實更大，但是你哪怕花十元買個一百一十元的買權，都很有意義。

這是因爲你只有權利而沒有義務。股票B向上的波動幅度越大，你賺的錢就越多——如果它能漲到兩百元，你一個買權就値九十元，翻很多倍。而股票B向下的波動，不管幅度有多大，它跌到哪裡，跌得有多慘，你其實無所謂，因爲你最多也就損失了買進買權的十元。

如果這個東西對你來說是個可選項，你會希望它的波動越大越好。因爲你有權利挑好的，而沒有義務負擔壞的。

這是一種不對稱性：波動上行，你的盈利上不封頂；波動下行，你的損失只是固定的一點點。這個不對稱性，就是塔雷伯說的「反脆弱」的數學原理——這個不對稱讓你希望它折騰。而我們看到，只有當你手裡有選擇權的時候，你才談得上「擁抱不確定性」。如果你拿的是股票，你就得承擔一切下行的波動風險。

選擇權，是一個特權。

回到前面說的那兩個小球員。第二個小球員發揮穩定，意思就是他的波動性不大，也就是他的上限不高。他很可能會是一名表現尚可的球員，也許將來能在中國足球甲級聯賽確保一個主力位置，但是不太容易成爲球星。

而第一個小球員偶爾能打出特別漂亮的比賽，說明他上限很高，有成爲球星的潛質。當然，他有很大的風險，想成爲眞正的球星，他必須學會控制自己的脾氣，克服身上的弱點——但是那些跟你沒關係。他能踢出來，你就用他，他踢不出來，你還有別的選項。他的命運如何沉淪都跟你關係不大，你手握不對稱性，只關心上限就可以。

你有這個特權，因爲你是俱樂部。對比之下，小球員可沒有這個特權，他們只擁有自身的股票，還無法交易。他們必須拚命努力，才能贏得你的挑選。

那你可能說：如果有個小球員一直穩定地發揮巨星水準，那不是更好嗎？是啊，那種情況下他的簽約價會很高，還搞什麼選擇權，應該直接買股票。

總而言之，股票思維不能只想著賺錢，還必須關注下限，要有什麼止損啊、黑天鵝啊、弱點啊之類的考慮；而選擇權思維只關心上限。

如果你有特權，你應該喜歡波動性，你應該喜歡極端。波動，並不僅限於時間上的波動。

特權挑選極端

假設你是一家公司的領導者，你們公司的業務難度很高，需要特別出類拔萃的人才，請問你應該如何選才呢？

一個策略是只看清華、北大這種高學歷人才的簡歷。比如二〇二〇年搞大裁員、準備撤出中國的甲骨文北京公司，當初就是這麼挑人的。而從這個選才標準你就能看出來，這是一個不需要不確定性的公司。只選高學歷，是股票思維，是確保一個較高的下限，追求穩定性。

如果眞的需要球星式的厲害人物，你得用選擇權思維。你應該廣撒網、多看人，甚至給很多人試用的機會，寬進嚴留。一旦遇到特別厲害的人物，他爲你帶來的好處是上不封頂的；如果不夠厲害，你無非就損失了一點面試的時間和試用期的薪資而已。

敢說什麼「求賢若渴」、什麼「不拘一格降人才」的，都得既有進取心，又有特權才行。他總是充滿期待地開始一段關係，然後無情地挑選和放棄。

極端事物總是罕見的，必須廣撒網才能找到。大連萬達每年送三十個小球員到西班牙訓練，這麼多年過去了，沒出什麼球星。爲什麼呢？因爲這種精英培養的模式是股票思維。去西班牙訓練很貴，你不得不限制人數，而三十個人裡很難出一個眞正的球星——三萬人能出一個就不錯了。中國足球不行的根本原因在於缺球星，缺球星的根本原因在於踢球的孩子太少。

塔雷伯給選擇權做了一個定義：

選擇權＝不對稱性＋理性選擇

因爲有不對稱性，你這才是一個特權；而理性選擇是你對特權的行使。理性選擇並不是一個很高的要求，如果你只有權利而沒有義務，你眞的不需要太高的專業技能，你只要懂得挑選就可以。沒有特權的人只能勤學苦練，有特權的人看著別人勤學苦練。最成功的老闆常常不是專業水準最高的人，但是他們非常善於使用特權。

創業是股票思維，創投是選擇權思維。你正在研發一個可能一鳴驚人的專案，那請允許我在這個專案還沒驚人的這個時刻，投資一點錢。如果案子不成，我的損失很小；如果案子能成，我保留了上不封頂的獲利可能性。你自己盡心盡力，我享受不對稱性。賈伯斯爲什麼說要「保持饑餓，保持愚蠢」（stay hungry, stay foolish）呢？因爲有特權的人不用太聰明，只要胃口夠大就行。

奮鬥是股票思維，演化是選擇權思維。大自然不知道哪個方向是正確方向，它只是讓各種生物在各個方向都嘗試而已。萬一哪個基因突變特別好，大自然就可以「選擇」那個生物——這就叫「自然選擇」。

結婚是股票思維，曖昧是選擇權思維。一個擁有優勢地位的大小姐，有眾多的追求者，就很可能會鼓勵那些追求者們去做一些冒險的事情，來向她證明實力。比如她可以搞個比武招親之類的活動，她不在乎誰落敗，只要挑最後勝出的那一個就行。「龍蝦教授」喬登·彼得森在《生存的12條法則》這本書裡對此非常感慨，說女性眞是代表混亂啊。從這一節看來，這個混亂，就是選擇權喜歡波動性。

供給側是股票思維，需求側是選擇權思維。生產者必須把產品做好，而你作爲消費者，對選擇產品只有權利而沒有義務。所以你會希望市場有多樣性，你會希望商家冒險研發新產品，最好多來一些顚覆式的創新，你不在乎誰破產。

那既然選擇權有這麼多好處，爲什麼人們還要買股票呢？可能因爲某些選擇權的價値被高估了，可能因爲選擇權有到期時間，可能因爲有些選擇權不可交易。而我認爲最重要的理由是，買股票——也就是親自承擔下行的全部風險——才是利益攸關，才有資格出手干預。

塔雷伯與魔法石

那麼，該如何尋找這種選擇權式的機會呢？

生活中的確有很多這樣的機會，但也有很多事不但不是機會，甚至還是累贅和危險。

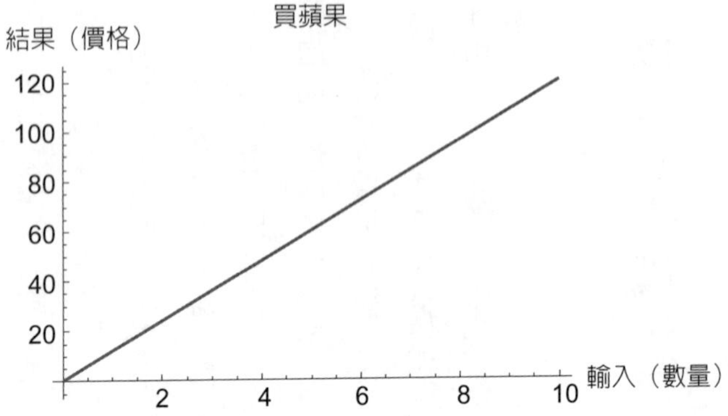

圖 8-4 線性：結果和輸入成比例

我們人生在世也不只有權利，還必須承擔很多義務。理想的人生，一方面要透過行使權利而不斷成長，讓自己變得很厲害；另一方面又要安全、妥當地承擔義務。

好運氣，你能把它的效果最大化；壞的危險，你能把它限制在可控的範圍之內。這簡直就是人生的核心演算法。

對這個演算法最有發言權的是納西姆·塔雷伯。塔雷伯所有書裡我最喜歡的一本，就是《反脆弱》。「反脆弱」這個概念現在已經深入人心了，但要怎麼對付脆弱、怎麼利用反脆弱，我看很多人的認識還不夠，可能是因爲其中的操作原理是一個數學思想。

其實這個思想並不難懂，我們先講一點數學。

兩種非線性

你可能常聽說「非線性」這個詞，非線性的

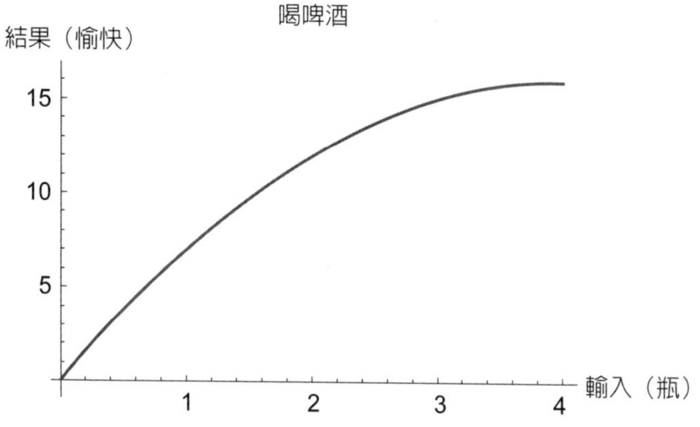

圖 8-5　非線性：結果和輸入不成比例

東西經常帶給人們反直覺的故事。那什麼是非線性呢？

咱們先說「線性」。線性，就是能按比例擴大。比如你買蘋果，買一斤蘋果是十二元，那買十斤蘋果就是一百二十元——輸入值增加多少，輸出值就會按照固定比例增加多少。畫在圖上，如果橫軸是輸入，縱軸是輸出結果，你會得到一條直線，所以叫「線」性，如圖8-4。

而所謂非線性，就是結果和輸入的關係不是直線、不成比例。比如喝啤酒，你喝一瓶啤酒覺得很愉快，那你喝兩瓶啤酒獲得的愉快度，是不是喝一瓶的兩倍呢？不是。喝啤酒就是個邊際效應遞減的事，它的曲線是像圖8-5這樣的。

隨著你喝啤酒的瓶數增加，愉快度並不是直線上升。它越升越慢，到達一個峰值之後，可能還會下降。

如果所有事情都是線性的，這個世界就簡單

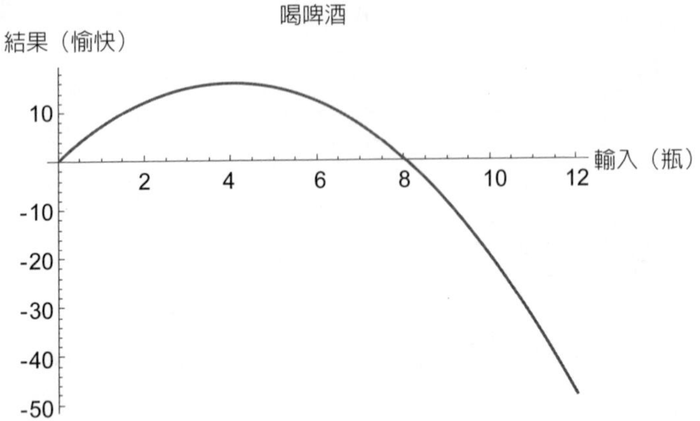

圖 8-6　「脆弱」曲線

了。線性的意思是，你的回報和你的付出成正比。你想要多大回報，就得付出多大努力，捲起袖子加油幹就行。然而現實並不是這樣，有的人努力不大，回報卻很大；有的人拚命付出，卻只換來微薄的回報，還有的人一個小小的失誤就帶來了災難性的後果。世界上大多數事情是非線性的。

很多人相信權利和義務應該對等，有多大權利，就得承擔多大義務——那是線性思維。非線性的世界裡，有時候很大的權利對應很小的義務，有時候很小的權利對應很大的義務。想識別這兩種局面，你得理解兩種非線性。

我們畫一張圖，橫軸是輸入，縱軸是得到的結果。第一種非線性，它的曲線是上凸下凹形狀，英文叫 concave，比如喝啤酒。

喝一點是快樂的，喝到一定程度快樂就到頂了，再多喝就危險了，搞不好得送醫院。這種曲線的共同特點是，回報隨著投入邊際效應遞減，上升緩慢，到頂後，越往後下降越厲害，會出現負值，而且下不封底，如圖8-6。

這就叫「脆弱」。請記住，脆弱，是一個數學概念，意思是這種上凸下凹的非線性曲線，它上行的利益有限，下行的危險卻是無底的。

脆弱的東西容易出現黑天鵝事件。舉個例子，假設中央銀行想透過增發貨幣來振興經濟，一開始用這招效果確實不錯，可是繼續用就感覺沒什麼效果了——也許新增的貨幣都被基礎建設和房產給吸收了，但是也沒有發生通貨膨脹，就好像怎麼印錢都沒用似的。可是經濟沒起色，央行只好繼續超發，直到某一天，通貨膨脹突然爆發了。

如果你判斷一件事是上凸下凹的性質，也不是你的義務，你應該能躲就躲。

第二種非線性，是上凹下凸的曲線，英文叫convex，這是「反脆弱」曲線。人的很多技能就是反脆弱曲線，比如說相聲。

想靠說相聲賺錢是不太容易的。一開始學藝，純粹是花時間受罪，根本上不了臺，帳面收益是負的。但你的損失有限，你不可能學相聲不成，還學出一身傷病來，說相聲沒有生命危險。但是只要達到演出水準，你就可以賺錢了。而且這是一條邊際效應遞增的曲線！隨著水準的進步，你的收入是上不封頂的，如圖8-7。

說相聲是個能出明星的領域，如果你說得比郭德綱還好，你的市場將是全國性的，你會賺很多很多錢。

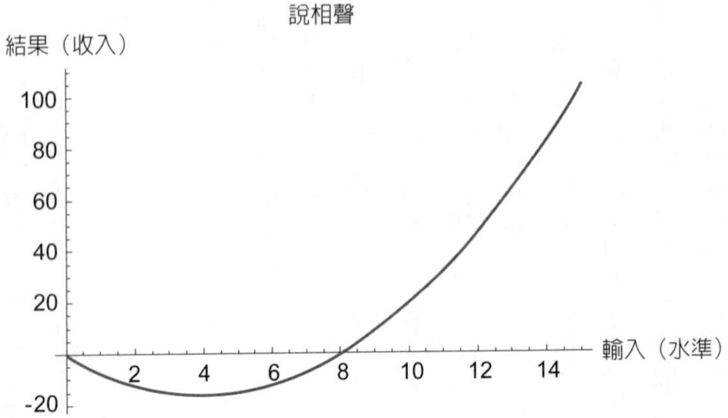

圖 8-7　「反脆弱」曲線

下行風險有限，上行空間不封頂，像這樣的事，如果有機會，你應該主動參與。這是我們想拿買權的地方。

塔雷伯把這個上凹下凸的曲線稱爲「哲人石」。以前搞煉金術的學者，包括牛頓在內，有個傳說。爲什麼煉金這事兒總幹不成呢？是因爲缺少一個關鍵配料，也就是哲人石。事實上，《哈利波特與魔法石》的英國版本來叫 *Harry Potter and the Philosopher's Stone* ——哲人的石頭；美國版才叫 *Harry Potter and the Sorcerer's Stone* ——變成了魔法師的石頭。反正這個意思是，找到上凹下凸的曲線，你就找到了能煉金的魔法石。

總而言之，**邊際效應遞減的東西是脆弱的，我們應該小心；邊際效應遞增的東西是反脆弱的，是你想要的。**

詹森不等式

那應該如何應對脆弱和反脆弱的局面呢？

一切都是數學問題。要知道怎麼具體應對這兩種非線性，我們就需要了解這兩種非線性函數的一個數學性質，叫作「詹森不等式」，這個名字來自丹麥數學家約翰．詹森。用我們這一節的語言，詹森不等式相當於說，對於脆弱曲線，函數的平均值，小於平均值的函數；對於反脆弱曲線，函數的平均值，大於平均值的函數。

這個道理是說，對於脆弱的東西，你希望把輸入弄得均勻一點，因為「平均值的函數」比較溫和；而對於反脆弱的東西，你希望把它的輸入弄得極端一點，因為先取「函數」獲利最多。

這就是說，對脆弱的東西，我們要把它分散開來。還是以喝酒為例，一天喝五瓶白酒，你就進急診室了，但是如果你每天喝一小杯，兩個月喝完，就不會有任何問題。

還有個案例，傳說有個國王的兒子做了壞事，國王要懲罰他，下令用一塊巨石砸他。手下人一看，也不能真的把王子砸死啊，可是又不能違反國王的命令，那怎麼辦呢？於是他們把這塊巨石弄碎，分成幾塊小石頭，把小石頭一個個砸在王子身上，王子當然沒事。脆弱害怕的是極端，在脆弱曲線上多走遠一點點，損失就可能大很多。

再比如說城市交通。如果總共有二十萬輛車要上路，你希望它們分布得均勻一點，最好一小時上十萬輛。如果第一個小時上九萬輛，第二個小時上十一萬輛，那第一個小時並不會降低多少通行時間，而第二個小時就有可能塞車。這是因爲到了一定的臨界值，塞車的下行風險會不成比例地增加。

爲什麼做專案只聽說過延期，沒聽說過提前完成的呢？因爲專案是脆弱的，意外情況只會讓它更麻煩。但簡單專案就不容易延期，爲什麼呢？因爲你可以把它分散開來。比如修路就是簡單專案，你可以把路分成幾段，每個工程隊負責一段，哪裡有意外狀況，不會影響到其他地方。可是像修橋，特別是像軟體工程這種複雜專案就不一樣了，你沒法分段，那就特別脆弱。

脆弱的，你就要讓它均勻。

酒要少吃，事要多知

單田芳評書中有一句話叫「酒要少吃，事要多知」。喝酒要每次少喝點，但是了解知識，你多了解一些沒有壞處。爲什麼呢？因爲知識是個反脆弱的東西。

你不希望反脆弱的東西均勻分布。比如我是個網路小說愛好者，我時間有限，每天只能追三部小說。起點中文網可能有幾萬個作者，我希望他們的才華最好都集中在我追的那三個作者身上。我對提高全中國人民的踢足球水準不感興趣，我們只需要大約兩千個職業球員和幾十個球星。當然，爲了出球星，你必須廣撒網去找，你需要巨大的足球人口。但是，你不希望他們的才華平均分布，你喜歡極端。

塔雷伯在《黑天鵝語錄》[4]這本書中有句話說：

一百個人裡面，五〇%的財富，九〇%的想像力，和一〇〇%的智識勇氣，都會集中在某一個人身上——不一定是同一個人。

我們觀察這個世界，那些分布不均勻的東西，也許它就有集中的好處。也許之所以集中，就是因爲那是一個反脆弱的東西。

爲什麼市場經濟中的財富常常集中在少數人手裡呢？因爲錢能生錢，錢越多，就越容易增長。爲什麼總是少數公司特別能創新，多數公司都平庸呢？因爲創新能力也有集中優勢。你不希望每個城市都有個創新公司，每個公司都有個厲害人才，你希望發揮厲害人才的聚集效應。在反脆弱曲線上，多走遠一點點，收穫就會大很多。

我們說廣撒網有利於發現機會，但撒網只是第一步。發現好的方向，你得讓它成長才行，否則你無法收割利潤。學習是個反脆弱的過程，你得保持開放的態度，什麼都願意了解，但是你不想在每個領域平均分配學習時間。把大部分時間用於一本特別難的書，你才能有巨大的收穫。你需要大膽地開始，無情地放棄。

塔雷伯據此提出「槓鈴原則」：大部分資源用在最低風險的東西上，少量資源用於追

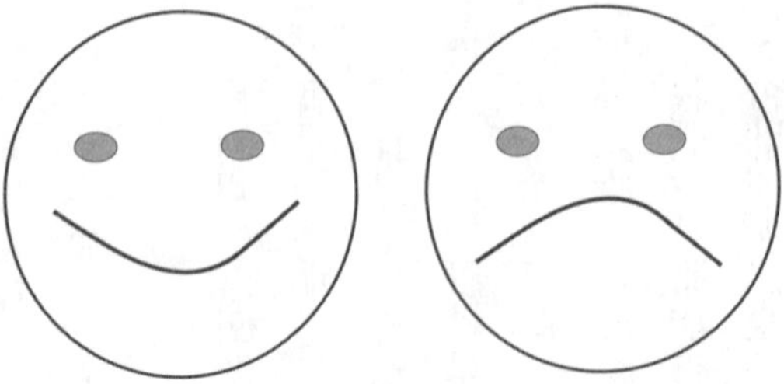

圖 8-8　兩種非線性曲線，代表兩種表情

逐最高的風險。如果健身是反脆弱的，我們就應該時而放鬆，時而猛練；如果健康飲食是反脆弱的，我們就應該時而節食好幾天，時而大吃一頓。

圖8-8能幫助你記憶這兩種非線性曲線[5]：上凹下凸曲線就好像一個笑臉，是我們喜歡的；上凸下凹曲線是一個不高興的表情，是容易出問題的。

這個心法是在生活中尋找這兩種曲線。你需要思考，增加一點點投入，它的輸出是邊際效應遞減，還是邊際效應遞增的？它的風險和利益是怎樣的一種不對稱性呢？

現在和未來哪個更重要

這章的主題並不是研究選擇權本身，而是研究怎麼在不確定性的世界中把握機會和管理風險。像「不確定性」「機會」和「風險」這些詞，普通人提起來都是泛泛而談，說的可能都是一些主觀感覺，而我們需要一個理性的、可量化的、可操作的框架。

金融理論就提供了這個框架。首先，金融產品是有價的，好就是賺錢，壞就是賠錢，非常可測量。其次，金融市場中的不確定性，跟真實世界的不確定性沒有本質區別，可以說，金融市場反映了真實世界的不確定性。更好的是，這麼多年以來，人們在金融市場裡，已經把操練不確定性的各種手段都弄明白了。現在的問題僅僅是人們並沒有意識到，像選擇權這種東西，並不僅僅屬於金融市場，這些手段可以類比到其他領域的風險操作。

經濟學家泰勒·科文有本書[6]，以經濟學的視角分析人類社會未來的走向。科文使用了「貼現率」這項工具，分析我們應該如何面對永續發展和環保之類的問題。我讀了這本書感覺意思不大，但是科文的部落格有個讀者，署名CK，是個證券交易員，他寫了一篇讀後感[7]。CK提出了一個原創的觀點，說我們應該用選擇權來衡量人類文明的價值。

CK這個分析，相當於一個用選擇權理解未來問題的框架。人類文明的命運是個虛無縹緲的問題，但是選擇權思維，可以幫我們看清楚應該如何在現在和未來之間做取捨。

現在和未來之間的取捨，或者說「現實」和「夢想」、「眼前的苟且」和「詩和遠方」，是人生中最重要的兩難問題。有時候我們說要「活在當下」「過好每一天」「花開堪折直須折」，有時候又說要「朝向未來」。有時候說要「不計一城一池之得失」，有時候又說要「寸土不讓」。那到底該怎麼辦呢？

如果你永遠只顧眼前，而不爲未來打算，你肯定走不遠。但是你也不可能永遠只投資不要回報，或者只學習不工作。這個「度」，到底該怎麼把握呢？選擇權就是專門操作這個「度」的。

我們設想，一個買權允許你以固定的履約價格，在未來某個日期，買入一檔股票。那麼落實到「現在和未來」這個情境，就是：

這檔股票當前的價格，代表現在；

選擇權規定的履約價格，代表未來的願景；

選擇權本身的價格，代表當前市場對未來願景的看好程度。

如果選擇權的價格很低，代表你認爲未來那個願景不太可能實現；如果選擇權的價格很高，代表你很看好未來。那什麼叫高，什麼叫低呢？一檔一百元股票的選擇權是兩元，一檔十元股票的選擇權是一元，你能說一百元那個股票的選擇權價格更高嗎？交易員使用一個更科學的衡量指標，叫作「對沖值」。

一個選擇權的對沖值，代表當前股價每變動一元的情況下，選擇權價格變動多少。比如我們考慮一個當前股價是一百元、履約價格是一百二十元、到期時間是六個月之後、目前價格是十元的買權。如果今天股價漲到一百零二元，那就說明它距離一百二十元的目標更近了，這個買權的價格也應該漲一點，比如漲到十．一元——那麼這個選擇權的對沖值，就是○．一÷二＝○．○五。

股票當前價格代表現在，選擇權價格代表未來，所以對沖值，就代表相對於未來，現在到底有多重要。

買權的對沖值，總是在零和一之間。對沖值的大小，就告訴了你怎麼在現在和未來之間取捨。如果對沖值接近於零，表示選擇權價格對當前股價非常不敏感，就是說當我們考慮未來的時候，現在並不重要。如果對沖值接近於一，表示選擇權價格的變動跟當前股價幾乎是一樣的，就是說現在很重要。

請注意，對沖值並不是股票市場特有的、人爲製造的東西！對任何一種不確定的未來場景，你都可以定義一個對沖值，它的規律將是一樣的——股票市場只是最方便地展現了對沖值的規律而已。

透過考察對沖值的變動規律，我們就能知道現在和未來在各種情況下的取捨。

我們思考三種情況：

寧欺白鬚公，莫欺少年窮

如果一個選擇權的到期時間距離現在還很遠，它的履約價格比現在高很多，那麼對沖值就會很小。這時候，投資者關注的是長遠的表現，並不在乎近期的股價波動。

用占卜的語言來說，這是一個志存高遠的「卦象」。這就好比剛出校門的年輕人，找了個像是實習一樣的工作。當前的收入很低，但他想的是好好學本領，他認爲自己將來必定會有很高的收入，他根本不在乎現在一個月賺多少錢。

如果他突然有一天決定辭職考研究所，整整一年沒收入，你會降低對他的預期嗎？不會的。如果讀研究所能增加他的競爭力，那就意味著他向上波動的可能性加大了，他的選擇權價值不但不會降低，反而還會提高。

對沖值小，所以當前股價波動不重要，這就叫「不計一城一池之得失」。在這種情況下，我們關注的是未來。我們做事不是爲了立即改善現狀，而是爲未來做準備。

反過來說，如果這個選擇權的履約價格跟當前股價差不多，那就說明這個人對未來沒有什麼特別高的願景，現在這個收入水準就是他能想像的最好局面。那我們可以想見，他會非常在意當前的收入變化——事實上，這時候的對沖值的確很高。

還有一種情況是選擇權到期時間還早，可是當前股價表現大大超過預期，已經超過了選擇權的履約價格。比如你買了個一百元的買權，可是當前股價已經是一百二十元了，這時候這個選擇權會很值錢，但是，它的價格變動也會和當前股價一致，對沖值非常接近於一。這是因爲選擇權作爲投機或保險的價值已經不大，拿選擇權跟拿股票差不多。對應到生活上，就是如果你現在的收入已經超過了你設想的未來願景，你當然會很珍惜眼前的局面。

如果一個選擇權快到期了，只要它還有價值，就說明當前股價已經超過或非常接近履約價格——這時候的對沖值總是接近於一。這個卦象代表一個快要退休的人，他只能關注現在。當然，這裡說的只是薪資收入這一項，他完全可以在退休後幹另一個事業，重新開一局選擇權。

總而言之，從當前股價、履約價格和到期時間來看，就是如果你的時間還早，而且志存高遠，你就不用在乎現在，應該只關心未來；而如果你的未來願景沒那麼大，或者時間已經快到了，你就會非常關注現在。

請注意，我在這個論斷裡對「而且」和「或者」這兩個詞的使用是精準的。《儒林外史》裡有句廣東話，叫「寧欺白鬚公，莫欺少年窮。終須有日龍穿鳳，唔信一世褲穿窿」，說的就是對沖——對老頭你可以只跟他聊現在，但是千萬別看不起那些志存高遠的年輕人。

變革中的人

對沖值的大小還跟股票的波動性有很大關係：波動性越大，對沖值就越小，這完全符合邏輯。如果股價每天都波動很大，或者面臨一個即將到來的大波動——比如公司即將發布財報——今天的股價是多少就沒有太大意思。你既然選擇了買選擇權，就是在賭未來的變動。

這個卦象相當於一個人搞創業，或者隻身前往大城市闖蕩，他的未來有無限的可能性。也許他本人有很高的願景，也許他只是想走一步算一步，並沒有什麼計畫。他根本左右不了自己的命運。

如果你看好他，你可以買他一個買權；如果你不看好他，你可以買他一個賣權。但不論如何，那個對沖值的絕對值都是比較低的，因爲他今天什麼樣眞的不重要。

既然對沖值低，身處這樣的變革局面，我們就應該積極面對未來。做一些能把自己往好的方向變革的事，會比單純改善現在的境遇有用得多。波動，要求你把握好方向。

生逢亂世

前面說的波動，如果你應對得當的話，機遇還是可以大於風險的，最多也就是創業不成，把本錢賠光，最起碼還有個破產保護——要不怎麼會有人專門買你的買權呢？

但是有一種極端的情況，則是對稱的風險，成敗得失，全都利益攸關。這就好比一個人生逢亂世，或者出生在一個顚沛流離的家庭，連最起碼的安全感都沒有，這時候應該怎麼辦呢？

如果用選擇權類比這個極端的情況，相當於你既買了買權，又賣了賣權。你沒有對沖風險，你是在體驗風險。股價上行，你就能賺到錢；股價下行，你就一定跟著賠錢——而且輸贏在很大範圍內都不保底！

數學上可以證明這個組合的總對沖値等於一，也就是說你相當於持有了股票。你應該只在乎現在，完全不考慮什麼未來。

我們想想，這是不是很多貧困家庭孩子的行爲模式？今朝有酒今朝醉，能享樂就及時享樂，因爲明天什麼都可能發生。

《決斷的演算》[8]這本書中講到了探索和收穫的取捨，年輕人應該積極探索未知事物——要不要嘗試新的餐館、要不要結交新的朋友——老年人就可以好好享受探索的成果。而本節的話題更沉重，但是也更重要。

現在重要還是未來重要？你得考慮自己現在是什麼水準（當前股價）、對未來的願景（履約價格）、未來距離現在有多遠（到期時間）、是不是趕上了大變革階段（可能向上的波動性），以及是不是生逢亂世（波動的對稱性）——選擇權思維能幫你想明白這個問題。

後記

單獨問某一件事怎麼做，你只能說盡力做好，並且期待有一個好結果。但是，平等地對待所有事情，恰恰是對那些關鍵事情的不公平。

糊塗的人盲目行事，出了結果才反應過度。

聰明人知道結果是對行爲的回報，講究所謂的「因上努力，果上隨緣」。

而如果能考慮到「系統」，你就知道，有些事情應該忽略，有些事情應該例行公事般地對付，有些事情應該拆成小份，降低影響，有些事情卻應該孤注一擲式地全力以赴。

看似平淡的小事之中，可能會有關鍵操作；看似驚天動地的大事，可能不過是可控的波動。你要在意的，不是某一件事的目標和結果，而是你對這一系列事情的統籌安排夠不夠好，決策力夠不夠強，你的系統是否合理地容納了好事和壞事、機遇和風險。

這就是「凡夫畏果，菩薩畏因，佛畏系統」。

古人云：「君子對青天而懼，聞雷霆而不驚；履平地而恐，涉風波不疑。」我最在意的事情，別人根本不知道應該在意；別人很在意的事情，對我來說已經無須在意。

我在看似平淡的時刻小心布局，就可以把任何波動納入囊中。這就是有系統思維、善於決策的人該有的氣質。

系統是一個連續變化的東西，可以是一個技能、一項修行、一份事業，或者一段關係。每個回饋、每個動作都是系統的輸入和輸出，每件事的成敗都是系統的自然漲落。

眞正決定勝利的，既不是一件事行不行，也不是一個人行不行，而是你的系統行不行。系統行，事情自有成長的動力；系統行，好運氣會主動來找你。

發展你的系統，完善你的系統，優化你的系統，讓你的系統成長壯大起來。

做個「有系統」的人，做個會決策的人。

注釋

第一章

1 James H. Austin, *Chase, Chance, and Creativity: The Lucky Art of Novelty*, 2003.

2 見 Dean K. Simonton 關於 creative productivity 的系列研究；另見亞當・格蘭特，《反叛，改變世界的力量》。

3 Olga Khazan, *Weird: The Power of Being an Outsider in an Insider World*, 2020.

4 Scott Adams, *How to Fail at Almost Everything and Still Win Big: Kind of the Story of My Life*, 2013.

5 出自和菜頭公眾號「槽邊往事」。

6 Keith Smith, *The Top 10 Distinctions Between Millionaires and the Middle Class*, 2007.

7 Scott A. Shane, Failure Is a Constant in Entrepreneurship, http://boss.blogs.nytimes.com, Jul. 15, 2009.

8 Cameron Anderson, Daron L. Sharps, Christopher J. Soto, and Oliver P. John, People with disagreeable personalities (selfish, combative, and manipulative) do not have an advantage in pursuing power at work, *PNAS*, Sep. 15, 2020.

9 Frank H. Knight, *Risk, Uncertainty, and Profit*, 1921.

10 關於「公司爲什麼存在」的理論發展總結，可參考向松祚，《新經濟學》第二卷，新經濟學範式，中信出版社，二〇二〇年版。

11 張維迎，《市場的邏輯（第三版）》，西北大學出版社，二〇一九年版。

12 Frank H. Knight, The Ethics of Competition, 1997. 原文是：...life is at bottom an exploration in the field of values, an attempt to discover values, rather than on the basis of knowledge of them to produce and enjoy them to the greatest possible extent.

13 Terrence Sejnowski, *The Deep Learning Revolution*, 2018.

14 Morgan Housel, *The Psychology of Money: Timeless Lessons on Wealth, Greed, and Happiness*, 2020.

15 參見本書第七章〈怎樣增加優異數〉一節。

16 Rex E. Jung et al., Quantity Yields Quality When It Comes to Creativity: A Brain and Behavioral Test of the Equal-odds Rule, *Frontiers in Psychology*, Jul. 2015.

第二章

1 圖片來自 justin-hart.medium.com。

2 徐一鴻，《可畏的對稱》，張禮譯，清華大學出版社，二〇一三年版。

3 張宏傑，《簡讀中國史世界史坐標下的中國》，嶽麓書社，二〇一九年版。

4 金克木，《書讀完了》，上海文藝出版社，二〇一七年版。

5 有關修練的比喻，取材自八寶飯的網路小說《道長去哪了》。

6 Daniel Russell, *The Joy of Search: A Google Insider's Guide to Going Beyond the Basics,* 2019.

7 李澤厚，〈哲學家只提供視角〉，《新民週刊》，二〇〇五年十月五日。

8 Steven Kotler, *The Art of Impossible: A Peak Performance Primer*, 2021.

9 Mihaly Csikszentmihalyi, *Flow: The Psychology of Optimal Experience*, 1990.

10 Edward Slingerland, *Trying not to Try: The Art and Science of Spontaneity*, 2014.

11 Daniel Kahneman, *Thinking, Fast and Slow*, 2011.

12 圖片來自 https://www.diygenius.com/hacking-the-flow-state/，編者譯。

13 Srinivas Rao, *An Audience of One: Reclaiming Creativity for Its Own Sake*, 2018.

14 Brad Stulberg and Steve Magness, *The Passion Paradox: A Guide to Going All In, Finding Success, and Discovering the Benefits of an Unbalanced Life*, 2019.

15 Robert Wright, *Why Buddhism i s True: The Science and Philosophy of Meditation and Enlightenment*, 2017.

16 Emma Young, Memory Complaints Are More Common Among Older Adults With Particular Personality Traits, *BPS Research Digest*, May 20, 2020.

17 Christian Jarrett, How to foster 'shoshin' , *Psyche*, May 17, 2020.

18 Matthew Fisher and Frank C. Keil, The Curse of Expertise: When More Knowledge Leads to Miscalibrated Explanatory Insight, *Cognitive Science*, Volume 40, Issue 5, Jul. 2016.

19 Shunryu Suzuki, *Zen Mind, Beginner's Mind: Informal Talks on Zen Meditation and Practice*, 1973.

20 Kevin Ashton, *How to Fly a Horse: The Secret History of Creation, Invention, and Discovery*, 2015.

第三章

1 Jennifer Breheny Wallace, Even the small stresses of daily life can hurt your health, but attitude can make a difference, *Washington Post*, Mar. 3, 2018.

2 Sendhil Mullainathan and Eldar Shafir, *Scarcity: why having too little means so much,* 2013.

3 P. Kaisari et al., Top-down guidance of attention to food cues is enhanced in individuals with overweight/obesity and predicts change in weight at one-year follow up, *International Journal of Obesity*, Nov. 2018.

4 Nassim Nicholas Taleb, *Antifragile: Things That Gain from Disorder*, 2012.

5 原話是：If you never miss a plane, you're spending too much time at the airport.

6 Jonathan Haidt, *The Righteous Mind: Why Good People are Divided by Politics and Religion*, 2012.

7 Chris Clearfield and András Tilcsik, *Meltdown: Why Our Systems Fail and What We Can Do About It*, 2018.

8 Scott E. Page, *The Model Thinker: What You Need to Know to Make Data Work for You*, 2018.

9 這個定理叫作 Perron-Frobenius 定理。

10 Chip Heath and Dan Heath, *Switch: How to Change Things When Change Is Hard*, 2010.

11 David Dorsey, Positive Deviant, *Fast Company*, 11-30-00.

12 Marcus Buckingham and Ashley Goodall, *Nine Lies About Work: A Freethinking Leader's Guide to the Real World*, 2019.

13 Keith E. Stanovich, *What Intelligence Tests Miss: The Psychology of Rational Thought*, 2010.

14 Chip Heath and Dan Heath, *Decisive: How to Make Better Choices in Life and Work*, 2013.

15 Chris Bradley, Martin Hirt, and Sven Smit, *Strategy Beyond the Hockey Stick: People, Probabilities and Big Moves to Beat the Odds*, 2018.

16 Steven Johnson, *Farsighted: How We Make the Decisions That Matter the Most*, 2018.

17 Scott E. Page, *The Diversity Bonus: How Great Teams Pay Off in the Knowledge Economy*, 2017.

18 Philip E. Tetlock, *Expert Political Judgment: How Good Is It? How Can We Know?*, 2005.

19 Annie Duke, *Thinking in Bets: Making Smarter Decisions When You Don't Have all the Facts*, 2018.

第四章

1 Joshua Rothman, The Art of Decision-Making, *New Yorker*, Jan. 21, 2019.

2 Agnes Callard, *Aspiration: The Agency of Becoming*, 2018.

3 Yuval Noah Harari, *Homo Deus: A Brief History of Tomorrow*, 2016.

4 Todd Rose and Ogi Ogas, *Dark Horse: Achieving Success Through the Pursuit of Fulfillment*, 2018.

5 Todd Rose, *The End of Average: How We Succeed in a World That Values Sameness*, 2015.

6 David Epstein, Range: *Why Generalists Triumph in a Specialized World*, 2019.

7 Zena Hitz, *Lost in Thought: The Hidden Pleasures of an Intellectual Life*, 2020.

8 David Brooks, *The Second Mountain: The Quest for a Moral Life*, 2009.

9 George R. R. Martin, *A Song of Ice and Fire: A Game of Thrones* (1996), *A Clash of Kings* (1999), *A Storm of Swords* (2000), *A Feast for Crows* (2005), *A Dance with Dragons* (2011).

10 Claudia Wallis, Is 70 Really the New 60?, *Scientific American*, Jan. 1, 2021.

11 Susan Saunders and Annabel Streets, Happy ever after: 25 ways to live well into old age, *The Guardian*, May. 26, 2019.

12 Emma Young, Here's How Our Personality Changes As We Age, *BPS Research Digest*, Jun. 30, 2020.

13 桑兵，《學術江湖：晚清民國的學人與學風》，廣西師範大學出版社，二〇一七年版。

14 David P. Barash, Over Time, Buddhism and Science Agree, *Nautilus*, Dec. 23, 2020.

第五章

1 Joseph Henrich, *The WEIRDest People in the World: How the West Became Psychologically Peculiar and Particularly Prosperous*, 2020.

2 張宏傑，《中國國民性演變史》，嶽麓書社，二〇二〇年版。

3 Morgan Housel, *The Psychology of Money: Timeless Lessons on Wealth, Greed, and Happiness*, 2020.

4 Arnold Kling, *Specialization and Trade: A Re-introduction to Economics*, 2016.

5 Ben S. Bernake, *Essays on the Great Depression*, 2004.

6 黑格爾，《歷史哲學》，王造時譯，上海書店出版社，二〇〇六年版。

7 李錄，《文明、現代化、價值投資與中國》，中信出版社，二〇二〇年版。

8 蒙格名言：要想得到你想要的某樣東西，最可靠的辦法是讓自己配得上它。

9 Benjamin Graham and Jason Zweig, *The Intelligent Investor Rev Ed.: The Definitive Book on Value Investing*, 2006.

10 原則是投入年能力收入的二十倍以上才值得。這個計算是這樣的：如果你有兩千萬元，自己什麼都不做，直接買點指數型基金和債券什麼的，也能有五%的收益，也就是每年一百萬。如果你非得自己折騰投資不可，我們假設，你雖然不是巴菲特，但也表現良好，你大概可以拿到一〇%的收益，每年多賺一百萬，才是值得的。

11 這個效應的意思是「自證預言」：因爲你說它會好，它果然就變好——它受到了你的影響。

12 Ray Dalio, *Principles: Life and Work*, 2017.

13 Kelly Clancy, Survival of the Friendliest: It's Time to Give the Violent Metaphors of Evolution a Break, *Nautilus*, Aug. 22, 2019.

14 赫胥黎，《進化論與倫理學》，宋啓林譯，北京大學出版社，二〇一〇年版。

15 Jared Diamond, *Guns, Germs, and Steel: The Fates of Human Societies*, 1997.

16 Jared Diamond, *The Third Chimpanzee: The Evolution and Future of the Human Animal*, 1992.

17 Malcolm Gladwell, *Talking to Strangers: What We Should Know about the People We Don't Know*, 2019.

18 Hugo Mercier, *Not Born Yesterday: The Science of Who We Trust and What We Believe*, 2020.

19 Alfie Kohn, *Punished By Rewards: The Trouble with Gold Stars, Incentive Plans, A's, Praise, and other Bribes*, 1993.

20 Yuval Noah Harari, *Sapiens: A Brief History of Humankind*, 2014.

21 Ian Parker, The Really Big Picture, *The New Yorker*, Feb. 17 & 24, 2020.

22 Yuval Noah Harari, *21 Lessons for the 21st Century*, 2018.

23 Roger Martin, The Paradox of Think Tank Innovation, Keynote, CIGI 10th anniversary conference, Sep. 2011. https://www.youtube.com/watch?v=lwpqewOxclk.

24 https://scdhec.gov/environment/your-land/landfills-overview/how-landfills-work.

25 這篇文章裡有對各種垃圾處理技術的資料整理：https://medium.com/@robertwiblin/what-you-think-about-landfill-and-recycling-is-probably- totally-wrong-3a6cf57049ce.

26 Steven Pinker, *The Sense of Style: The Thinking Person's Guide to Writing in the 21st Century*, 2014

27 Marcus Buckingham and Ashley Goodall, The Feedback Fallacy, *Harvard Business Review*, March-April, 2019.

第六章

1 圖片來自維基百科。

2 Eugenia Cheng, *The Art of Logic in an Illogical World*, 2018.

3 其實，如果我們對「或者」的定義是非排斥性的，那最後一個「或者」就不必說，直接說「小張或者不是青年，或者不是女性」就可以了。

4 Judea Pearl and Dana Mackenzie, *The Book of Why: The New Science of Cause and Effect*, 2018.

5 Jordan B. Peterson, *12 Rules for Life: An Antidote to Chaos*, 2018.

6 https://www.youtube.com/watch?v=aMcjxSThD54.

7 http://cpc.people.com.cn/n1/2018/0227/c69113-29837196.html.

8 https://www.snopes.com/fact-check/oracle-of-truth/.

第七章

1 Kunal K. Das, *The Quantum Rules: How the Laws of Physics Explain Love, Success, and Everyday Life*, 2013.

2 參見本書第三章「不要被小事擊垮」一節。

3 英文爲 Fourier Transform。

4 這一小節的圖片和主要例子來自 Aatish Bhatia, The Math Trick Behind MP3s, JPEGs, and Homer Simpson's Face, *Nautilus*, Jun. 9, 2019.

5 圖片來自 investopedia.com，編者譯。

6 圖 7-7 和圖 7-8 來自 https://observablehq.com/@cjwallace/berksons-paradox，圖 7-8 中的灰色框是我畫的。

7 J. D. Woodfine and D. A. Redelmeier, Berkson's paradox in medical care, *Journal of Internal Medicine*, Mar. 16, 2015.

8 https://www.zhihu.com/question/317966300/answer/968386116，原始出處已經不可考。

9 https://catonmat.net/programming-competitions-work-performance.

10 Erik Bernhardsson, Norvig's Claim that Programming Competitions Correlate Negatively with Being Good on the Job, erikbern.om, Apr. 7, 2015.

11 https://putanumonit.com/2015/11/10/003-soccer1/，這位部落客沒有留下名字，後面幾張關於印度和挪威人口的圖也是他畫的。「海德沙龍．翻譯組」翻譯了此文，在 http://headsalon.org/archives/6560.html。

12 原句爲：Insanity: doing the same thing over and over again and expecting different results.

13 https://www.theguardian.com/science/2005/jan/18/educationsgendergap.genderissues.

14 Albert-László Barabás, *The Formula: The Universal Laws of Success*, 2018.

15 圖片來自維基百科，編者譯。

16 嚴格地說，計算量可以比階乘更低一些，但已知旅行業務員問題演算法最壞情況下的時間複雜度，隨著城市數量的增多，呈超多項式（可能是指數）級別增長。

17 這個可互動的例子來自可汗學院：https://www.khanacademy.org/computing/ap-computer-science-principles/algorithms-101/solving-hard-problems/a/using-heuristics.

18 David Sloan Wilson, *This View of Life: Completing the Darwinian Revolution*, 2019.

19 Marcus, The Astronomical Math Behind UPS' New Tool to Deliver Packages Faster, *Wired*, Jun. 13, 2013.

20 Erica Klarreich, Computer Scientists Take Road Less Traveled, *Quanta Magazine*, Jan. 29, 2013.

21 https://www.douban.com/group/topic/44178861/.

22 Jeffrey Ely, Alexander Frankel, and Emir Kamenica, Suspense and Surprise, *Journal of Political Economy*, Vol. 123, No.1 (Feb. 2015), pp. 215-260.

23 Jeffrey Ely, Alexander Frankel, and Emir Kamenica, The Economics of Suspense, *New York Times*, Apr. 24, 2015.

24 How to Create Suspense (Ep. 214), *Freakonomics*, Jul. 29, 2015.

第八章

1 曉露，〈一名跟隊17年記者眼中的武磊：那年徐根寶花4萬元把他帶到崇明島〉，《上觀新聞》，二〇一七年三月二十二日。

2 Nassim Nicholas Taleb, *Antifragile: Things That Gain from Disorder*, 2012。

3 爲什麼我說這是一個「說不清」的變數呢？「布萊克—休斯」模型假定股價波動服從常態分布，但凡是看過《黑天鵝》的人都知道，常態分布是個一廂情願的設定。波動性到底有多大，只存在於交易員的直覺之中。

4 Nassim Nicholas Taleb, *The Bed of Procrustes: Philosophical and Practical Aphorisms*, 2010.

5 此圖來自納西姆・塔雷伯。

6 Tyler Cowen, *Stubborn Attachments: A Vision for a Society of Free, Prosperous, and Responsible Individuals*, 2018.

7 https://marginalrevolution.com/marginalrevolution/2019/01/option-value-civilization.html.

8 Brian Christian and Tom Griffiths, *Algorithms to Live By: The Computer Science of Human Decisions*, 2016.

國家圖書館出版品預行編目資料

佛畏系統：洞察事物背後的規則，在不確定時代做出對的選擇／萬維鋼 著.
-- 初版. -- 臺北市：先覺出版股份有限公司，2022.11
448 面；14.8×20.8 公分 --（人文思潮；159）

ISBN 978-986-134-439-3（平裝）

1. 思考　2. 決策管理

176.4　111015422

Eurasian Publishing Group 圓神出版事業機構 用心與你對話．視野無限寬廣
先覺出版社 Prophet Press

www.booklife.com.tw　reader@mail.eurasian.com.tw

人文思潮 159

佛畏系統：
洞察事物背後的規則，在不確定時代做出對的選擇

作　　者／萬維鋼
發 行 人／簡志忠
出 版 者／先覺出版股份有限公司
地　　址／臺北市南京東路四段50號6樓之1
電　　話／（02）2579-6600．2579-8800．2570-3939
傳　　真／（02）2579-0338．2577-3220．2570-3636
副 社 長／陳秋月
資深主編／李宛蓁
責任編輯／劉珈盈
校　　對／劉珈盈．朱玉立
美術編輯／林韋伶
行銷企畫／陳禹伶．黃惟儂
印務統籌／劉鳳剛．高榮祥
監　　印／高榮祥
排　　版／杜易蓉
經 銷 商／叩應股份有限公司
郵撥帳號／ 18707239
法律顧問／圓神出版事業機構法律顧問蕭雄淋律師
印　　刷／祥峰印刷廠
2022年11月　初版
2024年4月　8刷

本著作中文簡體版由新星出版社出版。
本作品中文繁體版通過成都天鳶文化傳播有限公司代理，經北京思維造物信息科技股份有限公司授予先覺出版股份有限公司獨家出版發行，非經書面同意，不得以任何形式，任意重製轉載。

定價380元　ISBN 978-986-134-439-3